읽으면서 사주완성

無覺합장

들어가기에 앞서

『읽으면서 실전완성』은 명리를 배우는데 여러 방법이 있겠지만 실전 사주를 통해 전개되는 이치를 숙지하지 못하면 아무리 오랜 시간을 이론에 전념한다 해도 헛공부가 아닐 수 없습니다.

따라서 실전을 풀면서 이론을 배우면 그만치 사주 안목이 높아질 것입니다. 그러므로 『읽으면서 실전완성』은 사주의 원리를 집어내고 이해하면서 이론을 습득하는 방식으로 전개 됩니다. 사주팔자란 음양이 만들어내는 기후와 가장 밀접한 관련이 있으며, 기후를 조절하는 조후나 한쪽으로 치우쳐 병이 된 명조는 발등에 불이 떨어진 것과 같아, 억부보다는 치료하는 약신을 우선적으로 필요하게 됩니다.

사주를 공부하는 세 가지 방법은 자평진전과 적천수, 그리고 궁통보감이며 궁통보감은 일간과 월지의 관계를 정립하면서 각 천간과 지지가 갖고 있는 특징적인 성분을 이해하면서 억부보다 근본적이고 자연스러운 접근법을 지니게 하므로 어쩌면 가장 중요한 안목을 지니게 하는 바탕이라 할 것입니다.

『읽으면서 실전완성』은 이러한 세 가지의 방법을 모두 섭렵할 수 있도록 읽으면서 실전을 완성할 수 있도록 구성되었습니다. 필자가 오랜 동안 사주 학원을 운영하면서 모아

둔 자료와 노하우를 공개하면서 사주 감정에서는 팔자를 분석하기에 앞서 먼저 용신을 판단하는 것이 중요한데 용신을 정하는 대표적인 두 가지 방법이 조후와 억부이며, 조후는 일간의 성정을 파악하여 뜨거우면 식혀주고 차가우면 따뜻하게 해주는 방법으로 용신을 정하는 것입니다.

특히 신왕신약의 쉽게 점수 내는 법을 사용하여 독자들이 이해하기 쉽도록 자세하게 설명하였으며, 점수는 인성과 비겁을 1점씩 계산하며 일간은 제외하고 월지에 인비가 있으면 2.5가 되며 인비의 삼합은 +1과 반합은 +0.5를 추가하여 합산이 +4가 넘으면 신왕이고 3.9 이하는 신약입니다.

신왕신약 계산법과 대운과 세운의 적용 방법을 알기 쉽게 풀이했다고는 하지만 워낙 어려운 부분이라 여러 번 숙독하지 않으면 몸에 와 닿기는 어려울 것입니다. 실전 풀이를 통해 어떻게 사주를 접하고 풀어야 하며 계절 별로 여름과 겨울의 특성을 분석해야 합니다.

이론을 몇 년간 배워도 다시 실전에 응용하는 과정이 필요하므로 실전을 통해 이론을 배우는 식으로 학습하면 훨씬 빠른 시간에 원하는 결실을 맺으리라 여겨집니다. 모쪼록 독자분들의 실전 안목이 한층 높아지기를 바라는 마음입니다.

무각원장 두손모음

◎ 실전 완성편

1.

庚丁己丙　남 +1
戌未亥戌

본명은 丁일이 亥월에 태어나 식상인 토가 4개로 중하여 신약사주가 되었다. 그러나 소토하는 甲목이 천간에 투하지 못해 병중무약으로 격이 떨어진다. 만일 甲목이 천간에 투하면 벽갑인정의 귀격이 된다. 丁화는 庚금으로 甲목을 쪼개야 丁화의 불길을 살리게 된다.
丁화 일간의 온화함과 월지 亥수 정관의 정확하므로 선량하고 인자한 성품이다. 그러나 정미일주는 양인이라 불같은 성격도 때론 있고 칼같이 등을 돌리는 냉정함도 있다.

식상이 발달해 수단과 방법이 좋고 부지런하고 대화를 즐기고 대인관계도 원만하지만 비밀 없이 모든 것을 털어놓는 단점도 있다. 건강하고 정력이 왕성해 작첩과 외도를 즐기는 기질도 있다.
丁화의 온화함과 미중 乙목 편인의 고독성과 己戌未토인 식상이 발달하여 수단과 방법 궁리가 발달하고 또한 해중 甲목이 인수이므로 인정과 친절함 등도 내재되어 있다.

배우자운은 술미형하고 공망이나 술미형은 암장된 丁화가 손상을 받지 않으니 무난한 형이다. 庚금인 정재가 자좌 戌토는 비록 조토이지만 亥월이므로 수기가 있어 금을 생할 수 있고 시간에 첩신하여 유정하니 현모양처를 얻겠다.
다만 사회궁인 월지 亥수를 토극수하여 배우자궁이 흔들려 배우자인 남편이 부인으로 인해 힘들겠지만 토생금으로 유정하여 백년해로 한다. 그러나 배우자가 사는 곳은 일지이며 일지에 가정궁은 시지이므로 일지 기준하여 겁재가 있으니 부인은 자식을 돌보는 일에 소홀하며 자식으로 인한 스트레스를 받게 된다.

즉 겁재나 편관은 스트레스를 의미한다. 또한 부친의 상황도 사회궁과 자식궁에서 편관과 정관이 양옆에서 모두 극해오니 스트레스를 받아 무력한 상황이다.(아래설명참조)

庚丁己丙　남
戌未亥戌

재물은 식신생재로 돈 만드는 일은 잘하나 庚금인 재성이 흙에 파묻혀 돈이 깨지는 형상이라 돈이 붙어있지 않는다. 술미형이니 술중 辛금과 미중 乙목이 을신충되어 庚금 정재의 근지가 흔들린다.

자녀운은 亥수 정관인 자식성이 강한 丙화의 도움을 받은 술未토의 극을 받으므로 힘들고, 경술 자손궁이 괴강에 임하며 술미형하여 자식덕이 없다.

육친관계로는 사주 원국에 인수인 목이 없어 부모인연과 덕이 없다. 특히 모친과 공부연이 박하다. 목이 투출하여 토의 병을 제거해야 하는데 투출이 없기 때문이다.

사업운은 식상이 왕하고 식상생재로 정직하고 열심히 일하지만 매사 힘들고 사업에 굴곡이 심해 어려운 일이 발생하겠다. 가장 길한 시기는 인묘-목대운이며 대세운 천간에 辛금이 투하여 병신합거도 불길하다.

* 사회궁과 가정궁을 한 눈에 살피는 법
사회궁과 가정궁을 살핌에 있어 여러 기법이 있으나 가장 알기 쉽게 도표로 설명하면 편관과 겁재는 일간을 극하고 겁탈하는 기신에 해당된다.

시:가정궁	일:본인,부부궁	월:부모사회궁	년:조부궁
丙 →	庚	← 丙	
子 →	午	← 子	

그러므로 만일 庚금 일간에게 사회궁인 월간이나 가정궁인 시간에 丙화 편관이 있다면 일간은 스트레스를 심하게 받게 된다.
남자에게 사회궁은 부모와 직장에 해당되고 가정궁은 처와 자식이며, 여명에게 사회궁은 부모와 남편에 해당되고 가정궁은 자식에 해당되는데, 편관으로 일간이나 일지를 극해오면 그로 인한 스트레스가 심하게 발생한다. 즉 일지 午화는 배우자가 사는 자리이니 그것을 편관성인 子수가 수극화로 극해 옴을 말한다.

또한 부모의 상황을 살피는 것은 아래와 같다.

○	일:가정궁	월간; 모친 월지: 부친	년:사회궁
○	丙 →	庚	← 丙
○	子 →	午	← 子

부친의 상황은 월지로 살피는데 월지 午화에게 사회궁은 부모와 직장인 사회궁이며 子수가 午화인 편관으로 극하고 가정궁인 일지에서도 편관에 해당되는 子수가 극해오면 가정궁에서

도 스트레스를 받는다는 것이다.

모친의 상황을 살피면 월간에 해당되니 사회궁인 년간과 가정
궁인 일간에서 편관에 해당되는 丙화가 庚금을 극해오니 모친
은 부모와 남편으로부터 심한 스트레스를 받고 가정궁인 자식
에게도 편관의 극을 받으니 가정을 잘 꾸려가기 힘든 의미이
다.

만일 편관이 아니라 겁재가 되어도 같은 현상이 일어나며 정
관은 편관보다는 스트레스가 약한 편이다. 그러므로 우선적으
로 편관과 겁재를 살피면서 부친과 모친, 본인과 배우자의 상
태를 살피면 된다.
그러므로 사회궁과 가정궁의 좋은 배열은 사회궁에서는 인수
로 받고 가정궁에서는 식신으로 생하면 길할 것이다. 예를 든
다.

시:가정궁	일:본인,부부궁	월:부모사회궁	년:조부
식신 庚 ←	戊	← 丁 인수	
식신 亥 ←	申	← 未 인수	

인수와 식신이 된다는 이해를 돕기 위해 설명한 표이며 이러
한 배열을 지니면 사회궁에서는 인수인 길신으로 받고 식신인
길신으로 빼주는 것이 길하게 된다.

2.
丙己丙甲　여　+3
寅巳子申

己토 일간이 병자월에 태어나 비록 동절기이나 주중에 丙화와 巳화가 있으므로 춥고 얼어붙은 땅은 아니니 조후를 필요로 하지 않는다. 그러면 신왕신약으로 풀어야 하는데, 언뜻 보기엔 목생화가 되어 신왕한 사주처럼 보이나 甲목의 상태를 보면 년간의 甲목은 자좌 절지에 앉아 극을 당하며 신자합수로 강수가 되니 丙화가 극을 당해 신약한 명조이다. 이처럼 억부를 살필 때는 동주한 간지는 한 몸과 같아 통째로 보아야 한다.

여명은 관성이 중요하니 월시간에 인성인 丙화가 용신인데 쌍투하고 일지까지 점령하여 인성에 포위되었다. 신왕이라면 甲목이 용신이나 丙화에 설기되어 용신이 무력하고 신약이면 인성이 너무 왕하여 병인데 甲목이 병을 도우니 이래저래 관성이 불미한 형상이다.

그래도 여명에 관성이 인성을 도와 일간을 생하면 나쁘지는 않다. 그러나 일간이 인성에 의해 포위되면 이기심과 욕심이 강한 면이 나타난다.

또한 일간을 삼각형으로 같은 오행에 의해 둘러싸이면 배우자를 남에게 빼앗기는 현상이 나타나며 배우자성인 재성이나 관성이 모서리에만 있게 되면 배우자덕이 없다.

인성이 강해 관성인 甲목이 강한 설기로 힘을 못 쓰며 또한 통근처가 너무 멀어 무정하므로 무력하다. 인성인 화가 강해 자식성인 식상이 극을 받게 되므로 사중 庚금과 신중 庚금이 인사신 삼형살에 들었고 신중 庚금이 인중 丙화와 사중 丙화인 양 丙화에 녹아버리는 형국이라 자식덕이 없거나 심하면 자식이 없을 수 있다.

丙己丙甲　여
寅巳子申

배우자운은 관성인 寅목이 인사신 삼형과 역마지에 있으며 부부궁인 일지 巳화 또한 역마지살을 놓아 밖으로 떠도는 형국이라 불길하나 여명에 일지 인수면 남편의 사랑을 받는다. 다만 년간의 관성과는 일지와 사신형이므로 운이 안 좋으면 불길한 사태를 겪을 수 있다.

기신-욕지에 앉은 甲목이고 월지에서 갑자-목욕인데 신자합으로 년지까지 닿으니 도화끼가 있기 때문이다. 그러나 신자합수로 강한 수의 생을 받은 甲목 정관인 남편이기에 이혼 별거 등의 불행한 일이 없고 백년해로는 하게 된다.
특히 부부궁인 일지 巳화는 신약한 일간 己토를 돕는 인성이라 부부궁이 길하다. 만일 부부궁인 일지에서 조후를 맞추면 부부궁이 길하다고 본다.

재물은 신자합수로 강하니 주머니에 돈이 떨어지지는 않으나 재성인 子수가 용신인 丙-巳화를 극하여 깨지는 형국이라 돈이 모이지는 않는다.
건강운은 년월지가 신자합수로 申금이 없어지는 형국이라 원국에 금이 없게 되니 몸에 뼈가 약한 골절이나 골다공증 등에 주의해야 한다.

대운풀이로는 을해대운 8-17 인성인 화가 유년기에 없으므로 학문과는 인연이 없다.

갑술대운 18-27 관성 甲목운이 일찍 들어와 이성에 일찍 눈 뜨고 인연을 맺는다.

23세 되는 갑술운 병오년에 인오술 삼합에 午도화가 임하여 일지 사오합으로 들어오니 이성과의 만남이 이루어진다. 시에 寅목과 년에 午화 대운 戌土가 인오술로 삼합을 이루었기 때문이다. 23세에 현 남편을 만나 연애를 시작하여 그해 임신을 하였고, 정미년 24세 寅월에 결혼하였다.

丙己丙甲　여

寅巳子申

계유임신대운 28-47 금수는 기신운으로 20년이 흐르므로 대단히 고단하고 힘든 생활을 하였다. 일찍 남편이 사업을 시작하여 두세 번 실패를 거듭하므로 자신이 생계를 책임져야 하는 등 고단한 생활이다.

신미대운 48-57 辛금대운은 병신합거로 힘들게 살았고 未土 대운에 모처럼 조토인 길성이 떠서 왕한 수를 억제하니 안정된 생활을 하게 된다.

그러나 미대운은 甲목의 갑미-입묘지로 불길한데, 52세 을해년에 일주 기사와 천극지충으로 을기극 사해충하여 巳화 역마가 발동하며 사신형살이니 甲목을 요동치게 하니 배우자의 문제가 발생하게 된다.

관성입묘대운이고 甲목 관성이 인사신-형살에 요동치므로 남편이 외도로 남의 여자를 보게 되어 남편을 뺏긴 상태로 10년을 지내게 된다.

경오대운 58-67 일신은 고단하나 인오합화로 일간을 도우니 만사형통한다. 을유년에 낙상으로 손목뼈가 부러져 고생했는데 강한 화가 酉금을 극하여 골절상을 입게 된다. 본명과 같이 화가 강한 사주는 화극금으로 금이 손상을 당하니 평소에 골절이나 뼈 등에 신경을 써야 한다.

기사대운 68-77 말년대운이 희용신으로 흘러 배우자 자손들로 부터 대우받으며 살겠다. 그러나 말년운에는 너무 좋은 것도 불길할 수 있다. 특히 식신이나 인성이 사묘절운에 들면 건강이 불길해지는 경우가 많다.

3.
丙甲己己   여 +3.5
寅辰巳亥

甲목이 巳화월에 태어나 재성이 양투하여 강하니 재다신약사주이다. 재성이 강해 일주의 기가 약해졌음으로 재물이 많으면 몸이 약해지고 돈이 없으면 몸은 건강해진다. 토인 재성이 병이니 토화가 기신이며 목수가 길신이다.

배우자운은 甲목일주가 일지 辰토에 통근하고 巳화의 생을 받으며 시지 귀록의 귀격이며 용신이니 배우자덕은 있다. 여명은 용신이 곧 남편의 상황인 까닭이다. 甲乙목에게 辰토는 성장하기 좋은 땅이다.

관이 투함도 출하지도 못한 무관사주이나 중년대운이 신유술 관성으로 흐르고 지지에 亥수가 있어 금생수 수생목으로 관인상생하여 관성의 기를 통관하니 남편덕은 많다. 그러나 부부궁인 일지는 辰토로 갑진백호살이고 주중에 관성이 없으니 현

- 11 -

량한 남편은 아니지만 일지 辰토가 습토라 甲목의 근이 되니
백년해로는 한다.

재물운은 년월상에 재성이 있고 일지 辰토가 재성이며 묘고에
임하였고 겁재가 강하지 못해 자신의 재물은 자신이 지킬 줄
알고 검소하다. 그러나 월지 巳화인 식신을 편인인 亥수가 사
해충하니 식신은 밥그릇이라 사업 실패수가 보인다.

그러나 일간이 월간의 재성과 갑기합하여 재성을 합해 유정하
지만 투합이라 조금 부족한 면은 있으나 다행이다.
丙甲己己   여
寅辰巳亥

사업운은 재다신약 사주는 사업보다 직장이 유리하다. 주중에
관성이 약해 사중 庚금이 있으나 자식궁이며 미래와 사업궁인
시지 寅목에 인사형하여 직장생활에 어려움이 많고 승진에도
장애가 된다. 재성이 년과 월에 임하여 직장에서 경리를 담당
하면 길하다.
사주 원국에 화개 식상이 강해 예술방면에 뛰어나고 교육자로
진출해도 좋다. 재성인 년월간의 己토가 사해역마궁에 동주하
여 활동성이 강하고 사해가 역마충이라 분주하여 무역업이나
해외여행업에 종사하면 길하다.

육친관계로는 모성인 년지의 편인인 亥수가 식신인 巳화를 도
식하는 사해충으로 건강이 불리하고 본인도 체격이 왜소하거
나 위장병이 있을 수 있으며 어지러운 가정에서 자라난다.
부친성인 편재인 辰토가 갑진-백호에 임하여 부친도 건강조심

으로 사고 사망할 수도 있다.

월지 형제궁을 사해충하고 인묘가 공망이라 시지 비겁인 寅목이 공망이며 형제지간에 떨어져 살거나 형제간 이별수도 있다.

자녀운은 자녀성인 丙화가 시상 공망에 임하고 자식궁인 시지가 공망이며 식신인 丙화가 공망지에 올라앉아 남식과는 연이 박하며 자식을 얻기 어렵다.

건강운은 갑을일생이 봄가을에 진사를 만나면 중풍을 조심해야 하고 식상인 월지 巳화가 인사형살과 사해충이니 자궁수술을 하게 된다.

대운풀이로는 경오대운 6-15 庚금 칠살과 午화 상관이 임하여 행운에서 흉신인 상관이 칠살을 보아 흉하며 午화는 인오합 화국으로 흘러 신약에 상관이 태왕하여 일간 甲목을 설기시키니 학업보다는 먹고 노는데 주력한다.

丙甲己己　여
寅辰巳亥

신미대운 16-25 신미의 재관이 일주를 극하니 흉하다. 그러나 미대운 23세 辛酉년에는 酉금 도화에 진유합으로 일지인 부부궁을 합하며 酉금이 여명 생식기인 월지 식상인 巳화와도 사유합금되어 식관합으로 일지에 들어오니 이성과 인연이 맺어져 결혼하게 된다.

임신대운 26-35 갑일간에 임신대운은 금생수 수생목으로 관인상생하여 일간이 힘을 받아 강한 재성을 감당할 수 있어 사업도 잘되고 풍요로워진다.

그러나 申금대운에는 신진, 사신합수국으로 수는 인성으로 신

약한 일간에게는 매우 길하나 인사신 삼형이 되니 丙寅 시주
인 자녀궁과는 임병충. 인신충하여 천극지충과 삼형으로 자녀
로 인한 어려운 문제가 발생할 수 있다.

계유대운 36-45 관인상생의 희용신운으로 만사형통한다.

갑술대운 46-55 갑기합토로 변하고 일간 甲목이 뿌리내린 일
지 배우자궁과 진술충하니 배우자와 불화 또는 사고 등 궂은
일이 발생하게 된다.

을해대운 56-65 수생목으로 신약에 겁재의 길운이니 형제 동
료의 도움으로 사업이 활발해진다.

그러나 亥수 대운에 불의의 사고가 보이는데 亥수가 乙목을
생하므로 乙목 겁재가 일간 甲목을 도우니 형제 친구 동료의
도움이 있을 것이나, 亥대운에는 월지 巳화와 사해충하며 역
마충이며 길신이 와서 원국의 흉신인 巳화를 충하니 무탈하지
만, 문제는 양 亥수가 巳화를 충하여 식신이 부서지니 활동력
이 저하되므로 교통사고 등이 발생하게 된다.

4.

壬丁丁壬 여 +2
子巳未辰

신약한 丁화라 목화길신이며 토수는 기신이다. 그러나 丁화가
여름에 태어나 매우 덥다. 년시상에 壬수가 있으나 정임합으
로 연애질 하느라 조후 관성인 수의 역할은 하지 못해 무력하
지만 화가 치성한 편이 아니고, 시주에 임자 양인과 습토인
辰토가 자진합으로 버티고 있으니, 조후는 해결되었고 억부를
중심하게 된다.

丁화는 특히 甲목을 필요로 하는데 장간에도 없으니 격이 떨어지고 부부궁인 일지는 신약에 巳화로 길하나 수의 극을 당해 무력한 형상이다. 일주는 정사로 간여지동이며 부부불목이며, 시지 공망으로 자식궁과 관성이 공망을 당했고, 월지에 식신인 未토가 있어 활동성은 강하나 관성과의 정임합으로 유정하나 양합이 이루어지니 따로 논다.

정임합은 온화다정하나 음란합이라 호색하여 가정을 지키기 어렵고 여명은 심하면 화류계에 몸 바치는 천한 생활도 한다. 임자 시주에 관성인 子수 도화성에 앉아 관살혼잡에 정조관념이 없고 이 남자 저 남자 품에 안기며 일생을 바치는 경우도 있다.

壬丁丁壬　여
子巳未辰

정사-고란살과 辰토는 壬수의 창고라 관성인 남편이 창고에 갇힌 형상이고, 년지 기준으로 일지 巳화가 고신살에 일지 기준으로 사오미는 辰토가 과숙살이다.

홍염살은 갑을-오, 병인정미, 무기-진, 경술신유, 임신계유이니 월지 홍염이나 사미로 일지에 들어오니 색정에 밝고 일지에서 사중 丙화와 미중 丁화가 모여들고 월간 丁화도 未토를 따라오니 비겁혼잡으로 이복형제가 있다.

월지 공망에 일지 격각으로 부모덕이 박하고 부친은 사중 庚금으로 미중 乙목과 진중 乙목의 투합이며 재인합신이니 모친 재취이다.

또한 사주에 합이 많으면 정에 끌려 하는 일에 장애가 발생하며 천간 지지로 둘 이상 합이 되면 과어유정으로 하고자 하는 일에 장애가 생긴다.

대운풀이로는 병오을사대운 1-20 목화대운 신약한 일간을 도
와 20년간은 유복한 가정에서 태어나 행복했을 것이다.
갑진대운 21-30 甲목 인성은 신약한 丁화가 반기는 것이며
인성은 가정도 의미하며 여명은 남자의 생식기도 되는데 특히
관인상생으로 결혼이 가능한 대운이 된다.
壬丁丁壬 여
子巳未辰

21세 임자년에 대세운 자진합에 관성합이니 이성의 만남으로
인연이 맺어지고 22세 계축년에 월지와 축미충으로 사회적인
무대가 변해 이동운이며 여명은 이때 결혼하는 경우가 많다.
일지 사축합과 시지 자축합이며 식관합으로 결혼했다. 대체로
년간에 관성이 있는 여명은 조숙하며 일찍 결혼한다.
계묘대운 31-40 癸수대운은 수가 기신이라 장애가 발생하며
卯목대운은 목인수의 힘을 얻어 매사 형통한다.
임인대운 41-50 壬수대운은 정임쟁합이 되면서 음란지합에
합다장애라 질서 없는 음란한 생활의 연속이었을 것이나 寅목
대운에는 대길하다.

41세 임신년 정임합 신자진합의 인연으로 관성인 수를 합하
니 남의 남자와 불륜관계가 맺어지고 42세 계유년에도 酉금
이 도화라 사유로 일지인 부부궁에 합되니 다른 남자가 들어
온다. 본인은 남자 품에서 즐겁지만 가정사가 걱정되는 대운
이다.
신축대운 51-60 본명은 무재사주로 재성운이 대운천간에 떠

서 丑토의 강한 생을 받은 재성인 辛금은 재물의 풍요로움을
만들게 된다. 본명은 식상이 발달하여 식상생재가 이루어진
다.

壬丁丁壬　여
子巳未辰

51세 임오년은 남의 남자와 인연이 있다. 왜냐면 壬수가 관성
인데 정임합이고 午화가 도화인데 사오미로 일지 도화합이 되
니 외정문제를 주의 깊게 보아야 한다.

56세 정해년은 丁화가 壬수와 음란지합이고 亥수 기신이 발
동되어 남자관계로 亥수 망신살을 놓아 남자로 인해 불길한
일이 생긴다. 각별히 조심해야 한다. 특히 亥수는 관성으로
巳화인 배우자궁과 사해충하므로 배우자와 불화도 조심해야
한다.

경자대운 61-70 庚금 재성이 오니 길하다. 그러나 경자-사지
에 앉아 큰 재물은 아니며, 자대운에 子수 기신에 임하여 자
진합수로 일간을 극하니 건강을 조심해야 한다. 식상인 己토
가 기자-절지에 든다.

63세 신묘년에 운한상으로 말년이니 자묘형되어 건강, 또는
임묘-사지가 되니 남편일로 불길한 일이 발생한다.

5.
丙己丁丙　여 +4
寅丑酉午

가을생이나 화가 성하여 신왕하고 조열하니 조후용신인 수금
은 길하고 화토목은 흉하다.

- 17 -

己토가 유월에 태어나 실령하고 년주와 월시간에 丙丁화의 강한 생조를 받아 인수가 태강하여 신강사주가 되었다. 주중에 수가 없어 뜨겁고 조열한 땅이 되어 먼지만 날리니 당장 물이 필요하다.

축중 癸수를 조후 용신으로 酉금을 희신으로 하며 토목은 기신이고 왕화로 병이 되기 때문에 화가 병이 된다.

기축일주에 월지 酉금 식신격을 놓아 멋과 사치를 좋아하고 사회활동과 대인관계는 원만하다. 그러나 강한 화 인수가 화극금으로 지나치게 식상을 억제하므로 현실 감각이 둔하다.

다만 인성이 화이기 때문에 강하고 밝은 성격에 자존심이 있어 어떠한 고난에도 좌절하지 않고 최선을 다하는 긍정적인 면도 있다. 丙丁화의 특성은 밝고 강함을 나타낸다.

사주에 병이란 세 가지가 있는데 첫째 일주지병이란 일주를 생조하는 오행이 많거나 설기하는 오행 또는 극하는 오행이 태과하여 병이 된 것을 일주지병이라 한다. 그러므로 병이 된 오행을 제거하는 오행을 약신이라 한다.

둘째 용신지병이란 일주와 관계없이 용신에 병이 되는 것을 말한다. 예를 들면 금용신인데 주중에 화가 강하면 병이 되는데 병이 된 화를 제거하는 수가 약신이 된다. 단 약신은 대운 세운을 포함하여 사용한다.

셋째 행운의 병이 있는데 용신이 행운(대운세운)에서 극을 당하는 것을 말하는데 원국에서 병을 만나는 것이 아니고 행운에서 병을 만나면 그 운에서 생명이 위험하고 또한 병의 원인이 발생하는데 행운에서 병을 만나면 그것을 중병이라 하여 그런 때에는 생명의 위험을 면하기 어렵다.

참고로 가령 인수와 비겁이 왕하면 움직임이 없어 멍청하게 다른 사람에게 의존하게 되니 병이 되고 너무 신약해도 자허증이 발생하여 자신을 포기하고 부정적으로 행동하게 되니 이러한 것을 모두 제거해야 행운과 성공을 이룰 수 있는바 그 병을 제거하는 것을 제거기병이라 한다.

육친관계로는 태왕한 인성이 병이 되었기 때문에 부모의 덕은 없고 형제 또한 강한 인수로 화토가 기신이라 무능하고 의타심이 강해 형제덕 또한 없게 된다.

丙己丁丙　여
寅丑酉午

배우자운은 寅목인 정관 남편이 있으나 공망이고 목생화 화생토로 신왕한 일주를 돕게 되니 시지의 寅목은 제 역할을 하지 못한다. 또한 부부궁인 일지 丑토를 목극토 하니 寅목의 힘은 설기되고 극하느라 무력하니 본인은 남편이 약하니 결혼이 늦어지고 배우자가 무능할 것이다.

己토는 논밭이라 甲乙목인 작물을 키우는 사명인데, 丙丁화의 햇빛은 너무 강해 시들한데 수기가 없어 생조를 못하니, 사막 같은 땅에는 나무가 자랄 수 없다. 또한 신왕해도 관성은 못 쓰고 유축합금된 식상을 길신으로 쓰니 관성을 극하므로 남편덕은 없다.

인성이 태왕하면 관이 설기되어 무력해지므로 배우자인연이 약하며 부부궁인 일지 또한 丑토로써 신왕한 己토를 돕는 비겁이고 일주가 간여지동이라 배우자운은 불리하다.

자녀운은 酉금인 식신 자녀가 강한 화의 극을 받아 무력하나

- 19 -

유축합금이 되어 길신 작용을 하니 자식은 길하다. 또한 자식궁인 시주 丙화는 병인-장생지에 앉았고 일간이 근토와는 화생토로 상생관계이니 비록 기신에 해당할지라도 유정하며 시지는 신왕한 일간 근토를 극하는 정관이라 길하므로 자녀덕은 있다고 본다.

대운풀이로는 병신대운 6-15 초년 丙화인 인성 기신운이라 부모 사랑을 받지 못하고 학업도 중단되는 등 초년 고생은 많았다. 申금인 식신대운에는 신왕을 설기하는 길신운이지만 유년시의 식상운이라 공부보다는 놀고 멋 내는 일을 많이 하며 가출하거나 나쁜 곳에 유혹되어 빠질 우려도 있겠으나 대운간과 원국에서 강한 인성 丙화의 기운으로 화극금하여 억제하니 옳고 그름을 판단할 수 있는 지혜가 있어 큰 화는 없다.

丙己丁丙　여
寅丑酉午

을미대운 16-25 을미기신운으로 흘러 고생을 많이 한다. 특히 未토대운에는 일지 丑토와 축미충으로 신변에 불길한 일이나 가출 등의 일로 매우 힘들게 살았을 것이다. 신왕한데 인성이 중중하여 관성이 역할을 못하니 욕심과 이기심이 강해지고, 논밭인 근토가 본분을 잃어버려 결실이 부족한 명조가 되었다.

갑오대운 26-35 甲목 관성이고 午화는 도화라 도화에 앉은 관성으로 들어와 자식궁인 시지에 寅목과 인오합으로 관인상생이니 남녀 인연이 맺어지고 결혼이 가능한 대운이다. 그러나 목이 기신이고 午화 인성 또한 화의 기운으로 강간 실연 등의 나쁜 일이 발생할 수 있다.

관성인 인중 甲목이 일지 축중 己토와 갑기암합이니 배우자와의 불화도 생긴다. 인수가 태왕한 사주에 인성운이 들어오면 부모님에게 좋지 않은 일이 발생할 수 있어 병환 또는 생사이별 등이 발생한다.

丙己丁丙　여
寅丑酉午

계사대운 36-45 癸수는 희용신운이라 매사 형통하고 순조롭다. 그러나 巳화는 기신운이라 절각되니 별로 큰 소득은 없다.

임진대운 46-55 壬수 희용신과 辰토는 습토로 화의 기운을 흡수하여 가장 좋은 시기가 왔다고 보면 된다. 임진대운은 희용신이 들어있는 운이고 辰토가 식신생재로 재성인 수를 생조하므로 돈을 벌수 있는 절호의 찬스이다. 이런 운에는 최선의 노력으로 최대의 효과를 올려야 한다.

신묘대운 56-65 辛금대운에는 왕성한 활동으로 금생수 식신생재로 돈을 많이 벌 수 있다. 그러나 천간에 丙丁화가 투하여 병신합되고 정신극하니 별 소득이 없다. 묘대운에는 관살혼잡이고 월지와 묘유충이 되면서 왕지를 충하여 불미하니 자녀 문제나 건강문제로 불길하니 매사 조심해야 한다.

6.
甲庚庚丁　남　+4　방합 가종격
申申戌酉

종격사주라 토금운에 길하다. 비겁이 중중하여 종격사주이다. 따라서 토금운에 길하다. 외격은 천간에 관성이 있으면 종격이 되지 않는다. 그러나 종재격과 종강격은 재관이 뿌리없이 천간에 투출한다면 가종격으로 판단할 수 있다.

본명은 년간의 관살인 丁화가 월지 술중에 통근했지만 신유술로 방합을 이루니 뿌리가 사라진 격이라 종격으로 판단할 수 있다. 그러나 종격이라도 육친관계는 그대로 적용되니 甲목인 편재는 강한 금에 극을 당하여 붙어있을 수 없다.

따라서 배우자운은 신유술 방합금으로 일주와 같은 세력을 이루니 배우자인 재성은 극을 받게 되므로 배우자가 죽거나 이혼하게 된다. 세 번 결혼했으나 처가 전부 사망했다.

재물운은 재성이 강한 금에 극을 당하여 재물이 날아가는 군비쟁재의 형상이라 돈을 헛되이 낭비하기도 한다. 주색으로 돈을 뿌리는 식으로 쓰고 있다고 한다.

甲庚庚丁　남
申申戌酉

자녀운은 시지 갑경충에 丙화와 술중 丁화 정관이 극설로 인해 대단히 흉하다고 한다. 자식궁인 시주가 갑경충되고 자녀성인 약한 丁화가 강한 금을 극하려니 무력하여 힘이 빠진다.

사업운은 일지 申금은 역마지살이라 자동차와 관련된 운수업이나 개인 택시 등이 길하다.

참고로 종격사주란 원국에 한두 가지 오행이 너무 강하여 타오행은 기운을 펼 수 없어 강한 세력을 따라 종하는 것을 종격이라 한다. 종격사주가 되려면 일주의 음양에 따라서 많은 작용을 하게 되는데 일주가 양간일 경우라면 좀처럼 종격이 되지 않는 경우가 허다하다. 그러나 일주가 음간일 경우에는 생하는 오행이 있더라도 큰 힘을 펼 수 없을 때는 종하게 되는 경우가 많으니 원국을 자세히 살펴야 한다.

특히 주의할 점은 음일간의 경우에는 지지에 인성과 비겁이 있더라도 파극되면 종격이 되지만 양일간의 경우라면 생조하는 오행이 없고 있어도 약할지라도 인성이나 비겁이 하나쯤 있다면 종하지 않는 것을 명심해야 한다.
본명의 사주의 세운을 살펴보자면 병술년은 戌토가 비록 희신으로 길하겠으나 巳화대운의 기신운에 들어 있으므로 무해무덕한 운으로 본다.

정해년은 화수가 기신운이라 상하가 전부 기신에 해당하니 매사에 조심해야 하며 무자년은 반길반흉으로 본다. 기축년은 희신운으로 甲목대운이니 甲목은 재성으로 이성의 인연이 들오지만 큰 소득은 없고 경인년 세운은 좋으나 이성의 인연은 일지 申금과 인신충으로 깨지게 되므로 인연이 이루어지지 않는다.
甲庚庚丁　남
申申戌酉

신묘년은 卯목이 정재이며 도화에 해당하니 이성간의 좋은 인연도 맺어지고 재물운도 들어와 길할 것이다. 이처럼 편고한 사주는 육친관계가 불리하여 외로울 수 있으므로 몇 년 후의 길한 것까지 설명해주면서 희망을 가지고 살아가게끔 방편을 쓰는 것도 좋은 방법일 것이다.
만일 이 명조가 년주에 정유로 있지 않고 정미 등으로 있었다면 신유술로 戌토도 살아있으니 丁화가 庚금을 단련할 역량이 있으므로 기물을 완성하여 격이 높은 부귀명조가 될 것이다.

7.
壬甲辛庚　남 +2
申辰巳寅

수목은 길하고 화토는 흉하다. 甲목이 巳화월에 태어나 신약
한 사주이다. 관살혼잡인 사주이나 관인상생이 되어 시상의
壬수가 용신이 된다. 갑진일주가 목화식신격으로 총명하고 월
지의 식신인 巳화가 역마성으로 부지런하고 활동적이다.
壬수가 시지에 장생을 놓고 辰토의 뿌리가 있어 용신이 왕성
하니 흉하지 않다.
따라서 수목을 보면 길하고 화토는 흉하며 천간으로 오는 금
은 壬수를 생하니 희신이라 흉하지 않다. 본명은 년지 寅목이
목생화 화생토 토생금 금생수 수생목으로 생생불식하여 일간
인 甲목을 도우니 길명이다.

재물운은 재성인 辰토가 유력하여 일간인 甲목이 뿌리를 내리
니 처와 재물복이 많은 사주이다. 본명은 辰토에 편재를 놓고
월지 巳화의 생조를 받으며 시상 壬수가 통근함과 신진 수국
을 이루어 희용신이 일간을 도우니 재물운이 좋다.
배우자운은 일주가 갑진 백호살에 임하여 좋은 인연은 아니지
만 배우자는 현숙하고 내조가 많다. 辰토인 편재가 신진으로
수국하여 용신과 일간의 뿌리가 되니 부인의 도움이 많을 것
이다.
사업운은 辛금 정관이 巳화에 庚금이 있어 통근하고 비록 관
살이 혼잡되었으나 시간에 壬수가 투출하여 관인상생이 되어
일간을 도우니 직장생활을 하면 참모로 대성할 사주이다.

육친관계로는 부모와의 인연은 모친성인 인수가 천간에 투출하여 일간을 도우니 길하며 부친인 편재 辰토는 일지에서 시지 申금을 생하며 관인상생이 되므로 부모와의 인연이 매우 좋으나, 寅목인 비겁 형제성은 년지에 멀리 떨어져 무정하고 인신충 인사신 삼형살을 이루어 인중 甲목이 형충을 당하므로 형제연은 약하고 불리하며, 寅목이 역마에 임하여 형제와 멀리 떨어져 살거나 이별의 아픔도 있게 된다.

壬甲辛庚　남
申辰巳寅

참고로 관인상생과 살인상생이 되려면 관살과 인성이 근접하여 일간을 생하는 것이 길하며 만일 신약하면 일간 옆에 인성이 있고 관살이 떨어져 있으면 길하고 신왕하면 일간 옆에 관살이 있고 인성이 떨어져 있다면 길한 배합일 것이다.
이처럼 관인상생격이 되면 비록 신약사주라도 행운에서 재관을 만나도 크게 불길하지 않다. 그것은 관살은 인성에 설기되어 약하게 되고 일주는 인성의 생조를 받아 왕하게 되기 때문이다.

대운풀이로는 임오대운 9-18 임오대운 중에 午화운에는 상관의 설기가 심하고 인오로 합하여 식상이 강해지니 공부보다는 노는 것에 열중하여 학문성이 부족하여 학업성적이 염려된다.
식상운에는 공부보다는 놀고먹는 운이라 부모 속을 썩인다.
계미대운 19-28 癸수는 관인상생으로 늦공부에 열심히 한다.
未토 재성이 임하여 26세 을묘년에는 대운과 묘미합이고 원국과는 인묘진으로 방합목국을 이루니 식구가 들어오는 상이다. 겁재인 乙목이 卯목 도화에 임하여 일지 辰토에 방합이 되어 들어오니 결혼이 이루어진다.

갑신대운 29-38 일신상에 문제가 발생하게 되니 매사 신중하고 조심해야 한다. 갑경충, 인신충으로 강한 칠살과 천극지충으로 일주를 극하니 흉한 일이 발생할 수 있다. 그리고 申대운에는 인사신 삼형을 이루니 관재구설 불화 소송 등의 불리한 일이 생길 수 있다.
을유대운 39-48 사업번창하고 성공한다. 酉대운에는 진유합 사유합으로 강한 관살의 도움으로 관인상생이 되어 용신인 壬수를 돕게 되므로 매우 길하게 된다.
병술대운 49-58 丙화대운에는 병신합거로 관살혼잡을 제거하니 형통으로 길하나 戌土대운에는 일지를 진술충하며 백호충이라 배우자의 건강이나 교통사고 등에 조심해야 한다. 일지는 아신이기도 하니 본인도 주의해야 한다. 활동력인 식신 사중 丙화가 병술로 입묘되어 오며 월지에도 사중 丙화가 있기 때문이다.
壬甲辛庚 남
申辰巳寅

丙화대운에는 丙화의 강한 극을 받은 칠살인 庚금을 극하고 辛금은 병신합거로 사라지니 관살혼잡이 맑아져 사주의 격이 길하다. 그러나 戌土대운에는 진술충으로 일지인 부부궁을 충하니 백호살이 발동하여 가정이나 배우자 자신의 건강문제나 불의의 흉한 일이 발생할 수 있다. 또한 세운에서 申금을 만나면 인사신 삼형이 이루어지므로 가족이나 본인이 교통사고 등의 흉액을 당할 수 있다.
정해대운 59-68 丁화대운은 대운지 亥수에 절각되어 무력하나 상관으로 상관견관의 운으로 불길하며 또한 정임합목으로 용신을 합하여 불길하다.

亥수대운에는 자손으로 인한 어려움이 있겠다. 그러나 亥수대운에는 월지를 사해충하면 사중 丙화는 해중 壬수와 충하고 사중 庚금은 해중 甲목과 충하여 원국에 있는 사중 丙화와 庚금이 튀어나오는데, 식신인 丙화는 월간의 辛금와 합거되어 사라지고 사중 庚금은 년간의 庚금을 보고 발동하니 일간 甲목을 갑경충하게 된다. 그러므로 칠살은 자식이라 자손으로 인한 어려움이 발생하는 것이다.

8.
己壬己庚　여 +3
酉寅卯子

금수는 길하고 목화는 흉하다. 임인일주가 묘월에 태어나 식상이 발달한 사주이다. 따라서 총명하고 온후한 성격이나 월지 상관이고 인묘로 혼잡을 놓아 성격이 야당성과 반항성이 있으며 모나고 매우 깐깐한 성격의 소유자이며 신약한 사주이다.

따라서 약한 壬일간을 돕는 금수는 길하고 목화는 흉하며 월간 己토는 신약에 관인상생이나 庚-인성과의 위치가 잘못되어 일간을 극하니 정관의 덕을 바랄 수 없는 형국이다.

본명의 특징은 己토 정관이 각각 묘유충에 앉아 동하고 있으므로 남편의 도화인 바람끼로 걱정이 많으므로 결혼이 늦거나 결혼해도 남자가 두 명이 서로 다투는 형상이라 남편을 잃거나 고독한 명조이다.

이 여인은 48세가 되도록 독신으로 지내며 불교에 심취되어 한복점을 운영하며 지내고 있다.

재물운은 원국에 재성인 화가 없어 돈에 대한 큰 인연은 없다. 자녀운은 자녀성인 寅卯목이 혼잡되고 식상인 卯목이 자식궁인 시지인 酉금과 묘유충하며 자묘형 인유원진 등으로 궁과 성이 피해를 당하니 자녀와 인연은 박하다.

자식성인 묘중 乙목을 시주에 대입하면 을유-절지에 임하니 불길하며, 이런 식으로 부부궁인 일지에는 정관인 己토가 투하므로 寅목에 대입하면 기인-사지가 되며 임인-병지라 신약한 일간의 기운이 설기되니 불리하다.

월지가 도화로 모친재취인데 한 가지로만 판단하면 안되므로 모친연을 살피면 년간의 庚금이 경자-사지에 앉았고 부친성은 인중 丙화인데 유중 辛금과 병신암합이니 모친의 부부연이 불길하다. 본명도 일시지 재인합신으로 모친재취이고 후처소생이다.

己壬己庚　여

酉寅卯子

세운풀이로는 47세 갑술운 병술년은 신약한 壬수가 재성인 丙화와 관성인 戌토가 전부 기신 세운이며 재성인 丙화가 戌토에 입묘되었으니 금전문제로 매우 불안한 운이 된다.

48세 갑술운 정해년은 정임합되면서 일간의 뿌리인 亥수가 인해합 해묘합 등으로 변하면서 기신인 식상이 왕해지니 불길한 세운이라 결국 본명은 정해년에 출가해 여승이 되었다.

대운풀이로는 무인대운 7-16 일찍 관성과 식신운이 들어와 공부보다는 놀고 먹는데 더 관심을 갖는 운이라 학업에는 큰 인연이 없겠다.

정축대운 17-26 정임합과 丑토인 관성이 들와 이성과 인연은 있으나 원국에서 관살이 양쪽에 있는 형상이라 이루어지질 못하고 헤어진다.

병자대운 27-36 丙화대운에는 재성운으로 재물에 큰 걱정 없이 살 수 있으나 子대운에는 비록 금수가 길신이라도 부모형제궁인 월지 卯목과는 2-자묘형으로 부모형제와 이별의 아픔이 있다.

을해대운 37-46 乙목대운에는 상관운이라 신약한 壬수가 乙목을 만나 상관은 무자비하게 일간을 설기하니 어렵게 지냈으나 亥수대운에는 희용신운이라 길하다.

己壬己庚　여

酉寅卯子

갑술대운 47-56 갑술대운 중 甲목은 식신으로 신약한 일간을 공격하는 편관인 戌토를 억제하니 무해무덕한 대운으로 본다. 그러나 戌토대운에 들면서 일간에 첩신한 己토 정관이 뿌리를 얻어 살로 변하며 일간을 공격하는 기신운이 된다.

또한 戌토는 인술합화 되면서 관살을 더욱 생하며 戌토는 일간의 유일한 뿌리인 년지 子수를 극하니 매우 힘든 대운이다.

계유대운 57-66 癸수대운에는 길하고 酉금대운도 길하나 부모형제궁과 묘유충이 일어나니 부모형제와 불화 구설 또는 이별의 아픔이 있다.

임신대운 67-76 임신대운에는 매우 길해 일신이 편안하고 매사가 순조롭다. 참고로 48세 정해년에 출가하여 여승이 된 것은 시간의 己토 남자는 갑술대운 중에 甲목과 정관인 己토가 갑기투합으로 불길하며 사라지게 된다.

戌토가 일간에 첩신한 양 己토의 뿌리가 되니 살로 변하고,

정해년이 되자 丁화가 근토인 칠살을 생하니 더욱 기승을 부리고 년간의 인성인 庚금을 극하니 더욱 고립무원으로 빠져든다. 이처럼 세운은 세운간이 군왕이니 중심이 된다.

9.
甲丁乙壬   남 +5.5
辰未巳寅

辰토가 용신이며 신왕한 丁화일간이라 토금수는 길하며 목화는 흉하다. 丁화일주가 巳화월에 태어나 득령하였고 년월시에 甲乙목의 생조를 받아 신강사주이다.
년간의 壬수를 용신하려고 하나 인성인 월간 乙목에서 설기당하며 앉은자리 寅목에게 설기당하여 무력하므로 용신으로 사용하지 못하며, 시지의 辰토를 사용하여 신강한 丁화를 설기하는 용신으로 삼아 상관생재로 습토인 辰토를 용신하였다.

따라서 토금수를 보면 길하고 목화는 흉하며, 원국에 재성인 금이 없어 식상생재로 이어지지 못하는 무재사주이며 남자인 경우에는 재물과 배우자 인연이 박하다.
재물운은 무재사주라 월지 사중 庚금이 암장되었으나 인사형으로 인중 丙화와 사중 丙화에 의해 화극금으로 극을 당하며 재성이 무력한 상태이다. 따라서 재물이 모아지지 않고 흩어지는 형국이며, 행운에서 토를 보면 토생금으로 재성이 강해지니 길하게 된다.

육친관계로는 사주에 辛금인 편재 부친성이 없고 모친성인 甲목 정인은 강하지만 부모불균으로 기신이며 월지 겁재로 부친덕이 없고 월간 기신이며 을사-목욕에 을경암합으로 재인합신하니 모친재취이고 월지 망신에 기운이 탁하며 격각에 인사가 공망이니 부모덕은 없다.

형제성인 巳화 겁재가 약한 재성을 극하고 년월이 인사형을 하고 있으며 부모형제궁인 월지 巳화가 역마성이라 형제간에 멀리 떨어져 살거나 정이 없고 있어도 없는 것과 같다.

일지에서 미중 丁화와 사중 丙화가 사미-방합으로 모여드니 이복형제가 있다. 년지 寅목에도 비겁이 있으니 초년부터 스스로 독립해서 살아야 함을 의미한다.

甲丁乙壬　남

辰未巳寅

배우자운은 강한 비겁이 사중 庚금으로 암장되어 무력한데 인사형을 당하고 강한 丙丁화가 화극금을 하니 부부궁이 흔들려 부부해로가 어렵다. 일지가 식신으로 설기한다지만 조토라 기신이며 정미-양인에 홍염이다. 이처럼 비겁이 왕하고 재성이 약한 남자는 쟁재가 일어나 의처증이 심하여 부부불화가 심하게 된다.

자녀성은 자녀성인 년간의 壬수가 乙목 寅목에 설기당하여 무력하고 자식궁인 시지에 辰토는 수의 묘고라 자식성인 관살을 창고에 가두는 역할을 하므로 자식 두기가 어렵거나 자식이 있다 해도 일찍 사별하거나 있어도 없는 것과 같다.

자녀성인 년간의 壬수 정관이 공망지에 동주하고 목에 설기되어 무력한데, 壬수는 인사형살지에 앉아 심하게 흔들리고 있다. 또한 시지 辰토는 관살의 묘고이며 시주에 갑진백호살이라 자녀 두기가 매우 어렵다.

사업운은 년월에 인성인 목이 강하니 사업보다는 교육계로 진출해야 한다. 고서에 이르길 월봉인수면 교육자라고 하였다. 그러나 본명은 정관 壬수가 寅목에 임인병지이며 더우기 인사형살지에 올라앉아 직업성인 관성 壬수의 위치가 잘못되어 기신 역할을 하며, 초년운이 안 좋아 공부에 전념하는 것이 매우 불안정한 상태이라 장애가 많을 것이다.

대운풀이로는 병오대운 9-18 유년기에 신왕사주에 더욱 왕한 비겁운을 맞아 성장기에 불행한 청소년기를 맞이한다. 병오는 양인이며 사오미로 화국을 이루니 사중 庚금은 녹아 버릴 지경이라 약한 재성이 타격을 입으니 가정이 매우 곤궁해진다. 초년운에 비겁이면 재성이 극파되니 부친이 몰락하며 가난한 가정에서 출생한다.
정미대운 19-28 정미대운에는 재물의 여유가 생기게 되므로 큰 문제없이 살게 된다. 그것은 丁화대운에는 정임합되면서 壬수정관이 약해지긴 하지만 용신이 아니라 다행이며 未토대운에는 조토이지만 식신운이라 토생금으로 재성이 강해지니 길한 시기이다.
甲丁乙壬 남
辰未巳寅

무신대운 29-38 무신대운은 상하가 길신인 식신생재 대운으로 만사형통되며 금전이 풍요롭다. 이처럼 사주보다는 대운이 길해야 좋다. 이런 좋은 대운의 시기에 이 사주에서 만일 임신년 세운을 만난다면 신진합수와 사신합수로 이성의 인연이 있어 결혼할 수 있다. 그러나 인신충 사신형도 함께 겪어야 하니 가족 간의 불화와 고부갈등의 고초를 겪기도 한다.

기유대운 39-48 식신생재대운으로 가정이 화목하고 재산증식
이 여의롭다.

경술대운 49-58 庚금과 월간의 乙목이 을경합금되어 월간의
기신인 乙목을 합거하여 인성혼잡을 맑게 한 것은 길하나, 인
술합화로 화가 더욱 강해지며 시지 갑진과 경술은 천극지충으
로 일지 술미형도 발생하니 갑진-백호살과 경술-괴강살이 움
직이니 시주인 자식궁에 불화로 가정의 풍파가 예상된다.

甲丁乙壬　남
辰未巳寅

신해대운 59-68 辛亥대운도 금수로 길신이나 을신충과 사해
충과 해미합목하여 병을 가중하니 손재와 관재구설이 있어 매
우 불길하다.

즉 辛금인 재성이 월간 乙목 인성과 을신충하고 사해충을 하
여 천극지충이라 재관인 辛금과 亥수가 천극지충이 되니 손재
와 구설이 끊이지 않는다. 이처럼 대운에서 오는 길신을 원국
에서 천극지충하면 불길하다.

임자대운 69-78 壬수 정관이 정임합하면서 원국의 일간 丁화
가 壬수를 투합하는 형상이라 불길한데, 지지로는 자진합수하
여 동주한 甲목을 생하니, 신왕한데 인성이 간지로 포진하여
관살운이 인성을 생하므로 사주 구조가 불미하다. 일지에서
자미원진귀문살 등이 발생하니 건강에 문제가 발생할 수 있
다.

계축대운 79-88 계축대운은 정계충 축미충으로 일주를 천극
지충하며 未토는 갑미-묘고이며 인수는 생명력이니 사묘절을
극히 꺼린다. 계축은 백호살로 생명에 위험이 발생한다.

군비쟁재란 천간에 비겁이 많은데 대운에서 재성을 만나면 비겁이 재성을 겁탈하므로 불길한 재앙이 발생하는데 세운 천간에 비겁운을 만나면 재앙이 크다.

10.
丙辛辛丙　　여 +3
申巳卯申

신약사주로 토금은 길하고 목화는 흉하다. 辛금이 편재인 卯목월에 태어나 신약한 辛금이 병신합되고 년월에도 병신합이며 사신형합 을경암합 등으로 합다천박이다. 목화금의 잇빨 빠진 삼상격으로 화금과 목금 등으로 상전상극이 일어나니 탁한 격이다.
남편성인 丙화가 병신합으로 변하고 자좌 재성을 깔고 있다. 巳화도 사신형합으로 변하니 정조관념이 없고, 배우자가 변해버리는 현상이라 남편과 인연이 없으며 두세 번 재가하거나 남의 첩으로 살게 된다.
여명에서 辛금은 보석인데 丙화가 두 개 이상으로 쟁합이 되면 남의 첩이 되거나 다른 남자의 자식을 가질 수도 있다.
또한 명함부집이란 일지에 배성이 있거나 배성과의 합인데 다시 배성을 보면 두세 번의 결혼도 불길하다.

재물운은 재성인 卯목 편재가 월지에 있으나 강한 금에 의해 극파되고 을경합거 되니 군비쟁재로 무력하여 자신이 동분서주로 돈을 벌어야 하는 팔자이다.
배우자운은 일지 巳화 정관은 사신합형이고 명암부집이며 일지 공망에 년시지 申금이 공망인데 관성인 천간의 양 丙화는

- 34 -

공망지에 앉아 辛금을 만나 연애질만 하고 있으니 도움이 되질 못한다.

일지 巳화 정관인 남편은 사신형에 임하고 巳화 역마와 십이운성에 신사-사지에 일지 부부궁이 임하니 생사 이별이 보인다. 여명에서 용신은 곧 남편의 상황인데 목화인 재관이 왕하여 비겁이 길신인데 전부 합형으로 변질되니 용신 무력이라 남편덕을 바랄 수 없다.

丙辛辛丙　여
申巳卯申

자녀운은 辛금은 건왕하면 壬수를 가장 기뻐하나 출함이 없고 자식궁인 시주가 병신으로 공망이고 사신형이 되었으며 신중 壬수인 상관 자식이 사중 丙화인 관성 남편과 임병충으로 불안한 상태라 자녀덕이 없으며 시지가 겁재로 기신이니 자식으로 인해 속을 많이 썩는다.

자식성은 신중 壬수로 장생지에 있으니 총명하나 남식이면 동주한 재성을 보고 옆에서도 巳화를 보니 부부궁이 불길하며, 여식이면 丙화 편재인 시모가 많은 상으로 전부 부부궁이 불길하니 유전적으로 내려간다.

대운풀이로는 경인대운 3-12 경대운은 겁재인 庚금의 부조를 받아 길하나 寅목대운에 寅목이 기신으로 절각이다. 더우기 巳와 申에 일간의 뿌리가 있는데 사주원국과 인사신 삼형살이 되니 흉하므로 부모덕이 없어 고생하며 유년을 보내겠다.

기축대운 13-22 己丑토 대운에는 신약한 일주가 생조를 받아 길하며 년주에 丙화 정관이고 세운에서도 丙화 관성을 만나니 일찍 이성에 눈뜨게 된다.

19세 기축운 갑인년은 인사신 삼형살에 임하고 일지 사중 戌토가 모친성이며 대운간 근토로 인성이 투했으나 갑기합토로 합거되니 모친과 생리사별하게 된다. 즉 대세운 천간에 나타난 육친성은 원국과 닿아있다.

21세 기축운 병진년은 기축인 대운지가 사축으로 일지에 들어오니 결혼이 가능한 대운이다. 병진년은 세운간과 일간이 병신합되어 관성과 합을 이루며 신진합으로 자식궁과의 합이나 원국에서 사신합으로 일지와도 연결되었으니 일찍 이성과 인연으로 결혼하게 된다.

丙辛辛丙　여
申巳卯申

무자대운 23-32 戌토대운은 인성으로 길하며 편안하다. 子수 대운에 식상으로 자진합하니 자녀를 얻게 되고 행복한 한때를 보내나 가정에 평지풍파가 일어날 것이다.

28세 무자운 계해년에 무계합거되니 戌토는 인성이며 가정인데 합거되는 형상이다. 세운간 癸수는 丙화의 빛을 가리는 비와 같고 세운지로는 일지 巳화 정관과 사해충으로 일지 부부궁을 충하니 남편과 이별수가 보인다.

일간은 신해-목욕이며, 丙巳화 정관이 병해-절지가 되어 남편성과의 기가 끊어지니 남편이 떠나거나 사고로 인한 사별일 수 있다.

정해대운 33-42에 들어 관살혼잡이니 신변에 많은 변화가 발생했다고 본다. 편관+상관인 대운에는 흉성의 동주이고 게다가 전부 기신이니 모든 일이 잘 안 풀리게 된다.

37세 정해운 임신년은 대세운 정임합이고 일지와는 사신형되니 부부궁에 갈등이 든다. 40세인 정해운 을해년은 양-亥수가 일지를 사해충하며 사신형도 동하게 된다. 또한 41세 병자년은 병신합 되니 관성과의 쟁합이니 남자와 남편 문제 등으로 우여곡절이 많았을 것이다.

병술대운 43-52 병술대운에는 관성의 입묘운이나 원국과의 형충이 없어 동함이 없다. 관성과 인성의 대운이니 관인상생으로 남편이나 다른 남자와의 인연으로 인성인 戌토의 강한 생조를 받아 안락한 한때를 보내게 된다.

을유대운 53-62 乙목대운에는 乙목이 을신충으로 천간을 흔들어 버리니 불길한 조짐이 보인다. 그러나 酉금대운에는 辛금의 건록이니 형제인 酉금의 도움으로 다시 안정을 찾을 것으로 기대했으나 묘유가 충되고 천극지충으로 월주인 뿌리를 흔드니 삶의 안정을 찾지 못한다.

갑신대운 63-72 노년의 대운은 무해무덕하다. 그러나 申금대운에 일지 巳화 정관과 사신형이 되니 본인과 배우자의 건강이나 이별 등의 문제가 발생한다.

11.
甲辛甲甲　남　+2.5
午亥戌寅

재다신약이라 금토에 길하고 목수가 흉하다. 辛금이 술월에 태어나 인수격이나 甲寅목이 강해 재다신약사주이다. 월지 戌토가 정인이나 지지가 인오술로 화국을 이루니 약한 신금이 녹아버릴 지경이다.

주중에 비겁은 보이질 않고 술중 辛금에 뿌리를 내리려 하나 인오술로 변해버리니 사방 천지에 도움 될 수가 없다. 월지가 인성인 토라 종할 수도 없으며 대운 또한 금운을 만나지 못하고 수목으로 흐르니 매우 고단한 삶을 살게 된다.

배우자운은 일주가 신해-목욕으로 천방지축이니 탁한데, 재다신약으로 배우자궁에 신약을 설기하는 상관인 亥수가 있는 것도 불리한데, 전후좌우로 극설교가이며 재성 또한 기신이고 공망이니 배우자덕은 없다.

재물운은 주중에 재성을 많이 깔고 있는 형국이라 재물복은 있는 편이다. 그러나 대운이 기신운으로 흘러 큰 도움은 안 된다. 천간에 재성이 투하며 지지로는 인오술 화국이니 화다목분으로 낭비가 심해 재물이 남아나질 못한다.

직업운은 관성이 인오술 화국을 이루어 강하며 말년까지 뻗쳐 있으니 직장생활은 길하고 승승장구한다.

甲辛甲甲　남
午亥戌寅

자녀운도 관성이 강하고 자녀궁이 편관으로 강하며 오중 己토인 인성이 있어 길하나 편관은 신약에겐 부담이 되긴 하나 자녀덕은 있다.

을해대운1-10 유년시절에 乙목인 재성운이 들어와 기신이나 관살처럼 일간을 극하지 않으니 부모슬하에서 큰 걱정 없이 살았다.

병자대운11-20 丙화는 정관이나 신약이면 칠살이니 힘든 운이고 일간을 병신합으로 묶으니 답답하고 기를 펼 수 없는 운이니 초년대운이 불행하다.

정축대운21-30 적령기에 관성운이 들어와 관인상생이니 직장도 좋은 곳으로 얻고 丑토는 인성이라 신약 일간을 도우니 행복한 삶을 산다.

무인대운31-40 戊토대운은 길하나 인대운에는 인해합목하여
재성이 강해지니 흉한데, 재다신약이 돈을 탐하면 건강에 문
제가 생기거나 배우자 문제로 불화가 발생하는 대운이다.

40세인 무인운 계사년은 인성인 戊토를 무계합거하고 지지로
는 인사형으로 세운이 동하며 원국에서 배우자궁인 일지를 사
해충하고 재성인 寅목과는 인사형을 하니 배우자와 이별수가
보인다. 이런 때는 멀리 떨어져 있으면 좋다.
甲辛甲甲   남
午亥戌寅
기묘대운 41-50 인수운에는 안정된 생활을 한다. 세운도 사오
미 신유술 화금운으로 흘러 매우 길하다. 그러나 묘대운에는
묘술합과 해묘합이 되면서 재성인 甲목이 양인지를 얻으니 건
강 등으로 인해 신경 써야 한다. 寅운과 卯운이 다른 점은 寅
운은 화를 생하여 약한 辛금을 극하니 힘들지만, 卯운은 화를
생하지 않고 재성인 목기만 강해지니 약한 辛금에게는 부담스
럽지 않고 좋은 운이다.

12.
乙乙辛甲   여 +4 해미목국
酉亥未寅

신강사주에 화토금 길하고 수목은 흉하다. 본명은 사주가 탁
하여 한숨밖에 나올 것 없다. 乙목이 未월생이라 실령했으나
일지 亥수 정인과 강한 비겁이 왕하여 신강한 사주이다.
乙목인 화초가 여름에 태어나 수가 필요하고 丙丁화의 꽃이
피어야 길하다. 그러나 일지 亥수가 있고 시지 酉금이 있으나

亥수가 해미합목과 인해합목으로 변질 되었다.

즉 비겁인 목기가 과왕하니 관성인 월간의 辛금과 시지 酉금은 목다금결이 된 형상이다. 여명은 관성이 중한데 이처럼 관성이 목다금결에 부서지면 남편덕은 기대하기 어렵다.

일지 부부궁에는 기신이고 시지 酉금을 공망시키니 자식과도 격각살이니 연이 멀다.

월간 辛금을 일지로 인종하면 신해-목욕으로 색정이 밝은 남편이며 년간의 甲목을 보고 있으며 시지 酉금은 동주한 재성과 있으니 부부궁이 불길하다. 즉 여명에 자매강강이면 진방지부라고 하여 남편이 호색하여 문제가 발생한다는 것이다.

본명은 목이 병이라 수목은 흉하고 화토금을 보면 길하다. 배우자운은 매우 박한데 월상 辛금인 편관과 을신충하고 월지 未토는 일지 亥수와 해미 목국을 이루니 어찌 약한 辛금이 많은 목을 감당하리요.

乙乙辛甲　여
酉亥未寅

본명은 37세인 경인년이 되도록 혼사를 못해 홀로 지내고 있다. 경인년에는 관성이 투하여 을경합되고 일지로는 인해합되어 결혼의 연이 있지만 천간합과 지지가 동시에 합되면 인연도 맺어지지만 亥수 배우자궁이 인해목으로 변질되기 때문에 이별의 수가 되기도 한다.

월간의 辛금인 남자를 하나 놓고 甲乙목들이 서로 싸우는 형국인 투합이 되어 결혼이 늦어질 수밖에 없다. 그러나 관성이 희신이고 일지 인성이니 관인상생으로 나를 도우니 남편복은 있으나 다만 힘없는 酉금이 어떻게 버틸까 걱정이다.

재물운은 未土 편재가 월지에 있으니 그래도 재성은 천간에 뜬 것보다 지지에 있는 것이 좋다고 하였으니 독신녀로 살아갈 만큼의 재물은 타고난 것으로 보아진다.

자녀운은 원국에 자녀성인 식상인 화가 출하지 않고 시지 공망으로 자녀덕은 그리 좋지 못하지만 남식보다는 여식이 가능하다. 일간을 시지로 인종하면 을유-절지가 되어 기가 끊어지니 잘못하면 자식이 없을 수도 있다.

그러나 월지 미중 丁화가 있으니 월지는 강력하므로 여식은 가능하다. 년지의 인중 丙화는 시지로 인종하면 병유-사지가 되니 일간과 음양이 다른 남식은 가능치 않다. 미중 丁화는 정유-생지로 총명하고 준수한 여식이다.

乙乙辛甲　여
酉亥未寅

대운풀이로는 경오대운 9-18 관성과 식상운이 일찍 들어와 진학을 포기하게 되었지만 희신운이라 일신은 편안하고 좋았다. 庚금의 관성은 청소년기에서는 학교가 직장에 해당되는데 午화의 극을 받으며 원국에서 인午화국이니 관성인 庚금이 무너지는 형상으로 학업을 포기하게 된다. 그러나 인午화국으로 식상이니 희신운으로 일신은 편안한 것이다.

기사대운19-28 재성과 식상운이 들어와 돈도 벌고 일신이 편안하게 보내게 된다. 화토가 희신이라 만사여의하다. 일지를 사해충하니 역마충이라 돈 벌러 멀리 떠날 수 있다.

무진대운 29~38 강한 재성의 희신운이 되어 돈 벌고 일신이 편안하지만 결혼적령기가 지나가니 마음은 조급하고 걱정이 태산 같다. 그러나 乙목은 辰土를 보면 뿌리를 내리며 시주와 진유합으로 공망을 푸니 결혼이 가능한 대운이다.

37세 무진운 경인년은 일간과 을경합되고 일지와 인해합하며 남자와 인연이 있다. 또한 38세 신묘년에도 해묘미 삼합과 인묘진 방합으로 강한 목이 기신이긴 하지만 辛금 관성과 함께 오기 때문에 37-38세에 결혼할 수 있다.

적천수에서는 삼합과 방합이 동시에 이루어지면 흉액이 발생한다고 했는데 방합은 가족합이니 형제자매나 부친을 잃을 수 있다. 온전한 방합이 이루어지면 가족이 생기거나 나가게 되는데 관성을 달았으니 남편이 있으면 떠나고 없으면 생기게 된다.

신묘년은 시지 酉금과 묘유충되지만 해묘미삼합을 우선 이루기 때문에 삼합은 충을 논하지 않는다. 그러나 충이 안 된다고 해서 극까지 일어나지 않는 것은 아니니 다만 강도가 조금 약해질 뿐이다.

정묘대운 39-48 丁화대운은 길신운이라 만사형통하나 묘운에 들면 원국의 酉금인 편관 남편과 묘유충되어 부부불화가 예상되니 헤어질 수 있다.

병인대운 49-58 丙화대운에는 乙목이 피어나는 시기로 모처럼 활기차고 마음 편하게 생활한다. 寅목 기신운에는 막히는 일이 많겠다. 친구 동기간에 돈거래 등을 삼가는 것이 좋다.

13.
癸壬甲戊　여 +2
卯申寅戌

신약에 금수는 길하고 목화는 흉하다. 본명은 식상과 관살이 강해 극설교집으로 신약이다. 壬수 일주가 인월에 출생하고 甲목이 월에 투출하여 식상의 설기가 심하고, 戊辰토의 관살이 강하게 극하는데 월간의 甲목이 戊토를 극하고 있다.
즉 자식이 태어나면 남편과의 사이가 멀어진다는 의미이다.
남편성인 戊토는 시간의 戊토와 무계합을 넘보고 지지로도 묘
술합하니 부부궁이 불길하다.

癸壬甲戊　여
卯申寅戌

신약한 壬수가 시상 癸수에 의지하려 하나 癸수 또한 묘목에
설기되니 연약하다. 일지 申금에 생조를 받고 있는데 인신충
으로 부서지니 흠이 된다. 금수를 보면 길하고 화토는 흉하
다.
본명은 식상이 태왕하고 시지 묘도화가 임하여 낭만적이고 활
동적이며 다재다능하여 예능에 소질이 있고 일지 申금 역마를
놓아 부지런하고 활발하다.
식상이 발달하여 사업수완이 탁월하고 인술화국이니 식신생재
하므로 돈 만드는 궁리가 남달라 이재에 밝다. 재물운은 원국
이 신약하여 재를 다루기에는 약하지만 대운의 도움을 받으면
재물이 길하여 부를 축적할 수 있는 탁월한 능력이 있다.
월주에 갑인 건록을 놓고 있어 식상이 발달하므로 사업수완이
뛰어나고 인술이 강한 화국 재성을 이루고 대운이 금수 희용
신으로 흘러 발복하게 되므로 많은 재물을 축적하게 된다.

배우자운으로는 년주에 戊戌토 편관이 있어 일찍 이성과 인연
이 맺어지나 조혼은 불리하고 늦게 결혼하면 길하다. 년주 관
성이 년월지에 인술반합 午화국을 이루고 시지 묘도화가 묘술
합화 戌토 관성과 묘술합이 되어 이성과 일찍 인연이 맺어진
다.

그러나 관성이 강하고 배우자궁이 인신충하므로 조혼하면 배
우자와 불화 별거 이혼 등이 발생하니 만혼이 유리하다.

육친관계로는 월주가 기신이니 부모형제의 덕은 없다. 월일지
가 인신충하고 년월주가 기신에 임하여 부모형제의 덕이 없으
며 모친에게 의존하여 살고 있다.

자녀운은 식상이 태왕하여 자녀수는 많으나 일지와 인신충이
니 자녀와 떨어져 살아야 한다. 일지 신중 庚금과 묘중 乙목
이 을경합금하여 변질되니 자녀 중 초년에 잉태하는 자손은
잃어버리기 쉽고, 자손궁에 묘신-원진이 임하고 일간과는 임
묘-사지가 되니 자손과 동거하면 불리하고 장성 후 별거하면
길하다.

癸壬甲戊　여

卯申寅戌

대운풀이로는 계축대운7-16 癸수운의 유년은 신약을 돕는 운
이라 행복하게 지냈다. 그러나 축대운에는 축술형으로 관이
불안정하여 학업성적이 좋지 않고 이로 인해 진학을 포기할
수 있다.

임자대운 17-26 임자대운에는 비겁의 부조를 받아 대길하다.
19세 임자운 병진년에는 일지 신과 신자진 삼합되면서 辰토
관이 합이 되었으므로 이성과의 인연이 맺어지고 결혼한다.

신해대운 27-36 辛금 인수가 관인상생이 되어 새로운 일을
시작한다. 대운간 辛금이 壬수를 생하고 亥수는 壬수의 근지
가 되므로 새로운 사업을 시작하게 되었고 壬수 일주가 대운
의 亥수에 록을 놓아 사업이 크게 발전한다.

그러나 亥수의 생을 받은 甲乙목 식상이 왕해져 戊戌토 관성
과 목극토 하게 되어 가정의 불화와 다툼이 심하겠다. 또한
亥수운에는 일지와 신해 파살이 일어나고 해묘 목국이 형성되

면서 강한 목이 토와 극충을 하므로 가정적으로 매우 불안한 시기이다.

신해-파살이란 상천살이며 亥수는 寅목과 육합인데 申금이 인신충하니 충보다는 조금 약한 충살이다. *자미 축오 인사 묘진 신해 유술

경술대운 37-46 사업이 번창하고 매사형통한다. 庚금인수가 戌토를 관인상생하므로 연약한 일주가 후원자의 세력을 얻어 길하게 된다.

기유대운 47-56 배우자와의 금슬이 좋고 가정이 안락하나 주위에 이성이 유혹하여 이성관계가 이루어진다. 己토 관살이 酉금 도화에 임하여 일지 신유술로 들어오니 이성과의 인연이 맺어진다.

또한 유대운에는 인수에 임하여 신유술로 금국방합을 이루고 시지 卯목이 묘유충하기 때문에 식상인 목이 왕금에 의해 부서지니 자녀로 하여금 근심걱정이 발생하게 된다. 특히 자녀이별이 보이니 자녀 건강문제로 각별히 관심을 가져야 한다.

무신대운 57-66 노후 건강문제가 염려된다. 건강에 유의하고 사업도 불길하니 확장은 하지 않는 것이 좋고 매사 조심해야 한다. 戊토 칠살이 강하게 일간 壬수를 극하니 특히 건강에 조심해야 한다. 식상인 甲목이 갑신-절지에 드니 활동력이 저하되는 시기이다.

14.
己甲癸壬　남 +2 조후용
巳申丑辰

본명은 甲목 일주가 겨울 축월생으로 주중에 재성이 강해 재

다신약한 사주이다. 매우 추운 축월토가 동토가 되어 화가 조후용신으로 필요하다. 화 조후용신 화목은 길하고 토금은 흉하다.

본명은 불이 와야 얼어버린 땅과 물을 녹여 甲목 나무에 시원한 물을 뿌려 기쁘게 할 수 있다. 화목은 길하고 수토금은 흉하다.

巳화가 사신형하고 강한 토에 설기되어 힘이 없어 무력하다. 성격은 갑신일주에 시지 巳화가 사신형을 하고 있어 甲목의 올곧음과 강한 화의 불같은 성격에 인정 있고 순한 양 같으면서도 일지 칠살이니 의리가 있고 월지 정재로 부지런한 성격의 소유자이다.

배우자운으로는 배우자궁이 갑신으로 절처봉생을 하여 백년해로는 하지만 사신형을 당하고 있어 항상 불안한 상태로 살아간다. 갑기합으로 유정하다. 丑토 정재가 유정하여 현숙한 아내이나 기신이고 일지에 申금이 칠살이고 조후와 어긋나니 덕이 적다.

己甲癸壬　남
巳申丑辰

재물운은 재성이 강하여 재다신약한 사주이고 재성이 기신에 임하여 재물복은 있으나 재물이 모이지 않는 형국이다. 갑기합으로 돈을 욕심내지만 탐재하면 불행하다. 己토 정재가 사신형살에 앉았으니 파재의 기운이 있다. 丑辰토 역시 천간 壬癸수의 극함이 있어 겨울비에 얼어버린 형상이라 힘없는 돈이 되어 버린다.

자녀운은 유정해 보이지만 자녀궁과 관성인 신금이 사신형으로 자녀로 인해 속 썩을 일이 많겠다. 시지인 자녀궁에는 갑기합토와 사신형이 있어 곤랑도화살로 매우 불안정하다.

본명의 주인공은 자수성가한 사람이다. 20대 중반 금융회사에 입사하여 지점장으로 승승장구하다가, 사운이 다하여 명예퇴직하고 개인 사업을 하다 파산하고 지금은 대리운전과 노점상을 하여 살아가는 생활력이 강한 50대 후반의 남자이다. 대운풀이에서 이 사람이 잘나가던 시절과 지금은 이렇게 힘들게 살아가야 하는지 설명한다.

己甲癸壬　남
巳申丑辰

대운풀이 갑인대운1-10 비겁운이 희신으로 어린 시절은 부자집은 아니나 부모로부터 귀여움을 받으며 살았다.

을묘대운 11-20 강한 겁재운이 들어와 학업을 계속 할 수 없었을 것이다.

인성혼잡에 불 끄는 기신이니 중학교를 졸업하고 진학을 포기하였다. 겁재대운도 문제가 있었으나 17-19세 까지 신유술 강한 금운으로 흘러 세운 기신운이 금극목으로 대운을 극하니 불길하여 중학졸업 후 학업을 중단하고 상경하여 모제약 회사에 취직한다.

병진대운 21-30 丙화대운에는 희신운이라 만사여의하였으나 辰토대운에는 마음고생이 많다. 공장근무하며 배우지 못한 서러움에 공장을 포기하고 야간고에 진학한다. 세운에서 수인인성운이 들어왔다. 그러나 어려운 시절에 주경야독하자니 얼마나 고생이 심하겠는가,

26-28세 사오미운에 금융회사에 공채로 합격하여 직장에 열심히 다니며 생활한다.

정사대운31-40에 강한 丁巳화운이 들어와 만사형통하고 생활

에 안정을 찾아 근면성실하게 살게 된다. 그러나 이 사주 명조로 보아 세운에서 기신을 만나면 막히는 일도 있다.

회사에서 신임도 얻고 성실한 회사원이며 28세 기미년에 갑기합으로 이성 인연이 있어 결혼 약속을 하게 된다.

29-31세 신유술 세운에 결혼 날짜까지 잡아 놓고 지방으로 전근을 가게 되어 마음고생이 많았다.

무오대운 41-50 戊土대운에는 기신운이라 매사가 막히고 마음고생이 심하다. 특히 세운까지 신유술 기신운으로 흐르니 하는 일이 여의치 않다.

40세 중반 신유술 기신운으로 흘러 마음고생이 많았다. 午火대운에는 새로운 사업을 시작했으나 여의치 않았으며 세운 해 자축으로 흘러 약한 午火가 극을 받아 힘을 쓸 수 없었던 것이다.

기미대운 51-60 己未土 기신운이라 매사 불길하다. 그러나 세운이 사오미 화국으로 흘러 반짝 재미를 보았다.

2001년부터 2년간은 사오미의 힘으로 사업이 매우 왕성하다. 그러나 계미년인 2003년부터 사업이 부진해 파탄지경에 이르렀다. 세운까지 신유술로 흘러 무척 힘든 세월을 보내게 된다. 본명은 앞으로 세운이 인묘진 사오미로 흘러 왕성한 활동을 하게 된다.

15.
乙己丙己　남 +3 조후용
亥巳寅亥

본명은 己土일주가 실령한 寅월생이나 간지에서 전부 관성인 목이 인성인 화를 생해 일간을 도우니 신강한 사주이다. 이처

럼 관인상생이 잘되면 처세를 잘하며 덕이 있다. 월주에 丙화
가 강한 寅목인 관을 살인상생하여 기를 순환하여 흐르고 일
지 또한 巳화에 록을 놓아 강하게 일주를 생하여 사주가 매우
조열하다. 그러므로 금수를 보면 길하고 화토를 보면 흉하다.
재물운은 약하지는 않으나 인해합되고 사해충되어 돈과는 인
연이 없다. 재물을 탐하면 화가 찾아온다. 己토 비견이 년간
에 투출하여 亥수 재물을 탐해보려 하나 亥수 재성이 寅목과
인해합목되어 강한 관성의 극제를 받는 형국이라 불의의 재물
을 탐하면 화가 된다.

乙己丙己　남
亥巳寅亥

직업운은 관성이 강하고 월간 정인 丙화를 인해합목되면서 강
하게 생하니 관인상생으로 공직 또는 직장생활이 좋다. 공직
에 나가면 유리하고 월주에 인수가 강해 교육 언론 출판계로
나가면 대성한다.
육친관계로는 월간 丙화 인수가 강한 관성인 목을 흡수하여
순환시키므로 어머님의 사랑이 매우 크고 깊다. 그러나 월일
지 인사형을 하고 일시지가 사해충하므로 재성과 인성이 충하
므로 고부간 갈등이 있다.

재인이 서로 충하니 처와 모친의 갈등으로 본다. 그러나 다행
이 인해가 합이 되면서 충이 다소 해소되어 심한 상황은 아니
다. 그러나 대운 세운에서 申금이 들어오면 인신충 사해충이
발생하고 인사신 삼형도 움직이니 큰 불행을 당할 수 있으니
조심해야 한다.
년월지가 인해합이 되어 목생화 화생토로 조상의 음덕이 있

다. 배우자운으로는 배우자궁이 형충되어 처궁이 매우 불안하
다. 특히 亥水 재성이 충되어 더욱 불리하고 가정이 평화롭지
못하다. 세운대운에서 申巳를 만나면 생사이별도 있다.

자녀운은 자녀덕이 없다. 자녀궁인 시지가 충되어 생사이별도
있고 시주는 노년기라 말년이 고독하다.

1. 참고로는 생년지살은 고향을 떠나 산다. 본명은 년지 亥水
가 지살에 해당하고 일지와 사해충이라 일지는 아신이니 고향
조상을 떠나 산다.

乙己丙己　남
亥巳寅亥

초년운인 을축대운에 乙목 칠살이　일간 己토를 목극토하고
亥水 또한 인해합목되어 자신인 己토를 극하니 7세인 을사년
에 사해가 충하여 부모가 고향을 떠난다. 초년운 을축대운에
서 亥水가 일지와 대운 역마되니 초년은 활발하고 분주하게
산다.

지살은 매우 활동적이란 뜻으로 이사 여행 이민 등 변동을 의
미하며 타향 및 객지생활을 의미한다. 년일지가 지살이면 초
년 풍상이 많고 일찍 고향을 떠나 객지사방을 떠돈다. 지살이
길신이면 외교관 여행항공사이고 흉신이면 노점상 잡역 등이
다.

일지 월지가 형살이면 조상의 유업을 못 지킨다. 년주 亥水에
지살이 임했고 亥水 정재가 인해합목으로 변질되어 년지의 재
물은 내 재물이 아니다.

월지와 일지가 인사형으로 사중 庚금인 상관이 강한 丙화의
극을 받으며 사해충으로 충거하여 庚금이 亥水 재성을 생하지

못하니 힘이 없어 조상의 유업이나 유산을 지키지 못한다.

사주 원국에 인신사해 역마성이 고루 임하였고 인사형 사해충으로 역마성이 형충되면 발동하게 된다. 주중에 형충이 동반하여 유년부터 해외출입이 잦아진다. 또한 인신사해 대운세운에는 해외출입이나 이민 등의 일이 발생한다.

일시상충이면 이혼하거나 양쪽 살림한다. 사해충으로 일시지가 충하고 해중 壬수는 재성인데 병임충극을 받아 있음으로 본명의 화토가 강한 대운세운에는 처와 이별도 보인다.

년지 亥수 정재인 본처는 인해합목으로 변질되어 초혼 부인과 해로하기 어렵다. 이런 사주는 두 집 살림하거나 이별한다.

乙己丙己 남
亥巳寅亥

본명은 39세 대운인 술대운에 인술로 화국을 이루어 壬수를 극하여 술대운에 배우자와의 중대변화가 예상된다.

관살혼잡 양방득자라는 것은 천간 지지에 관살혼잡이면 양쪽 집에 자손을 둔다. 寅월 관살이 득령하고 인해합목하고 乙목이 시간에 투출하여 관살이 혼잡하다.

관살이 혼잡하면 여자는 남자가 많은 사주라 두세 번 시집가고 남자사주는 하는 일이 막힘이 많다. 본명은 인중 甲목 관성이 양-해중 壬수 재성과 寅亥 합이 되어 목인 관성으로 변하니 자식이라, 두 명의 재성인 亥수와 합이 되므로 두 여자로부터 자손을 얻게 된다.

손궁상충 자손별거로 자손궁이 상충되면 자손과 별거한다. 시지인 자녀궁이 사해충하고 해중 甲목이 자녀성인 관성인데 충을 받아 충거되니 자손과 별거한다. 그러나 관살이 득령하고

- 51 -

자녀성이 인해로 합하여 뿌리가 강하니 자손 중 훌륭한 자녀를 두게 된다.

일월충극 형제불화로 일월이 충극하면 형제간 불목하고 우애가 없다. 일월지가 인사형하는데 사중 戊토인 형제성을 인중 甲목이 극하고 년간의 己토와 자좌 사해충되니 서로 다투는 형상이라 형제 이별하거나 형제가 불목하고 고독하다.

16.

壬己甲丙   남 +4.5 인오합 조후용
申巳午寅

본명은 己토일주가 여름에 태어나 사주가 매우 조열하다. 년월일지가 인오합으로 화가 강한데 丙화가 투하여 조열하다. 월간 甲목이 있어 왕화를 생하니 일주가 매우 신왕하며 화다목분으로 甲목인 관성이 제 역할을 하지 못하고 있다.

사주구성상 매우 뜨겁고 가뭄에 시달리는 격으로 시간 壬수가 장생지에서 투출하여 마른 대지를 적셔주어 갈증을 해소하는 사주이다. 상관생재격으로 금수는 길하고 토화는 흉하다.

재물운 壬수 정재가 자좌 申금의 생조를 받고 일주와 근접하여 유정하므로 길해 보이나 사신형과 인신충이 되어 재의 근원이 흔들려 재물에 대한 굴곡이 심하다. 그러나 중년부터 금수운을 향하므로 안정된 생활을 한다.

직업운은 월주 갑오가 관인상생되어 공직에 나가면 길하고 일지에 형살이 있어 검경 군인 등 수사기관에 종사하면 출세한다.

육친관계로는 월간에 희신인 정관이라 부모 사랑은 크다. 특

히 인성이 간지로 있으니 어머니의 사랑을 받는다. 그러나 인
성의 혼잡연좌이며 월지 도화라 모친이 재취이다.

만일 년월의 甲丙의 위치가 달라졌으면 신왕지명에 더욱 불길
했을 것이나 丙화가 왕한 일간을 생하지 않고 월간에 정관이
위치하여 일간을 돕고 있다.

배우자운은 일지 기신이며 시간의 정재와 자좌 사신형살이니
백년해로가 어렵다. 왜냐면 배우자성인 재성 壬수가 시간에
있고 근접하여 시작은 좋으나 일지가 巳화로 기신이며 일시지
가 형살합하니 배우자 덕이 없음으로 백년해로는 하지 못한
다. 일지로 인종하면 임사-절지가 된다.

고서에 이르길 재충재합은 처가산란이라고 해서 재성이 충과
합을 하면 부부불화 및 이별이 있다. 본명은 일시에 사신형합
살이 있고 처궁인 일지와 처성인 신중 壬수가 인사신 삼형살
에 들어 있어 결혼생활이 불안하고 이별하게 된다.

壬己甲丙 남
申巳午寅

자녀운은 관성인 목이 희신이고 일주와 근접하여 유정하므로
자손 중에 큰 인물이 나겠다. 또한 자녀궁인 시지에 길신인
재성이 임하여 경제적으로 도움을 받지만 사신형합살이라 자
녀와의 관계는 원만치 못하니 성장 후 분가가 유리하다.

세부 분석에 있어서는 남명에서 관살이 근접하여 형충을 만나
면 자녀 중에 불구자가 있게 되고, 일지와 시지가 사신형하고
있으므로 일지 형살은 검경찰 등 수사기관에 근무하면 두각을
나타내나 만일 그런 업종에 종사하지 않으면 범인으로 관재가
생길 수도 있다.

또한 일시지가 형살이면 관재 송사일이 빈번하고 특히 일지 巳화가 인사신삼형에 해당하여 평생 큰 수술을 두 번 할 수 있다.

일지 巳화와 시지 申에 고신살이 임하고 고신살은 인신사해로 역마지살이며 년지와 일지를 기준으로 본다. 일시지가 사신형 합살로 신중 壬수로 재성이 임하고 사신합수로 재성이니 부부 불목하고 백년해로를 못한다.

대운 무술운에 인오술 화국을 기신으로 이루고 합이 되면 왕화가 시지 금을 화극금하니 壬수의 뿌리가 흔들려 용신인 壬수 정재를 극하면서 처궁이 불리해지므로 처가 사망하거나 이별 등이 있게 된다.

또한 대세운에서 亥수를 만나면 일지 巳화와 사해충이 일어나 인사신 삼형살로 이미 동하고 있는 부부궁이 요동치므로 부부 간 이별의 위험이 있다. 壬수는 己토를 己토탁임으로 꺼리는 구조이다.

시지에 사신형하고 申금 상관이 인신충으로 관성의 뿌리를 충하니 자녀와 관계가 불리하고 말년이 외롭다.

17.
戊丙壬戊　남 +0 인술합
戌申戌寅

丙화일주가 술월에 태어나 식신격이나 토가 강하니 신약한 사주이다. 만일 천간에 甲목이 투하면 소토하여 길한데 지지로만 있으니 격이 낮다. 따라서 목화를 보면 길하고 토금은 흉하다. 丙화의 성정으로는 丙화는 맹렬하고 조급하다. 丙화는 辛금을 두려워하고 壬수 관살을 보면 꼼짝없이 충성하므로 壬

수와 丙화는 떨어질 수 없는 관계이다.

본명은 지지에 寅戌로 화국을 이루고 운에서 천간에 甲목이 들어오면 불에 탈까 염려된다. 가을 끝 겨울초인 술월 丙화는 맹렬하나 강한 토에 설기되어 무력한 목인 인수를 보면 밝은 丙화의 빛을 내게 된다. 그러나 수의 극을 받으면 재앙을 면하기 어렵다. 또한 금이 강하면 丙화의 세력이 손상되면서 무력해진다.

재물운은 재성인 일지 申금이 좌우 戌토의 생을 받고 지지에 암장된 술중 辛금과 신중 庚금이 뿌리를 내려 재성이 유력하며 일지에 위치하므로 식상생재가 되니 금전운이 매우 좋다.

戊丙壬戌   남
戌申戌寅

직업운은 지지에 재성이 있고 월지의 술중 辛금이 일간과 병신합되어 자신의 옆에 금고를 놓아둔 형상이므로 재정을 담당하는 공직에 나가면 성공한다. 또한 남명에서 일지에 재성과 관성이 함께 있으면 금융업무로 출세한다. 가령 병신일주에 庚금인 재성과 壬수인 편관이 동주하는 등이다.

특히 본명은 중년에 인묘진 방합목국을 이루어 인성국이 되므로 길하여 월간의 壬수가 관인상생으로 신약한 丙화를 돕게 되니 공직에 나가면 출세한다.

참고로 관인상생이 되거나 재와 관이 일주와 합이 되면 공직에 나가면 출세한다.

육친관계로는 년월지가 인술로 반화국을 이루어 길신이 되므로 조상은 명망이 높았을 것이며 편재인 申금이 일지에 있고 신(유)술로 술중 辛금인 재성도 아신에 모여들고 酉금을 공협하니 양-부친을 모시거나 부친에게 이복형제가 있을 수 있다. 재성이 혼잡되면 어린 시절 다른 집에서 자랄 수 있다고 하였다. 본명도 또한 일지 공망이며 기신이고 아신에서 재성이 혼잡으로 모여드니 양처를 두거나 이혼 등이 발생할 수 있다.

申금 재성이 월지 戌土의 생조를 받으니 부친은 재력이 있을 것이며, 인신충이 격하여 있긴 하지만 조부와 부친간의 관계는 별로 좋지 않을 것이다.

戌丙壬戌　남
戌申戌寅

배우자운은 처는 술중 辛금인 정재이다. 그러나 일지 편재인 申금이 반합으로 금국을 이루니 재력 있는 가문의 딸과 결혼하거나 申금 역마를 놓아 해외 여성과 결혼할 수도 있고 처가 외교관이나 해외 출장을 자주 간다고 보기도 한다.

재성이 역마이므로 또한 신중에 편관인 壬수도 동주하므로 해외에서 외국여성과 결혼하여 아이를 생산할 확률도 높다. 그러나 인신충이 있으니 재성과 인성의 충이라 고부갈등이 있다. 참고로 재성이 인성과 충하면 고부갈등이다. 또한 일지에 역마를 놓으면 해외출입과 동분서주로 분주하다.

자녀운은 관성이 임술 백호살에 임하고 강한 토에 극을 받고 있고 자손궁이 무술괴강살에 임하고 기신이니 자손을 두기가 어렵거나 키우기도 힘드니 공을 많이 드려야 하겠다. 이런 사주는 해운에서 축미운을 만나면 戌土가 강하며 기신이므로 축술미 삼형이 되니 자손에 불길한 일이 발생한다.

사주총평; 본명은 일지에 인신형살을 만나고 申금이 병신-병궁에 임하여 있는데 또한 일간 丙화가 강한 토에 설기되어 건강문제에 신경을 써야 하고, 특히 심장과 시력 쪽에 장애가 발생하고 수술도 보인다.

戌丙壬戌　남
戌申戌寅

참고로 일지 申금이 년지 寅목과 충형이 되고 행운에서 巳화운을 만나면 인사신 삼형이 되므로 수술도 있다고 본다. 왜냐면 일지인 아신에 申금이 있는데 丙화의 장생지인 寅목과 삼형이니 일간에게 피해가 일어난다. 또한 삼형과 역마가 충되므로 교통사고도 조심해야 하며 이런 운에는 불의의 사고도 발생한다.

대운의 길흉 판단으로는 23대운 을축대운과 63대운인 기사대운에 특별한 조심을 기울여야 한다. 참고로 을축대운에 축술형으로 토가 발동하여 암극하고 33대 병인대운에는 길신운이나 일지 申금과 인신충으로 부부궁이 불길하며, 63대운인 기사대운에는 인사신 삼형이 구전되므로 건강에 유의해야 하며 역마인 申금과 寅목이 삼형이 되므로 불의의 교통사고도 조심해야 한다.

18.
庚甲辛辛　여 +3.5
午子卯巳

갑자일주가 묘월에 태어나 양인격으로 신왕해 보이나 천간에 경신금 관성이 전부 투출하여 병이 된다. 따라서 화살하는 수를 보면 관인상생이고, 화는 강한 관살을 제살하는 약신이 된다.
재물운은 원국에 토가 없어 무재사주이나 사중 戊토와 오중 己토가 암장되어 숨은 재물은 있으나 돈과 인연이 없어 사업이나 장사는 불리하다.

직업운은 관성이 강해 직장생활이 유리하다. 그러나 여명이고 무재사주이므로 좋은 배필을 만나면 남편의 관성(직업)이 튼튼하여 별문제 없이 잘 살겠다.
육친은 부모형제덕은 없다. 월주 辛금이 월지 묘목을 극하고 월지 겁재인 卯목을 일지에서 자묘형하기 때문에 형제와 인연이 박하다.
배우자운은 양인격에 관성이 강해 배우자 덕은 있다고 본다. 일지에 화살하는 희신이 임하고 있으나 자오충과 자묘형이 되므로 때론 불화도 있겠다.
庚甲辛辛　여
午子卯巳

자녀운은 시주 자손궁이 갑경충 자오충으로 천충지충으로 흔들리니 자손덕은 많다고 볼 수 없으며 성장 후 떨어져 살아야 길하고 자손 중에 자오충으로 불길한 일이 있을 수도 있다.
사주총평으로는 대체로 무난한 사주이나 여명으로는 강한 사주라 풍파가 있는 사주이다.
갑오대운에 일지에서 자오가 충하여 배우자와 풍파가 예상되고 정유대운에 묘유충과 정신충으로 월주를 천극지충하므로 건강에 이상이 발생할 징조가 보이니 건강에 유념해야 한다.

19.
壬甲癸癸　남 +6.5
申寅亥巳

갑인일주가 亥월에 태어나 추운 나무이므로 화가 필요한 사주
이다. 수가 왕성하고 일간의 녹지인 寅목이 인신충으로 흠이
니 부목이 될까 걱정이다. 그러나 인해합되면서 사해충 인신
충이 발생하지 않아 길명으로 바뀐 사주이다. 주중에 戊토가
없어 제수를 못하니 행운에서 토가 오면 길하게 된다.
재물운은 재성인 토가 없어 돈과는 인연이 없어 보이나 암장
된 토가 있으니 행운에서 화를 만나면 강한 수의 기운을 말려
버리고 기신인 금을 제극하여 대발하게 된다.
고서에 이르길, 원국에 재가 출하여 있더라도 흉한 것보다는
암장으로 있는 것이 오히려 손상되지 않으니 길하다고 하였
다.
직업운은 관성이 허약하나 월주에 인수가 되고 시에서 관인상
생이니 학문 교육 언론계로 진출하면 대성하게 된다.
육친은 부모의 인연은 월주 인수로 기신이나 인해합 되어 희
신인 목으로 변하고 충을 해소하니 유정하여 부모덕이 있다고
본다.

배우자운은 주중에는 보이지 않으나 사중 戊토와 인중 戊토로
암장된 토 재성이 있고 유정하여 길하다. 다만 갑인-간여지동
이 되어 염려된다. 그러나 배우자궁의 寅목에 丙화 용신이 있
어 무난하다.
자녀운은 관성인 시지 申금이 기신이며 아신인 일지를 극해
오며 인신충이고 壬수에 설기되어 힘이 없으며 일간의 갑신-

절지이므로 자녀덕은 없다고 본다.

절처봉생이란 절지에서 장생을 만나 기사회생된 것을 말한다. 본명에서 인신, 사해가 충되지만 인해합되어 寅목이 사중 丙화에 장생을 놓아 길해진 것을 일컬어 절처봉생이라 한다.

壬甲癸癸　남
申寅亥巳

사주총평으로는 亥월의 강한 수가 임계와 申금인 원신까지 만나 수의 기운이 매우 강하다. 甲寅목이 申금에게 충극 당하는 듯 하지만 申금이 강한 壬수에게 설기되어 힘이 없고 인해합으로 충극의 염려도 없게 되었으며, 또한 용신 巳화는 천간 癸수에 강한 극을 받아 죽을 지경이다. 그러나 수기운이 강한데 행운에서 사오미화국을 만나니 크게 발전했을 것이다.

대운풀이로는 초운은 신유술서방운으로 흘러 온갖 고초가 있었을 것이며 사해-역마를 놓아 분주히 뛰어도 기회를 얻지 못하고 소득도 없다.

중년운은 사오미 남방운으로 흘러 수만금을 얻고 또한 토 재성이 유정하여 이성과 인연이 있고 자손도 번창했다고 본다. 임술대운은 수의 부담이 있어 흉해보이지만, 戌토가 조토가 되어 냉해를 줄이므로 평온한 시기가 된다.

신유대운은 냉해가 더욱 심해 금생수로 목이 잔뜩 움츠리게 되어 모든 일이 막히고 되는 일이 없다. 경신대운은 강한 금이 금생수 되면서 강한 수에 부목이 되어 甲목은 힘을 쓸 수 없으니 생계도 힘든 형국이 된다.

기미대운은 천신만고 끝에 추운 겨울을 보내고 봄을 맞은 형국이라 강한 토에 수기가 억제되어 수가 목의 생장에 필요한 수분으로 변하니 모처럼 활기찬 생활이 이어진다.

무오대운은 여름을 만난 나무가 무성하게 자라는 듯 원국의 수기를 활용할 수 있게 되니 일취월장으로 발전한다. 또한 戊토와 癸수가 무계합화되면서 전화위복의 기회가 된다.
정사대운은 화의 기운이 토를 생하니 무성한 나무가 기세와 위엄이 지속적이니 대길하게 된다.
병진대운은 丙화가 반갑긴 하나 辰토에 의해 설기되어 약하고 辰토는 왕수를 입묘하니 불길한 운이다. 그러나 甲목은 辰토에게 뿌리를 내리는 최적의 환경이며 남방의 전성기를 잘 마무리해야 하는 운이라 몸을 낮추고 심사숙고해야 한다.
돌아오는 을묘갑인대운도 길하니 노후가 행복하려면 매사에 돌다리도 두드려 건너는 행동이 필요하다.

20.
己丙壬庚   여 +3.5 화국 인해목
亥寅午戌

본명은 인오술로 합되고 인해합목하여 신강사주로 변했다. 丙화가 양인의 오월생이라 뜨겁다. 더우기 인오술화국으로 화의 기운이 무척 강하다. 다행히 월간의 壬수와 시지 亥수가 있어 화의 기운을 억제하고 년간의 庚금이 월간 壬수를 생하고 있으며, 시간의 己토는 강한 화의 기운을 설기하니 삶이 고단하지는 않겠다.
재물운은 년간 庚금 편재가 목생화 화생토생금으로 순환이 잘 되고 월간의 壬수를 생해 화기를 억제하는 용도가 있으니 재물운은 좋다고 본다.

배우자운은 일지가 기신이며 壬수를 인종하면 임인-병지가 되나 화국인 양인지에 올라앉아 정임암합으로 기반되니 배우자덕이 크지 않고 생사 이별이 보인다.

즉 丙화는 壬수를 기뻐하는데 화가 강하여 용신이 된다. 그러나 일간과 첩신하여 편관인 남편성인 임병충되고 시지 亥수가 인해합으로 壬수의 록지가 변질되었으며 배우자궁과 인해합되어 기신인 목으로 변하니, 이별수 있어 일부종사는 못한다고 본다.

육친관계로는 월간에 壬수 용신이며 년월에 희용이 있으므로 부모덕과 조상덕은 유정하여 매우 좋다고 본다. 다만 지지에서는 인오가 합되고 병임충되지만 丙화와 壬수는 극하지만 서로 상생하는 관계라 좋으며, 오행의 흐름이 좋아 월간에 용신이 있으므로 부모형제덕이 유덕하다고 본다.

己丙壬庚　여
亥寅午戌

자녀운은 시상 己토가 화를 설하는 길신이고 丙화와 유정하며 지지로도 인해합으로 유정하므로 자손덕이 있다.

대운풀이로는 신사대운3-12 辛금이 희신으로 유년시절을 별문제 없이 잘 지냈으나 巳화대운은 비겁 기신운이라 어려운 가정형편에서 자랐다고 본다.

경진대운13-22 평온한 청년기를 보냈을 것이다. 그러나 목인 인성이 기신이며 인성운이 다음 대운으로 늦게 들어와 공부와는 큰 인연이 없다.

기묘대운23-32 기묘대운에 결혼도 하고 유복한 생활을 했다. 결혼 대운은 일간이나 일지로 합이 되거나 혹은 시지 자식궁으로 합이 들어야 한다.

근토는 상관으로 자식성이며 묘목은 도화성인데 인묘로 합되어 들어오고 시지 亥수와도 해묘합이니 결혼이 가능한 대운이다. 즉 시지의 亥수관성이 해묘로 합되고 도화인 묘목이 인묘가 되어 일지로 들어오니 결혼운이 들어왔다.

육신을 살필 때는 방합도 사용한다. 또한 묘목은 습목이라 왕한 화기를 생하지 않으므로 무난하다.

己丙壬庚　여

亥寅午戌

무인대운33-42 戊토는 무임극으로 용신을 극하고 寅목은 인오술로 화기를 치성하게 하니 불길운으로 가정이 평안하지 못하다.

무인운 정해년에는 정임합으로 편관 壬수가 합거되고 亥수 편관이 해해자형과 대세운지가 인해합목이 되어 기신으로 변했는데 다시 일지와 인해합목하니 남편과의 갈등이 있고 이별수도 있다고 본다. 寅목대운은 인오술합하여 기신으로 변하는 운이라 불길하다.

정축대운43-52 화토운은 토의 기운이 강해 강한 丙화의 일주가 설기되어 평온한 생활이 되지만 정임합과 축술형 등으로 용신이 합거되고 토가 동하니 자손문제 배우자문제 등으로 갈등과 고민도 있겠다.

병자대운53-62 丙화는 불길하나 子수에 의해 절각되니 무해무덕한 운으로 본다.

기해대운63-72 기해운의 노년기는 용신운이 들어와도 감당이 어려우니 불길하다고 보기 때문에 대운지에 용신인 亥수가 있

으나 근토에 의해 극을 당하며 근토는 왕한 일간을 설기하니
평안한 생활을 할 수 있다고 본다. 또한 대운은 년운과 함께
보아야 길흉의 정확한 판단을 할 수 있다.

21.
壬戌 癸亥 甲子 乙丑
癸丙辛戊　남 +2
巳午酉辰

본명은 丙화가 유월에 태어나 실령하고 정재격이므로 상관생
재격이다. 따라서 일간이 건왕해야 재성을 다룰 수 있으니 일
시지 사오가 있어 통근하니 신왕재왕한 사주로써 부자집에 태
어났으나 청춘에 죽음을 맞이한 실례이다.
그렇다면 어째서 일간이 일시지에 근을 하고 식신생재를 이루
었는데 요절한 것인지 살펴야 한다. 병오일간이 신유월에 태
어나 강한 재성이 년주의 생을 받아 식신생재하고 일간 丙화
는 巳午화의 힘으로 신왕하니 강한 재를 내 것으로 만들 수
있다. 그러므로 부자집에 태어난 것이다.
癸丙辛戊　남
巳午酉辰

그런데 병오일주에 辛금이 월간에 투출하고 년주 戊辰토의 생
을 받고 더구나 사유합금한 금의 세력은 막강하다. 또한 병오
일주 또한 양인으로 만만치 않아 보이나, 실상은 월지 酉금에
서 병신합되어 실령하였다. 월지는 전 간지를 유통하므로 丙
화가 辛금이나 월지-酉를 보면 병신합으로 합을 탐내니 丙화
의 본성을 잃게 된다.

따라서 시지 巳화에 의지하려 하나 巳화는 본성을 버리고 酉
금과 사유합으로 연애질하고 있어 丙화는 신약한 상태가 되었
다. 그런데 시간의 癸수가 첩신하여 丙화를 흐리게 하고 있
다.

丙화에게 壬수는 거울과 같은 반사경으로 서로를 보광하는 상
생의 관계지만 癸수는 비와 구름과 같아서 丙화의 빛을 어둡
게 하니 丙화는 癸수와 辛금을 가장 두려워한다.

일간 丙화는 월간 辛금과 병신합으로 연애질 하고 있으며 시
간의 癸수는 丙화의 불빛을 흐리게 하므로 丙화에게 재성인
금은 丙화를 극하지는 않으나 癸수를 생하여 丙화를 극하게
하니 금이 부담스러운 존재이다. 또한 중년 대운까지 북방운
으로 흘러 신약한 丙화의 불꽃은 꺼져가니 불길한 명조가 되
고 말았다.

癸丙辛戊　남
巳午酉辰

대운풀이로는 임술대운에는 壬수를 만나 丙화가 최선을 다해
노력하나 큰 소득은 없다. 오술반합으로 화국을 이루니 길운
으로 부자집에서 호의호식할 수 있었다.

계해대운은 강한 수의 기운으로 약한 丙화를 극하니 안개 낀
허허벌판을 헤매는 격으로 힘든 세월을 보낸다. 세운에서 해
子수를 만날 때 강한 子수가 일지 午화와 자오충되므로 일간
의 근지를 충하여 불길하며 대흉하다.

갑자대운을 거치면서 탈진상태에 있는 丙화는 일지 午화에 의
지하여 버티었으나 자대운에 들면서 강한 금의 생조를 받은
子수가 자오충으로 극해오니 약한 午화는 꺼져가는 모닥불에
찬물을 끼얹는 격이니 어찌 목숨을 지탱하리요.

만일 계사시에 태어나지 않고 갑오시에 태어났다면 일간 丙화
는 일지에서 자오충을 당해도 甲목의 생조를 받고 두개의 午
화 중 다른 午화의 세력에 힘입어 청춘 죽음을 당하진 않았을
것이다.

22.
壬戊辛辛　남 +5.5
戌辰丑未

본명은 진술축미가 구전되어 길명은 아니다. 그러나 다행이
辛금이 년월간에 있고 축중 辛금이 있어 통근하여 왕토를 설
기하며 주중에 목화가 없고 지장간에 숨어있으니 용신인 금을
극상하지 않으며 사주가 토금수인 삼상격으로 되었으니 맑고
순수하다.
이처럼 삼상격이 되면 세 개의 오행 중에서 가장 약한 것을
돕는 것이 용신인데 여기서는 수가 약하니 수가 용신이 된다.
만일 일간이 약한 수라면 일간을 생조해야 하니 길격이나 일
간이 아니므로 격은 떨어진다.

戊토가 축월생이라 겨울이니 추운 동토로 보이나 진술축미의
4토가 있어 조습이 알맞아 다행이고, 년월간의 辛금이 축술에
뿌리를 내리고 시간 壬수가 강한 금의 기운을 흡수하니 토생
금 금생수로 유통되니 길하다.
이 명은 신왕지명으로 설하는 월간 辛금이 용신이다. 또한 월
지가 중요하니 월지에 축중 辛금과 癸수의 희용신이 들어있는
데 축미충으로 월지의 고가 열려진 상태라 식상생재로 바쁘게
일해 토생금 금생수로 먹고산다. 본명은 식상인 금운과 수운

이 길하다.

가색격이란 무기일생이 진술축미로 되거나 사오미 화가 있으면 성립되는데 주중에 목인 관살이 있거나 진술축미가 있더라도 未토가 월에 있으면 파격이다. 그 이유는 未중에 암장된 丁화가 있어 더운 여름철이므로 흙이 메말라 농사짓기 힘들기 때문이다. 그러나 未토가 월지가 아니면 상관없다.
가색격이 성립되면 화토운은 길하고 목기운에는 대흉하다. 수운도 크게 흉하진 않으나 만일 기신인 목과 동주하면 대흉하다. 그러나 금운은 강한 토를 설기시키므로 길하다.
재물운은 시상편재인 壬수가 자좌 戌토로 강한 토의 극을 받으나 辰토에 근을 두고 월지 丑토에도 통근하여 약하지 않으니 재물운은 약하지 않다.
壬戌辛辛　남
戌辰丑未

직업운은 목- 관성이 암장으로 있으니 약하고 진술충 축미충되어 乙목 관성이 술과 축의 辛금에게 상하여 힘이 없다. 그러나 관성이 기신이라 강함보다는 약함이 오히려 좋다.
배우자운은 배우자성인 壬수 편재가 시간에 투하고 공망지에 앉았으며 과숙살과 동주하니 불길하다. 천간에서는 辛금의 생을 받으며 희신이나, 축월에는 추우니 수를 크게 필요로 하지 않는다.
또한 일주는 무진백호이며 일간이 일지에 입묘되었고, 공망이 되며 천간의 壬수를 동주한 戌토와는 일시지 백호살로 진술충으로 불안하고 동하므로 일주 간여지동에 일시지 충이라 배우자덕은 없다.

壬수는 辰토가 묘지인데 진술충으로 묘고가 열린 상태이며 공망은 더욱 쉽게 입묘되니 생리사별이 있게 된다. 이처럼 원국에서 토가 두개 이상 보이면 육친 간의 해로움이 나타난다. 만일 행운에서 축술미가 들어오면 원국에 있는 삼형살이 발동되어 생사이별이 발생하게 된다.

자녀운은 자녀성인 목이 원국에 없고 축미중 乙목이 있지만 을신충되고 시지 자녀궁이 임술백호살에 임하고 년과 일에서 전부 공망시키니 자녀덕이 없고 키우기 힘들다. 장성한 후에는 함께 살지 못하고 별거해야 길하다.

무술대운에는 비록 희신운이라 하나 용신인 辛금이 주중에 토가 많으므로 매몰되어 답답한 형상이나, 그래도 辛금 용신을 생하니 무난하다.

壬戊辛辛　남
戊辰丑未

정유대운에는 丁화가 용신인 辛금을 극하니 불리하나 지지에서 절각되며 酉금이 辛금의 뿌리가 튼튼해지며 왕하므로 길하다. 정유대운 중에 辛금이 득지하여 과거에 급제하였으나 세운이 남방으로 흐르고 목화가 같이 왕하여 辛금 용신이 상하여 비록 급제는 했으나 선발되지 못하여 벼슬길로 나아가지는 못했다.

병신대운은 丙화가 辛금과 합되어 화의 기운이 약해지므로 길하며 辛금이 강해지니 발전적인 운이다. 만일 주중에 辛금이 하나만 있었다면 용신이 묶여 불길한 시기였을 것이다. 이처럼 용신이 나란히 나타나면 복은 반감되지만 흉도 반감되는 것이라 평상인이다.

을미대운은 침체기라고 본다. 그것은 乙목이 토를 극하여 생

금을 방해하니 용신인 辛금이 乙목을 극하느라 금극목하니 힘
이 빠져 침체되는 시기이다.

갑오대운은 침체기보다는 모든 일손을 놓고 쉬는 격이다. 갑
오로 생을 받은 午화가 용신 辛금을 화극금으로 극하니 생산
적이지 못하고 허송세월하게 된다.

계사대운은 癸수가 巳화를 극해 힘없는 巳화가 화극금 하지
못하니 일신이 평안한 노후가 된다.

23.
丙乙壬壬   여 +5.5 신자합
子未子辰

본명은 을미일주가 자월생으로 未토 마른 땅에 겨우 뿌리는
내렸으나 자월의 추운겨울에 꽁꽁 얼었다. 천지사방을 둘러봐
도 망망대해에 바닷물이 밀려오니 연약한 乙목 화초가 어찌
감당하리요,

인성이 중중하니 편인격으로 억제하는 재성을 봐야 격을 이루
는데, 未토 재성이 있어 성격을 이루었으나, 未토는 을미백호
살에 앉았고 양옆의 子수가 있어 고립무원이며 또한 일지 未
토를 돕는 丙화는 자좌 살지에 앉아 무력하기 짝이 없다.

사주 원국에 관성인 금이 없고 만약 있더라면 오히려 강한 수
를 생하니 불길하다. 장간에도 없으니 이런 사주를 무관사주
라 하여 남편복이 적다. 그러나 여명에서 남편성인 관살이 없
어도 용신이 곧 남편의 상황이라 未토가 용신이니 남편은 있
으나 왕수를 홀로 극하느라 무력한 남편이니 불길하다.

이 명은 조후가 필요하니 丙화는 조후용신이다. 따라서 화토가 길신인데 간지로 서로 떨어져 돕지 못하니 무정하여 불리하다. 운이 사오미화국으로 들어서면 길해진다. 그러나 인생의 굴곡이 심한 것은 일주 백호살이라 파란곡절이 심하다.

재물운은 일지 未토로 일지에 있어 길하나 지지에서 생조가 없어 좀 약하다. 未토 편재가 일지에 있어 튼튼하지만 좌우의 子수를 공격하는 형상이니 초반 재물은 내 것이 아니다.

시지에 子수가 있어 힘들어 보이지만 말년에 들어가면 운한상으로 시주인 丙子에 접어드니 丙화가 子수 하나쯤은 쉽게 말려버릴 수 있고 대운 또한 병오대운이라 병오의 강한 화가 재물을 생하니 말년돈은 내 재물이 된다.

丙乙壬壬　여
子未子辰

배우자운은 무관사주이며 관성-금이 기신이고 배우자궁이 을미백호에 앉고 공망이라 남편복은 박하다. 그러나 50세 넘어 화운에 들면 좋은 남자가 들어온다.

이 여명은 중년 이후에 관성인 남자운이 들어오니 좋은 일만 있는 것은 아닐 것이다. 세운을 살피니 갑신년의 申금 남자인 관성은 들어오자마자 자진과 합해 신자진 수로 변하니 강한 수가 기신이 되어 마음만 아프게 한다.

다시 을유년에 관성이 배우자궁으로 들어오려 하는데 酉금은 申금과 달리 수를 생하지 않으며 도화이며 辰土와 진유합한다. 辰토는 자진합되어 자식궁인 시지까지 들어오며 동주한 시간의 丙화와 병신합하므로 연인 관계가 이루어진다.

즉 여명은 상관성이 자식이며 생식기인데 일지나 시지에서 식상과 관성이 합하면 연인관계가 이루어지며 결혼도 가능하다. 乙목이 왕수가 되어 부목이 되는데 일지에서 未토를 보아 뿌리내리며 꽃병 속에 든 화초처럼 살게 되며, 시간에 丙화를 보아 꽃피니 겨울의 핀 꽃은 부르는 게 값일 정도로 귀하고 가치가 있으니 길운을 만나면 대길하다.

그러나 아쉬운 점은 수가 왕한데 억제하는 戊토가 천간에 투하지 못하며 일지 미중 근토가 있으나 근토는 수를 억제하는 역량이 부족하며 공망이니 격이 떨어진다.

육친관계는 부모형제궁인 월주를 살피니 편인으로 일간을 생하려 노력은 하지만 부모형제는 기신이라 물거품이 되어 덕이 없다. 자녀운은 자녀궁의 丙화상관이 희신이라 시간에 늦게 들어와 늦게 얻는 자손이거나 양자라도 두게 되면 효도하는 자식이 있다.

丙乙壬壬　여
子未子辰

대운풀이로는 신해대운인 유년기는 신해가 금생수 수생목으로 일간 乙목과 상생관계가 되니 유복한 시기이다. 왜냐면 초년0 대운에는 부모슬하이므로 대운의 희기신에 큰 영향을 받지 않고, 기신운이라도 일주를 생하는 관계면 유복한 시절이라 본다.

또한 길운이면 부귀가문에서 생장하며 기신이면 천가에서 생장하는 차이가 난다. 그러므로 천가에서 태어났으나 금생수 수생목으로 일간과는 상생되니 행복한 시절을 보낸다.

경술10대운은 청소년기로 매우 좋은 운은 아니다. 청소년기에는 인성운이 들어와야 공부를 열심히 하는데 공부할 시기에 남자운이 들어와 속 썩이는 운이다. 그러나 관성이 길신이면 학교가 직업이 되니 길하다고 본다. 여기서는 관성이 왕수를 생하니 기신으로 길하지 않다.

무신30대운(33-42) 戊토인 첩첩산중에 외로운 한포기 화초인데 申금 바위의 높은 산의 화초니 어찌 감당하리요, 강한 申금이 신자진으로 수가 되어 기신이니 불안하다. 관성은 직장도 되며 역마지살이니 분주하나 기신으로 실속은 없다.

丙乙壬壬   여
子未子辰

정미대운에 丁화대운은 희신이라 도움이 되려니 했으나 丁화는 앉은자리 未토를 생하느라 힘이 없는데 원국의 壬수에게 정임합거되고 수극화를 당하니 연약한 촛불 한 자루로는 겨울을 견디기 힘들었다. 그러나 丙丁화의 생을 받은 未토대운은 토극수로 기신을 제압하니 가정적으로도 안정을 찾는 길한 시기가 된다.

갑진대운은 백호살로 을미백호일주에 백호대운이니 세운에서 흉신이 오는 경우 백호살이 발동하여 신변에 매우 흉한 일이 생긴다.

甲목운에는 목생화로 丙화를 생하니 길하나 辰토운에서 세운에 丑戌토가 들어오는 해에는 진술충 축술미 삼형이 발동하면, 미중 乙목은 일간의 근지이고 丁화는 조후용이라 축중 辛금과 술중 辛금에게 乙목이 부서지거나 축중 癸수와 진중 癸수에게 정계충으로 丁화가 부서지면 건강과 사고 등의 흉액이 발생한다. 이미 원국에 辰토가 있어 대운에서 진을 보면 진진으로 자형이 동하게 되는 까닭이다. 일지를 충하는 丑토가 가장 불길하다.

24.
壬癸戊乙　남 +5.5
戌亥子酉

계해일주가 겨울철 무자월에 태어나 금수가 강하니 신왕하고
춥다. 천간에 戊토가 투하여 제수하여 길하나 화가 투하지 않
아 조후가 불균으로, 시지 술중에 丁화가 있으나 동주한 壬수
와 정임합하며 일지 해중 壬수와도 쟁합하므로 무력하며, 일
지 기신이고 간여지동이며 일지 비겁인 해중 壬수가 술중 丁
화와 정임합으로 일지에서 비겁이 배성을 암합하고, 술중 丁
화는 동주한 壬수와도 정임합이라 쟁합하니 배우자와의 이별
이 발생한다.
본명은 수가 병이고 토가 약신이며 화토는 길하고 목은 유정
하며 금수는 흉하다. 본명은 조후하는 화가 필요한데 원국에
화가 없고 술중 丁화가 있으나 약해 유통이 되지 않는다.

월간 戊토가 시지 戌토에 통근하여 제수하니 정관의 쓰임이
있어 직장과 자식덕은 누릴 수 있다. 그러나 戊토는 자좌 癸
수와 무계합으로 탁해졌고, 재성인 丙丁화가 투하지 못해 조
후불균으로 사주가 탁하니 부귀를 누리기 힘들다.
용신을 찾는다면 월간의 戊토가 되지만 무력하나 행운에서 화
를 만나면 목생화 화생토로 기가 유통되면 대발하기도 한다.
재물운은 원국에 재성인 화가 전무하고 술중 丁화가 있으나
합거되고 너무 약하여 재물과는 인연이 없다. 술중 丁화가 있
으나 행운에서 申금이 들어오면 신유술 금국으로 변해 기신이
되니 주변 사람들로 인해 재물의 화를 당할 수 있다.

직업운은 관성이 약하고 생하는 재성이 유력하지 못하며 중년 대운이 신유술인 인성으로 흘러가니 관운이 설기되어 직장은 불리하다.

그러나 행운에서 목화를 만나면 수생목 목생화로 식신생재로 유통이 되니 크게 발전하므로 자유업이 유리하다.

壬癸戊乙　남

戊亥子酉

육친관계로는 월지 건록으로 부친의 덕이 박하고 인성이 기신 이며 월지 공망으로 부모형제궁이 박하다. 술중 丁화인 편재 부친성이 戊토에 입고되어 있고, 부친성인 戊토재성이 임술백 호에 앉아 부모와의 연이 박하다. 또한 비겁이 중중하여 군겁 쟁재로 재물을 보면 서로 싸우니 형제와 인연도 박하다.

배우자운은 일지가 간여지동으로 부부불목한다. 배우자성인 화가 원국에 없고 술중 丁화가 戊토에 입묘되어 힘이 없으며 비겁이 중중하여 처성인 丁화가 견딜 수 없다.

처성인 丁화가 임술 백호지에 앉았고 일주가 간여지동이며 일 지 亥수가 고신살이며 기신이니 고신작용이 일어나 배우자 덕 이 없고 결혼이 늦거나 이별도 있다. 일지에 있는 비겁이 배 성과 합이나 암합되면 생리사별하게 된다.

자녀운은 戊토정관이 자식궁인 시지에 있으나 강한 수에 둘러 싸여 극설되고 자손궁이 시지가 백호지이며, 인연이 박하기도 하지만 키우기가 어렵고 잘못 되는 경우가 발생하며 자식으로 인해 애통하는 경우도 생길 수 있다.

건강운은 사주가 신왕하여 건강하다. 그러나 오행이 금수로 편고되어 유통의 기가 잘 이루어지지 않는 관계로 항상 질병이 몸속에 내포된 상태라 본다.

戊토가 월에 투출되어 화가 없어 원신이 돕지 못하고 乙목이 극하고 수가 강하니 수다토류로 강한 물에 흙이 쓸려가는 형국이므로 토인 비장과 위장이 약하며, 또한 乙목은 간이며 수다목부로 표류하는 형상이라 음주에 의한 간을 조심해야 한다.

壬癸戊乙　남
戊亥子酉

대운풀이로는 수금을 향하며 50 이후로 화운이 드니 길하나 초년과 장년이 불미하다. 초년 정해대운은 불길하다. 亥수대운 역시 강한 수의 기신운이라 불리하다. 정해대운 중 丁화가 용신인 戊토를 생하며 조후 희신이나 亥수 위에 앉아 절태지에 좌하여 힘이 없고, 丁화가 일간과 정계충이며 정임합거되니 불길하다.

亥수 역시 수 기신운이고 해해-자형에 역마 기신운이라 이런 운에는 유년시절 질병으로 고생하기도 하고 역마 기신운이라 부모형제를 떠나 외롭게 산다.

참고로 칠세 신묘년에 묘유충으로 년지 酉금 인성과 충이니 부모를 떠나 양자로 입양되었다. 월지 子수가 공망이며 기신이라 부모궁이 불길하다. 9세 정해운 계사년에는 대세운과 일지에서 사해충 해해자형이 이루어지니, 건강이 안 좋고 이런 경우는 불의의 사고도 조심해야 한다.

병술대운(14-23)은 화생토 토생금 금생수로 흐름이 매우 길하며 희용신 운이라 청소년기에는 양부모 밑에서 매우 유복하였다.

을유대운(24-33) 식신운으로 무난하나 酉금대운에는 기신이라 불길하다. 乙목이 酉금 절지에 앉아 무력하나 식신 희신운으로 강한 수의 기를 설기하니 무난하지만 酉금운에는 기신으로 세운에서 불리한 운이 들면 매우 곤란한 지경에 처한다.

즉 32세 을유운 병진년에 들자 대운과 진유합금으로 강한 금이 발동하니 년지 酉금이 움직여 유유자형으로 작용하니 크게 불길하며 또한 시지의 임술백호와 세운 병진이 천극지충하여 재성인 희신 丙丁화가 충극 당하니 양부모가 별세하고 재성이 파극되어 곤궁에 처한다.

壬癸戊乙　남
戌亥子酉

갑신대운(34-43) 갑신대운은 甲목 상관운에 申금 기신운이라 불길한 운으로 본다. 甲목은 비록 희신이나 신금 절지에 앉아 무력하고 상관은 정관을 파극하는 흉신으로 월간의 정관을 상관견관하니 흉하다. 申금은 원국에 유술과 신유술로 방합하여 금극목하니 甲乙목은 없는 것과 같아 대흉한 시기이다.

계미대운은 무해무덕한 시기로 癸수가 비록 기신운이나 未토에 앉아 무력하고, 未토가 희신 역할이라 길해진다. 그러나 未토가 술미로 자손궁에 임술백호와 형되므로 자손에 대한 걱정이 있으며 가정이 불안하다. 그러나 술미에 암장된 길신 丁화가 부서지지 않으니 큰 해는 없다.

임오대운은 겁재+편재운으로 반흉반길하다. 壬수가 겁재운으로 재물을 겁탈 당할 수 있으니 금전거래(친구동료형제)는 불리하며, 午화는 편재운이며 월지 子수인 기신과 충하는데 子수는 왕수라 午화가 부서지니 오히려 재물에 대한 어려움이 가중되기도 한다.

신사대운은 불길한 시기로 辛금이 기신운이고 巳화대운에 들어서서 사유가 합되어 희신이 돌변하여 흉신 행세를 하니 더욱 흉하다.

壬癸戊乙 남
戌亥子酉

경진대운은 庚금이 앉은자리 辰토의 생을 받아 왕한데 기신이 세력을 얻고 수를 생하니 불길하다. 진대운에는 진유합 자진합수하여 기신을 강하게 하니 이런 운에 세운을 잘못 만나면 대흉하여 목숨을 마치는 일도 있다.

본명은 80세 경진운 갑진년에 사망했다고 한다. 대운간 庚이 세운간 甲을 경갑충하니 군왕인 세운간 甲을 극범하는 역모운으로 불길하며, 지지로는 진진자형이며 시주의 임술백호와 세운백호 갑진이 진술충으로 백호가 발동하며 癸수 일간의 자고인 辰-묘고가 진술충으로 충형되니 어찌 살 수 있겠는가,

25.
辛辛壬丙 여 +4.5 조후용
卯亥辰申

이 명은 辛금이 辰월에 태어나 득령하여 강해 보이나 일간의 신진-입묘지이며 일지 亥수와 월간의 壬수를 만나 설기가 심하고 년월지의 인비가 신신합수로 변하니 신약한 사주가 되었다. 또한 해묘가 반합하여 목의 기운이 강하고 壬수 또한 토생금으로 강해진 壬수의 설기가 만만치 않다.

본래 辛금은 壬수의 세척을 기뻐하나 지지에 수가 많아 기신

이 되었으므로 제수하는 戊토가 필요한데, 진중 戊토는 습토라 불가하며 여명은 관성이 중한데, 년간의 丙화는 무근이며 강한 壬수의 극을 받으니 상관견관으로 무력하다.

따라서 천간으로 오는 甲乙목은 수와 화를 통관하는 용신이라 길하며, 또한 상관이 왕하여 신약하니 인성인 戊토와 비겁을 약신으로 용신한다. 여명에 이처럼 용신이 변변치 못하다는 것은 남편의 상황이 불리함을 의미한다.

辛금 일주가 壬수 상관이 월간에 투출하여 설기되니 다재다능하여 언어능력과 예능방면에 소질이 있다. 성격이 활동적이며 낭만적이라 상관생재로 욕망과 시기심이 강해 적극적인 면도 있으며 자신의 이익을 위해서는 상관이 정관을 부수니 위법된 일도 감행할 수 있다.

재물운은 辛금이 일지 亥수인 상관과 시지 卯목인 재성을 생하니 상관생재로 돈 버는 능력이 뛰어나고 때로는 적극적인 욕망이 강하나 재성인 목이 일간과 시간의 신묘-절지에 있어 무력하니 이재에 능하지 못하여 재물복은 약한 편이다.

辛辛壬丙　여
卯亥辰申

직업운은 사업보다는 직장생활이 유력하다. 상관생재격이라 여명은 요리솜씨가 좋으니 식당에 근무하면 길하다. 그리고 관과 사업성인 관성-丙화가 임병충되어 힘이 없고 申금 위에 앉아 설기가 심하다.

丙화의 불빛이 가물거리며 꺼져가는 형국이라 사업은 불리하고 관인상생으로 약한 辛금을 도와야 길하니 직장생활이 좋으며, 신해일주에 해중 壬수와 甲목인 재성이 동궁하여 상관생재가 되니 요리솜씨가 좋아 요리사로 나가면 출세한다.

육친관계로는 부모덕은 없다고 본다. 월주인 부모궁에 임진괴
강에 壬수가 기신이며 辰토는 언제든 申금과 합할 준비가 되
어 있으므로 기신으로 변한 마음이며, 부친성인 묘목-편재는
일간의 절지에 있어 유정하지 못하다. 형제 또한 비겁이 중중
하여 군겁쟁재 등으로 형제덕보다는 내가 베풀어야 하니 무덕
하다.

辛辛壬丙　여
卯亥辰申

배우자운은 적은 편이며 때에 따라 이별수도 있다. 년간의 丙
화인 관성은 상관견관으로 임병충을 당하고 남편인 丙화의 입
장에서 보면 앉은 자리는 화극금으로 자체의 재성이 있어 일
간과는 무정하고, 년일지는 신해-상천살로 충돌이 발생한다.
일주는 신해-목욕이고 丙화를 인종하면 병해-절지가 되니 기
운이 끊어졌다. 즉 자식을 낳고나면 남편과는 멀어지는 형국
이다. 본명은 신왕한데 상관성이 강해 남편을 우습게 여기는
경향으로 인해 남편이 밖으로 돌게 된다.
일지는 亥수 상관이 임해 기신이며 식상이 강해 남편성인 화
를 수극화하므로 남편이 무력하여 구실을 제대로 하지 못한
다. 배우자궁의 亥수가 정관인 巳화를 만나면 강하게 충되니
기신이 충거하여 도망가는 격이니 부부관계가 흉하게 된다.
*갑인 정사 경자 신해 무신일주의 여명은 고란살이다.
자녀운은 시지가 공망이니 남식과는 연이 없고 여식은 무난하
다. 시지 공망은 남식은 멀리 떨어져 살거나 인연이 박한 경
향이 있다. 자녀궁에 월간 壬수를 인종하면 임묘-사지가 되며

일간의 절지이니 자식이 없거나 적은 편이다.

壬수 상관인 자식성이 임진 괴강에 앉아 자식을 키우기 힘들
며 자식수도 적으나 용신이니 자식덕은 있다고 본다. 일지에
남편인 정관 대신 자식성인 상관을 끼고 있으며 해묘합목으로
합이니 자식과의 교류는 원만하다.
辛辛壬丙　여
卯亥辰申

대운풀이로는 신묘대운(3-12) 유년시절은 학문성이 들어야 길
한데 학문을 파괴하는 재성인 신묘로 흘러 공부에 전념치 않
는 운이라 흉하다.
경인대운(13-22) 청소년기는 역마운이며 寅목 재성이 임하고
인묘진으로 역마가 목방합을 하니 돈 버는 욕망이 강해져 학
업을 중단하고 돈 벌러 집을 떠나는 대운이다.
17세인 경인운 임자년에 신자진으로 수국이 형성되어 상관생
재가 되어 흐르니 학업을 중단하고 돈 벌러 집을 떠났다. 19
세인 갑인년에 배우자궁인 일지 亥수와 인해합목하여 부부궁
으로 들어오니 인중 丙화는 남편성이라 일간과 병신합되며 인
묘진 방합이므로 식구가 생기니 이성과의 인연이 이루어진다.
방합은 가족합이라 식구가 없으면 생기거나 기신이고 없으면
식구를 떠나보낸다.
기축대운(23-32)은 상관의 설기가 심한 일간을 생조하는 인성
운이니 무탈하며 안정된 가정생활을 한다.
무자대운(33-42)은 子수운에 들어 신자진으로 강한 수국이 형
성되어 丙화 관성인 남편을 극하니 남편이 매우 불길하다. 이
런 운에는 남편이 실직되거나 병을 얻거나 파경에 이르게 된

다. 참고로 남편이 갑자기 실직되어 생활고에 시달리다 본인
이 돈벌이에 나서게 된다.

辛辛壬丙   여
卯亥辰申

부부간 불화가 심해져 37세 무자운 임신년에 신자합으로 상
관합이니 이혼하였는데, 임신년은 대운인 戊토가 무극임하여
토극수로 신하가 임금을 극범하여 불길한 역모 세운이다.
더우기 申금이 금생수하고 강해진 상관 壬수가 년간의 정관인
丙화 관성을 상관견관으로 극하니 이별한다.
정해대운(43-52)은 丁화 편관이 壬수와 정임합하여 음란지합
이 되니 이성과의 인연이 복잡해진다.

병술대운(53-62)은 월지와 충제대운이라 하는데 누구나 만난
다. 진술충해도 일간이나 용신의 근지가 아니니 무난하나 기
복이 심해 불길하다. 丙화관성이 월간 壬수와 임병충되고 戊
토는 丙화의 묘고에 임하여 진술충으로 월주 임진과는 천극지
충이라 흔들리게 된다.
월주는 사회궁으로 직장이나 사업의 변화와 이동 전근 등이
발생한다. 이런 운에는 배우자에게 불길한 일이 발생하고 특
히 임진 괴강과 병술백호가 동하여 배우자나 가족이 교통사고
등 횡액을 당할 수 있다.

을유대운은 진유합금으로 금이 강해지니 자신은 유력하지만
강한 비겁인 酉금이 시주인 신묘와 천극지충이 되니 묘목-재
성이 부서져 형제동료친구로부터 재물의 손실 등으로 흉한 일
이 발생한다.

갑신대운의 申운에는 매우 불길한 운이다. 申금이 원국의 辰토와 신진반합이 되므로 수가 왕해지니 흉하게 된다.

참고로 81세 갑신운 병진년 자월에 사망하게 된다. 그 이유는 申금이 신진합수로 辰토에 입묘되고, 원국과 진진 자형으로 일간의 묘고가 발동하니 흉하며 상관인 壬수도 임진-묘고에 드니 활동력이 멈추게 된다.

26.

壬丁壬庚 남 +3.5 인오합은 자오충으로 불합
寅亥午子

본명은 丁화일주가 午화월에 태어나 건록격이나 관살인 수가 중중하여 신약한 사주이다. 따라서 목화를 보면 길하고 금수는 흉하며 토는 한신이다.

일간이 투합하고 일지가 합이 되면 대개 결혼이 늦거나 못하는 경우도 있다. 특히 정임합과 병신합을 하게 되면 만혼 또는 여러 번 결혼하게 된다.

본명도 독신으로 살고 있으며 사주 원국에 관살혼잡 되어 일주가 약하고 합충이 많아 주관이 없고 삶이 흔들려 삶이 고달프다. 丁화는 甲목을 기뻐하는데 이처럼 관살이 많은 형국에 甲목이 천간에 투하면 '일장당권군사자복'이라고 하며 한명의 장수인 甲목이 중중한 관살을 항복받으니 귀격이 된다.

그러나 寅목이 시지에만 있으며 천간에 투하지 못하니 일간이 관살의 극을 당해 격이 낮아진다. 대운도 신유술해자축으로 목운을 만나지 못하니 흘러 매사 막힘과 장애가 많다.

丁화 일간의 근본 마음은 착하나 午화 비견을 자오충으로 부

수고 관살인 壬수가 강하나 제어할 戊토-식상이 없고 일간 丁
화가 관살로 둘러싸여 있으니 성격 또한 편협하고 괴팍스럽
다.
배우자운은 년간의 庚금 정재성이 자오충 되고 경자-사지에
앉아 설기되고 일지가 기신이며, 일간이 정관인 壬수와 쟁합
이며 일지와도 정임암합이니 양쪽으로 자식을 본 격으로 '다
자면 무자'와도 같아 자식도 얻기 힘들다. 庚금을 일지로 인
종하면 경해-태지가 되니 배우자와의 인연이 없다.

壬丁壬庚　남
寅亥午子

재물운은 금-재성이 자오충으로 흔들리며 경자-사지에 앉아
약하고 왕수에 설기되며 무근하니 돈복이 없다.
직업운은 수-관성이 강하나 관살이 혼잡되고 합충되어 변했으
니 온갖 막일 궂은 일 다해보지만 삶이 고달프다. 자오충 인
해합 정임합 등이다.
자녀운은 관성이 자손인데 관살이 혼잡 합충되니 자녀덕이 없
고 일간과 시지는 정인-사지로 자식이 없을 수 있다. 혹 여식
은 가능하다. 시간의 정관-壬수인 자식이 寅목 병지에 앉아
자식덕도 없다.

대운풀이로는 갑신대운(13-22) 甲목정인이 길하나 절지에 앉
아 무력하니 일찍 정재인 申금이 지살역마라 돈 벌러 떠난다.
을유대운(23-32) 힘없는 인성인 乙목이 무력하고 酉금 편재를
따라 이곳저곳 떠돌지만 심신만 피곤하다.
병술대운(33-42) 비겁인 화토운을 만나 인오술로 일간이 왕해
지니 마음이 안정되고 생활이 안정되는가 싶었는데, 월간 壬

수와 丙화가 임병충하여 양-壬수에 丙화가 부서지니 장애가
많다.

壬丁壬庚 남
寅亥午子

정해대운(43-52) 일신이 안정되어 마음잡고 살아보려 했는데
일지 亥수가 해해-자형이라 마음이 흔들린다. 대운도 불길하
며 간지가 서로 상전상극하고 있다.

무자대운(53-62) 무자대운도 상관운이라 크게 발전이 없다.
무임극으로 관살을 막아보려 하나 양-壬수가 버티니 도리가
없다. 자운에는 자오가 상충하니 신약한 일간의 건록지가 부
서지니 되는 일도 없고 마음만 답답하다.

기축대운(63-72) 말년 식신운이라 상관처럼 흥성은 아니며 밥
그릇이라 마음이 편하고 식복 또한 있는 대운이다. 그러나 길
운은 아니므로 식신은 활동성이니 내가 이리저리 뛰어야 할
운이다.

경인대운(73-82) 기다리던 寅목 용신운에 들어섰으나 복이 없
는 명조라 늦어도 너무 늦었다. 말년에 용신운이 들면 오히려
불길한데, 용신이란 사회성이며 세상을 살아가는 무기와 같아
숟가락 들 힘도 없는데 칼을 쥐어줘 봐야 마음만 고달프다.

27.
辛乙丁乙 여 +4.5 해미합
巳亥亥未

乙목이 겨울철 亥월에 태어나 지지에 수가 강해 신강사주이
다. 그러나 수왕하여 亥수인 넓은 바다에 외롭게 떠있는 연약

한 화초이다. 년지 未토가 수를 제압하여 물기를 흡수하고 시
지 巳화가 강한 亥수를 극제하여 부목이나 다행이 썩지는 않
겠다.
월간 丁화 식신의 활동적이고 월지 亥수 정인이 있어 모친과
같은 인정도 있다. 그러나 인생의 곡절이 많고 부지런히 활동
해야 먹고살 팔자이다. 화토를 보면 길하고 수목은 흉하다.
금은 한신이다.

辛乙丁乙　여
巳亥亥未

재성인 재물운은 년지 未토로 천간에 극하고 해미합목하여 매
우 약하다. 활발하게 움직이는 丁화 식신이 乙목의 생을 받아
식신생재하는 격으로 50대 중반대운이 사오미 화국으로 흘러
발복하면 노년은 재물이 풍요롭다.
배우자운은 덕이 없는데 내가 벌어 먹여 살려야할 운명이다.
배우자성인 시간의 辛금 편관이 일간에 첩신하여 을신충하고
일지에 지살인 亥수가 기신이며 해해자형을 하고 사해충을 하
니 남편성과는 충돌이 잦고 불안하며 도움이 되지 못한다.
숨은 남자는 사중 庚금으로 을경합을 하니 외롭지는 않다. 辛
금을 인종하면 신해-목욕이고 천간에 양-乙목이며 지지로 사
해충하는 일간보다는 사미로 합하는 년간 乙목에 마음을 주니
부부궁이 탁하고 불길하다.
자녀운은 월간 丁화와 시지 巳화가 있어 유정해 보이나 시주
와는 을신충 사해충으로 천극지충이라 매우 불리하여 자녀와
떨어져 사는 것이 좋다. 자식성인 식신 丁화는 亥수-살지에
앉아 있다.
사업운은 여자이나 남편덕이 없으니 먹고 살려면 무슨 일이든

해야 한다. 본명은 식상이 발달하여 수단과 방법이 좋고 乙목 일간은 부지런하고 미래지향적이며 실리적이기 때문에 사업수완이 탁월하다. 월간 식신이 용신이니 식신은 전문적인 노하우이며 화는 전기 조명 미용 컴퓨터 음식업 등이다.

辛乙丁乙　여
巳亥亥未

대운풀이로는 무자대운(9-18) 재성인 戊토가 희신운이고 子수 인수운이라 유년시절에는 잘 지냈다. 다만 월지가 인성이니 공부덕은 있고 대운도 子수운이라 학업은 가능하나 인성혼잡에 기신이며 수의 기운이 강해 방황 갈등도 있었을 것이다.

기축대운(19-28) 길한운이며 왕성한 활동으로 분주히 살았으며 토 대운은 희신이라 돈도 잘 벌고 행복하다. 축대운은 사축합금으로 결혼이 가능한 대운이다. 21세 기축운 을묘년에 이성과 인연이 일지 해묘합으로 맺어진다.

26세 기축운 경신년에 길운인 관성이 들어와 을경합하니 이성과 인연이 있고 사신합으로 사해충이 풀려 시간의 辛금 관성이 자유로워지며, 시지와 사신합은 식관합으로 결혼이 성사된다.

신묘대운(29-38) 양 칠살이 일간을 극하니 방황과 갈등이 있는 운이다. 일간 乙목과 을신충하고 묘운에는 亥수 일지와 묘운에 해묘합을 하여 비겁인 기신이 강해지며 삼합국을 이루니 시간의 관살인 신금은 더욱 약해져 배우자와 이성문제로 심한 충돌이 생기며 방황 갈등이 예상된다.

임진대운(39-48) 壬수대운은 기신이라 매우 힘들고 진대운에는 토가 희신이고 강한 수의 기운을 흡수하여 乙목이 뿌리를 내리는 길운이라 만사 형통한다.

계사대운(49-58) 무난한 대운이다. 다만 癸수는 용신인 丁화를 정계충하니 장애는 있을지라도 巳화가 용신의 뿌리가 되니 주변의 도움으로 만사형통한다.

그러나 정계충은 식상인 활동성이 충하고 사해충은 배우자와 갈등으로 힘든 일이 발생한다.

辛乙丁乙　여
巳亥亥未

계사운 정해년은 대세운 정계충으로 역모운이니 불길한데 운지도 사해충이며 원국도 사해충으로 충이 요동치며 남편과의 불화와 충돌이 심해지니 별거와 이별 등이 발생한다.

3亥수가 모여 관성의 근지인 시지 巳화를 충하며 해해자형으로 동하니 남편과의 생리사별로 힘들고 막힘이 많다.

인성의 자형으로 가정과 정신적으로도 힘들며 식상의 근지가 파괴되니, 식상은 생식기에 해당되며 亥수로 인한 것이니 신장 방광 등에 문제가 발생한다.

무자년에는 戊토로 제방을 쌓아 물길을 막으니 안정을 찾으며 길하다. 기축년은 희신운으로 만사형통하나 재성인 未토와 축미충하니 돈 나갈 일이니 재물과 관련되어 막힘이 있다.

갑오대운(59-68) 甲목은 등라계갑으로 길하며 午화는 용신의 근지로 말년운이 길하고 노년이 행복하다.

28.
己乙甲戊　남 +5.5 조후용
卯酉寅子

乙목이 인월에 태어나 목이 강하여 병이 되었다. 인월은 한기

가 남아 丙화로 조후가 필요하니 인중 丙화를 용신한다. 천간
에 丙화가 불투하고 일지 칠살로 여린 나무를 극하니 부부궁
이 불길하며 격이 낮아졌다.

토를 보면 乙목이 뿌리를 내리고 재를 생하니 길하고, 금을
보면 봄철의 여린 나무는 금을 싫어하는데 성장기라 발육을
장애하므로 불리하나 이처럼 나무가 많으면 금을 기뻐한다.

화를 보면 목의 기를 설기하여 기뻐한다. 그러나 수를 보면
만사가 지체되어 실패하고 목을 보면 주인이 둘이 되니 서로
다투는 형상으로 매사불길하고 흉하다. 즉 화토금은 길하고
수목은 불길하다.

본명의 아쉬운 것은 일주가 양간이면 매우 양호한 사주구성이
나 음간이라 그릇이 작은 것이 흠이다.

己乙甲戊　남
卯酉寅子

성격은 일주가 태왕하니 주관이 뚜렷하고 아집이 지나쳐 일방
적인 독선이 있다. 비겁이 중중하니 동업은 불리하고 자영업
이 길하다.

육친관계는 부모형제운은 좋은 편이나 월주에 겁재가 동주하
니 부친덕이 박하며 인연이 약해 일찍 헤어질 수 있고, 형제
간 도움은 등라계갑이라 길하지만 신왕하니 도와준 보람이 없
다.

배우자운은 시간 己토 편재와 정재인 戊토가 투하니 재혼의
명이다. 己토는 일간과 을기극이며 월지와는 인묘합이라 월간
甲목과의 합을 탐내고 있다. 배우자궁인 일지에 칠살인 酉금
과 시지 卯목이 묘유충하여 불안하고 안정이 되지 않는다.

다만 일지 배우자 궁에 도화인 酉금이 있어 아름다운 처를 얻

을 수 있으나 일간을 극하니 부부간에 갈등이 많고 좌우로 寅
卯목이 있어 금극목하니 배우자의 힘이 설기되어 기진맥진한
형상이다. 정재인 戊토를 인종하면 무유-사지가 되어 불길하
며, 묘유도화가 충하고 동주한 己토 재성까지 흔들리니 배우
자와 해로할 수 없어 생리사별로 본다.

己乙甲戊　남
卯酉寅子

자녀운은 자녀궁과 성이 유정하여 자녀운은 있다. 그러나 일
지와 시지가 묘유충하므로 별거할 수 있다.

재물은 재성이 양-투하고 근지가 없어 타고난 돈복은 있으나
비겁이 중중하여 재성이 극을 당하니 내 돈 되기는 힘든 형국
이다. 내 돈을 취할 욕망은 간절하나 매사가 지체되고 곤란하
여 욕심을 부린다면 오히려 화를 당한다.

사업은 관성이 일지에 있어 약한 편이다. 戊토 편재 사업성이
강해 자영업을 하지만, 酉금 관성이 강한 목을 감당하지 못하
고 목다금결로 酉금 관성인 칼이 부러지는 격이라 사업을 운
영하면서 굴곡이 심해 파산되기도 한다. 그 이유는 酉금 관성
이 묘유충되니 죽기 아니면 살기로 싸우는 격이라 만고풍상을
겪게 된다.

대운풀이로는 무오대운(32~41)은 식상생재가 되는 길운이다.
인오합화로 乙목이 꽃피어나고 재성인 戊토인 재물로 결실을
이룬다.

기사대운(42~51)은 갑기합으로 기신 甲목을 합거하여 길하나
巳화는 일지에서 사유합금되어 일간을 극하니 배우자와 이별
의 운이다.

경신대운(52-61)에 강한 금희신운이 와서 대체적으로 길한 운

이다. 강한 금운이라 연약한 乙목이 다칠까 염려된다. 乙목이
庚금을 만나 관성에 묶이기 때문이다.

59세 경신운 병술년은 길한 세운이다. 화생토로 생재하는 운
이라 재물복이 있는 운이다.

60세 정해년은 큰 바닷물에 촛불이 꺼져가는 길신 丁화가 약
한 세운이며, 亥수 인성이 흉신이라 정해년은 심사숙고해야
한다. 특히 인성 기신운이 들어와 문서 시비 구설 도박 관재
가 강한 운이니 신중한 마음가짐이 필요하다.

신유대운(62-71) 희신운으로 만사형통할 운이다. 그러나 봄철
의 어린 乙목에게는 부담되며 을신충 묘유충으로 풍파도 있
다.

29.
己丙癸丁　여 +1 조후용
丑戌丑酉

丙화가 겨울축월에 태어나 매우 춥다. 년간 丁화가 있어 다행
이나 정계충하고 앉은 자리 酉금을 극하느라 무력하고 무근이
다. 병술 계축백호살이라 팔자가 센 편이다.

토-식상이 태과하여 설기과다로 빈한하게 살 팔자이며, 월지
상관을 놓아 내 식구관리하고 내 몸 관리하는 편이나 만약 식
신을 놓았다면 남자 관계가 헤프지만 상관은 절제하고 계산하
는 형이라 좀 다르다. 목화를 보면 길하고 토금은 흉하다. 수
는 한신이다. 대운이 목화로 흘러 운의 덕을 보니 다행인 사
주이다.

육친관계는 월주에 계축백호로 기신이라 부모형제덕이 없으며
무덕하다.

배우자운은 癸수 관성이 정계충을 당하고 앉은자리에 축술형
이며, 일지 戌토가 좌우로 축술형을 하니 어찌 배우자가 내
곁에 붙을 수 있겠는가, 여명에 식상이 태과하면 배우자가 극
을 당해 함께 살수 없다.

자녀궁은 길하지 못하다. 식상인 축술이 형하고 시주인 자식
궁이 기축으로 입묘지이며 기신이라 자녀덕도 없다.

己丙癸丁　여

丑戌丑酉

재물운은 유축합금하여 매우 강하다. 너무 강해 재다신약한
명이다. 타고난 돈복은 많으나 합충되어 酉금이 땅에 묻힌 형
상이라 새어나가고 흔들려 재물과 큰 인연은 없다. 재다신약
인 사주는 인비운에 발복한다. 50대 午화운에 오술합하여 화
국이 되면 돈을 내 것으로 만들 수 있다.

대운풀이로는 갑인대운(9-18) 인성 희신운이다. 유년시절과
청소년기는 매우 길하다.

을묘대운(19-28) 인성운이고 묘술이 합되어 이성과 인연이 있
고 행복한 운이다.

병진대운(29-38) 丙화운은 길하나 진대운에 기신인 辰토가 일
지 부부궁을 진술충하니 이별이 보이고 파란곡절이 시작된다.

정사대운(39-48) 희신 화대운이라고 마냥 행복할 수는 없다.
만고풍상이 예상된다. 그것은 丁화가 癸수 관성과 정계충하고
巳화가 들어와 사유축 강한 금국을 지으며 되는 일도 안 되는
일도 없는 허송세월이다. 그러나 원국에 목이 없어 극파되지
않으므로 무탈한 운이다.

무오대운(49-58) 일신은 편하나 마음은 외롭다. 그러나 이성
과의 인연으로 세월 보내자는 마음으로 지낸다. 왜냐면 戌토

가 癸수 관성과 합을 하고 일지 戌토를 午화가 오술합하니 어찌 남자와 인연이 없겠는가, 다행이 화한 오행이 희신인 화라 길하다. 午화운에는 재물이 풍부하다.

기미대운(59~68)은 토가 기신운이고 축술미 삼형살이라 곡절도 있으며 무해무덕하다.

경신대운(69~78)은 재성인 금운이나 지지에 용신인 목이 없어 극파되지 않고 왕토가 설기 순환되니 길운으로 말년복이 있다.

30.
壬壬庚壬　여 +3
寅辰戌辰

壬수가 술월에 태어나 임진 경술괴강살로 관살이 혼잡된 여명이며 매우 팔자가 센 명조로 구성되었다. 양팔통으로 천간은 금수로 구성되어 강해 보이나 지지는 관살로 되어 신약사주로 판단된다. 목화를 보면 흉하고 금수는 길하다.

재물은 재성인 술중 丁화가 진술로 충하니 진중 癸수에게 정계충되어 재성이 파괴되니 재물이 모이지 않는다.

직업운은 무관이나 사법계통의 직종으로 가면 대성한다. 관성이 강해 일자리는 많겠다. 정육점 이미용 부동산 등도 좋은 편이다.

배우자운은 관살이 혼잡하고 辰戌토가 편관으로 구성되어 충으로 동하고 관성이 경술임진-괴강살에 앉아 남편이 의처증으로 부부갈등이 심해 생사이별도 있어 고독한 팔자이다.

또한 임진일주에 수기운이 강해 색정과 음란한 면도 있으며 진술충과 진진자형으로 동하고 년주복음으로 경쟁자가 있는 격이니 남자관계가 복잡하다.

자녀운은 식신 寅목 자식이 시지에 앉아 자식의 연은 좋으나 신약에 기신으로 큰 힘을 발휘하지는 못해 큰 덕은 없다. 임인으로 병지에 앉았다. 관살이 혼잡하여 일찍 이성의 연을 맺어 씨가 다른 자녀도 있다.

일지에 진중 乙목인 상관이 있고 시지 寅목도 인진합으로 들어오며 공협된 묘목도 있어 식상혼잡이니 부친이 다른 자식이다. 즉 일지 진중 戊토는 관성이고 진중 乙목은 식상인데 시지에서 식상인 寅목이 인진으로 방합해오면 부정포태로 혼전임신이다.

壬壬庚壬　여
寅辰戌辰

대운풀이로는 기유대운 유년시절은 인성이라 길한 운이다.

무신대운(12-21) 일찍 관성운이 들어와 이성과 인연을 맺고 지살역마인 申금에 앉아 직업 따라 이동하면서 생활하였다고 본다.

정미대운(22-31) 丁화대운에 일간 壬수와 정임합이 되면서 식신이 되니 일찍 자녀를 얻었을 것이다.

병오대운(32-41) 용신인 월간 庚금을 병경극하려 하나 임병충을 당하므로 무해무덕한 운이다. 인오술 삼합화국이니 재물은 길하나 진술충이 일어나니 관성과의 투쟁으로 좋은 일도 나쁜 일도 겪으면서 산다.

을사대운(42-51) 상관대운에 재성이 있어 돈을 벌 욕심을 부리나 기신이라 실속이 없는 대운이다.

갑진대운(52-61) 갑진대운은 용신과의 경갑충이며 지지에서 3진이 진술충하여 월지가 부서지니 가정에 파란이 발생한다.

52세 갑진운 계미년에 진술충이 동하는 원국에 술미형까지 발생하며 일지 진술충으로 가정사가 복잡하며, 되는 일도 없고 심신의 고통이 있는 세운이다.

53세 갑진운 갑신년은 월간 용신인 庚금과 양-갑경충으로 용신이 흔들리고 시지 寅목인 식상과의 인신충으로 식상이 충을 받아 활동력이 정지되고 신진합수로 변하니 관성합거로 부부문제가 발생한다.

壬壬庚壬　여
寅辰戌辰

54세 을유년에 도화인 酉금이 일지 관살인 辰토와 합해 진유가 합되니 이성과의 인연은 맺어지나 을경합거로 용신이 합거되니 도움이 되지 않는다. 여명에서 용신은 남편이나 남자의 상황을 의미하니 마음의 위로로 생각해야 한다.

55세 갑진운 병술년은 전부 기신운이고 대세운 진술이 충되고 원국과도 충이니 관성으으로 인해 마음이 안정되지 못한다. 천간에서 2개의 壬수가 재성인 丙화를 극하니 군비쟁재로 매사 조심해야 한다.

그러나 丙화는 세운과 지지 寅목과의 인술합으로 뿌리를 내리니 큰 타격을 받지 않고 오히려 재성이 발복하여 금전적으로 도움도 있다.

56세 갑진운 정해년은 정임합이 되어 이성과 음란한 인연도 맺어진다. 강한 亥수가 일지 辰토와 진해원진 귀문이니 남녀 갈등에 신경 써야 한다. 정임합목은 식신으로 활동성도 되며 亥수는 일간의 건록지니 왕성한 활동도 기대된다.

31.
戊丙甲壬   여   +1
戌申辰辰

丙화가 진월에 태어나 4개의 식신이 태과하여 신약하며 양팔
통으로 식신격이다. 식신은 편관을 제살하니 장수한다고 하여
길하고, 또한 식신은 재성의 원신이니 의식주라고 하는데 식
신이 발달하면 먹을 복을 타고난 격이라 하나, 이 명조는 甲
목인 편인이 앉은자리 辰토-식신을 극하여 도식이 된 명이라
흉하게 본다.
특히 식신이 태과하면 신약하여 인수로 돕는 것이 길하나 식
신격은 편인을 극도로 싫어하며 비겁이나 인수를 기뻐한다.
본명은 식신이 중중하여 상관화되니 월간 甲목으로 소토하고
약한 일간을 생하는 용신이 된다. 년월간의 甲壬이 관인상생
으로 약한 일간을 도우니 관성이 희신 역할로 길한 구조이다.

甲목이 자좌 辰토에 뿌리내리고 년간의 壬수가 도우니 용신이
왕하므로 귀한 명조이다. 그러나 辰토가 공망이고 진술충으로
동하니 격은 낮아졌고 일간과 용신의 근이 미약하여 흠이다.
대운의 흐름이 수목으로 흘러 중년까지 길한 편이고, 말년 재
성인 금국은 용신의 절지가 되니 일간을 극하는 관살이 아니
므로 크게 꺼리지는 않으나 우여곡절이 있다.

재물운은 일지 申금으로 신진합수하니 태약하여 돈과는 큰 인
연이 없다. 다만 식신생재라 하여 일지에 申금을 辰戌토가 생
재하니 길하다. 큰 부자는 아니지만 먹고사는 문제로 걱정하
지 않는다.

배우자운은 년간의 壬수 편관이 辰土에 입묘되고 괴강에 앉아 있고 여명에 양팔통이라 불리한 듯하나 신약한 丙화를 수생목 목생화로 도우니 관이 용신 甲목을 돕는 희신으로 길한 작용을 하니 유정하여 백년해로는 한다.

일지 편재인 申금이 비록 기신이나 신진합수로 년간의 壬수를 끌어오니 유정하며 식상이 태과하여 부부갈등도 보이나 속이야 어떻든 천간은 얼굴이니 해로한다.

戊丙甲壬　여
戌申辰辰

자녀운은 사주에 자식이 많으나 임진갑진무술등의 식신은 괴강과 백호에 앉아 일찍 낳은 자식은 키우기 힘들다. 그러나 늦게 낳은 자식은 상생관계가 되며 신약한 丙화를 돕는 조토라 뿌리를 내리니 유덕하다고 본다.

세운풀이로는 55세부터 들어오는 戊戌토대운은 식신운이라 활동은 왕성하나 기신이라 소득은 없다.

55세 무술운 병술년에 비겁인 丙화의 도움으로 길하나 진술충이 되면서 갑진백호가 발동하여 불길한 세운이다. 건강 등 횡액에 조심해야 한다.

56세 정해년은 丁화 겁재운에 亥수 편관운이라 겁재와 편관의 흉성으로 이루어지니 매사에 막힘이 많겠다.

57세 무자년은 子수 정관과 戊토식신운이라 왕성한 활동으로 욕심을 내지만 무술대운이 식신대운의 기신운이라 별 소득 없이 왕성한 활동만 있다.

58세 기축년은 상관운이 되고 무술시주에 자식궁과 자식성이 축술형이 되니 자손의 일로 마음 상할 일이 있다. 상관운은 매사 조심해야 한다. 정관을 파괴하는 흉성이라 여러 가지로 막힘이 많고 상관은 몸을 상하게도 하니 건강도 신경 써야 한다.

59세 경인년은 寅목이 편인인 도식이고 도식에 庚금 재성이 경인-절지에 앉아 庚금 재성이 무력하며 경갑충으로 월간 용신과 충극되며 일지 인신충으로 아신도 흔들리니 큰 손해가 있다. 도식이 된 편인에 재성이 올라앉으면 투자 투기 금전 거래 등으로 큰 손해를 본다. 또한 대운도 戌戌토대운이라 진술충하니 원국의 식상이 동하는 상태라 매우 불길하다.

32.
丙甲庚壬　남 +2
子午戌辰

甲목이 술월에 태어나 일지 午화와 오술 반합국을 이루고 시간 丙화가 투출하여 일주의 기를 설기시키니 신약하다. 수목을 보면 길하고 화토는 흉하다. 사주 원국의 자오충과 진술충으로 갈등과 번민이 많다. 년월간에서 庚壬으로 庚금 관성이 약한 일간을 극하는 구조라 불미한 구조이다.

재물운은 월지 재고인 戌토를 진술충하여 개고하니 재성이 왕성하여 좋은 편이고 중년대운 목운에 길하다. 그러나 이처럼 월지 戌토인 재고를 진술충하고 일간이 신약하면 감당을 하지 못하므로 돈이 새나간다.

직업운은 천간에서 관인상생이 되어 상업이나 사업보다는 직장생활이 좋다. 일지 상관인 午화가 생재하여 길하나 신약한

일주가 충이 된 재성을 감당하기 어려우니 사업보다는 직장이
길하다.

丙甲庚壬　남
子午戌辰

육친관계로는 연월지가 진술충하니 일찍 고향 떠나 살며 일시
지가 자오충하여 오중 己토는 재성으로 부친이며 자중 癸수는
인수로 모친인데 자오충되니 인성과 편재가 흔들려 부모덕이
없으며, 년월의 진술이 충하여 진중 乙목 겁재인 형제가 술중
辛금과 을신충하며 월간에서 칠살인 庚금이 일간을 극하니 부
모 형제덕이 없다.
배우자운은 재성이 진술충이고 일지 오중 己토가 甲목과 갑기
로 암합하고 배우자궁인 일지 午화가 오술과 합하여 생재하니
아내는 능력이 있고 이재에 능하다.
그러나 배우자궁의 午화가 시지 子수와 충하며 일지 공망으로
부부궁이 불길하나 운로가 수목을 향해 신약한 일간으로 도우
니 부부가 인내하고 살아야 한다. 子수인 인수와 충하니 고부
간 갈등도 있다.

자녀운은 시지가 子수로 인수이면 신약한 甲목에게 비록 희용
신이나 자오충하고 자녀성인 월간의 庚금이 경술-괴강지에 앉
았고 일간과 갑경충하며 시간의 丙화에게 극을 당하고 년간의
壬수에게 설기되어 무력하다.
또한 지지에 화가 강해 관살인 庚금이 화극금을 당하니 무력
하며 시지로 인종하면 경자-사지가 되며 일간은 시지에서 갑
자-목욕으로 자녀와는 인연이 없게 된다. 일시지 자오충은 가
정궁이 불미하고 탁하다.

건강운은 진술충 자오충으로 수가 충을 당해 신장과 비뇨기가 약하고 월간의 庚금이 지지에서 오술합 등으로 강한 화의 극을 당해 무력하다. 이럴 때 중년대운 寅卯辰운에는 금이 절각되므로 폐와 뼈 쪽에 이상이 있을까 염려된다.

丙甲庚壬　남

子午戌辰

대운풀이로는 신해대운(8-17) 초년에 강한 인수운이라 부모덕이 있고 학업에 열중한다.

임자대운(18-27) 강한 수의 용신운이라 만사 순조롭다.

계축대운(28-37) 癸수운은 길하나 축대운에는 부모궁인 월지와 축술형하고 子수인 정인 모친을 자축합하여 토극수로 강하게 합하여 극하니 모친의 생명과 건강이 염려된다.

갑인대운(38-47) 비겁이 강하여 약한 일간을 돕는 희신운이라 만사형통한다. 그러나 인대운은 인오술로 화국이니 甲목이 화다목분이 되는 기신이 되므로 배우자와의 이별과 재물로 인한 손재한다.

을묘대운은(48-57)로 희신 목운이라 승승장구한다. 乙목은 寅목처럼 화를 생하지 않으니 길운이다. 그러나 乙목이 卯목 도화에 앉아 자묘형살이 발생하니 여색을 주의해야 한다.

병진대운(58-67)은 화토가 기신운이고 강한 식신이며 일주 甲목이 설기되고 월간 庚금과 병경충이 되어 편관을 부수니 관재구설 시비가 우려된다. 용신인 년간 壬수가 임진-입묘운으로 불길하다.

정사대운(68-77)은 상관운이고 흉성이며 甲목이 설기되어 건강에 유념해야 한다. 매사가 흉하며 용신 壬수가 정임합과 임사-절지가 되는 흉대운이다.

참고로 부모 형제궁에 대하여 편재부친성이 형을 당하면 부친 연이 없고 관살을 월에서 만나면 형제가 고독하다. 비겁형제 성이 충하고 관살이 왕하면 형제를 사별한다.

丙甲庚壬　남
子午戌辰

본명은 甲목이 일지 오중 己토와 갑기합하고 재성이 진戌토에 있으므로 검소하고 절약형이나 신약하고 전충이라 모이지 않는다. 성격도 신약에 오술화국을 이루고 또한 시간의 丙화가 투출하여 불같은 성격이라 작은 일에도 화를 잘 내고 잘 풀린다.

33.
辛庚庚丙　남 +4 조후용
巳申寅申

庚금이 寅월에 태어나 천간에 경신금이 투출하고 申금이 있어 신강한 사주이다. 화가 약하기는 하나 월령을 얻은 丙화로 금을 억제하고, 인월은 한기가 남아 조후를 겸하는 용신하고 목을 희신한다.

식상이 약해 융통성이 없고 답답하기는 하나 庚금 일간에 신왕하니 의리 있고 강하며 그릇이 큰 사람이다. 다만 寅목편재가 申금의 양극을 받아 많이 상해있다. 그러나 사신이 합해서 수의 생조를 받은 寅목 재성이 강하니 돈복은 있다고 본다.

또한 배우자궁의 申금이 寅목과 인신충한다면 배우자 인연이 없다고 보지만 선합의 원칙에 따라 사신합되어 수희신으로 변해 백년해로하고 배우자덕도 있다고 본다. 다만 비겁이 중중

하여 군겁쟁재 할까 염려되는 사주이다. 그러나 대운이 목화
운으로 흘러 전성기에 대운이 길하여 다행이다.

신묘대운초년은 辛금이 병신합수 되면서 금이 설기되어 초년
운은 길하다.

임진10대운은 壬수가 용신인 丙화와 임병충되면서 흔들린다.
辰토가 생금하니 왕한 금 기신이 들어와 어려움이 많다.

계사20대운은 강한 화운으로 용신 丙화가 巳화인 록을 만나
기세가 당당하며, 癸수가 寅목 재성을 생목하니 대길운이다.

갑오30대운은 화의 기운이 왕하고 재성목이 돕고 있어 최고
의 가치를 발휘하는 운이다.

辛庚庚丙　남
巳申寅申

을미40대운은 남방화운이 되고 乙목의 생조를 받은 화용신이
활동기가 되어 매사 순조롭다.

병신50대운의 丙화운은 화 기운이 있어 좋아 보이나 申금운
에는 화가 흡수되고 절태지라 힘을 쓸 수 없는 시기가 되어
왕한 금 기신의 활동으로 흉하다.

특히 寅목 재성과 인신충하고 巳화 관성과 사신형하므로 재성
이 충거하니 재물이 없어지는 형국이요 巳화 관성과 형이 되
니 직업에 문제가 있으므로 申대운은 대흉하다.

정유60대운은 丁화가 힘없는 화가 되어 도움이 안 되고 금기
신이 왕하여 하늘에 먹구름 소나기 내리는 형상이라 매사 조
심해야 한다.

무술70대운은 토생금으로 금이 기승을 부리니 매사 되는 일
이 없다. 그러나 행운에서 午화를 만나면 인오술 화국이 되어
행운을 만나는 일도 있다.

34.
戊甲戊丙　여 +0
辰辰戌午

甲목이 술월에 태어나 辰토에 뿌리를 내리고 있으나 주중에
5토로 구성되어 재다신약이다. 戊토 편재가 양 투출하여 편재
격이다.
그러나 甲목일간은 화토가 강해 힘이 없어 비록 양간인 甲목
의 신분이며 일지 辰토에 근을 하였으나 진술충하고 진진자형
으로 종재하지 않을 수 없다. 자신의 본분을 버렸다하여 기명
종재라 하는데 부귀할 명조로 본다. 화토를 보면 길하고 수목
은 흉하다.

재물운은 이재에 능하고 재물운이 길하다. 재성이 매우 강해
부귀할 운이다. 식신생재라 하여 화토로 생재하고 대운에서
사오미 식상운으로 흘러 왕성한 활동으로 성취력이 강해 재물
이 풍부하다. 종재격사주는 돈과 관련된 사업을 하거나 근무
하면 크게 성공한다.
직업운은 직장생활보다는 상업을 하면 길하다. 원국에 식상과
재성이 강하고 식상이 재성을 생하니 상업에 종사하면 길한
것이고 토 재성이 강하니 의복 직물업이 적합하다.

관성인 술중 辛금이 약하고 토다금매로 辛금이 흙에 묻힌 형
상이고 오술합화로 강하게 辛금을 극해오기 때문에 직장운이
없으며 식상이 재성을 생재하므로 상업 쪽이 길한 것이다.
육친관계로는 부모형제덕은 없다고 본다. 辰중 癸수인 인수
모친성이 갑진백호로 기신이며 진진자형에 앉았고, 월주 부모

궁에 무술괴강이며 戊토 월지와 아신인 일지 辰토가 진술충하니 부모형제덕이 없다고 한다.

배우자운은 사주 원국에 무관사주이고 일지 배우자 궁이 진진 자형으로 동하니 일찍 결혼하면 실패하여 이별하며 辰중에 수목이 있어 종세인 토와 어긋나니 배우자덕이 없다.

술중 辛금 정관이 너무 약하고 강한 토에 묻혀 있으며 오술로 강한 화기운에 녹아내리니 연약한 辛금남편이 온전하겠는가, 월일지가 진술충하고 배우자궁에 진진자형으로 있으니 초혼은 실패하고, 늦게 결혼해도 남편 건강이 문제가 되니 인연이 박하다.

戊甲戊丙　여
辰辰戌午

자녀운은 시지에 진진자형이며 무진백호이며 진중에 기신인 수목이 있어 불미하다. 그러나 식상인 丙화가 투하고 오술화국에 근을 두니 왕성하여 자식덕은 있으며 훌륭한 자식이 있다. 그러나 식상이 중중하여 자손이 많다보니 시지 辰토에 수목-기신과 무진백호와 자형으로 인한 불구자식도 있을 수 있다.

대운풀이로는 정유대운 초년은 부모사랑을 받지만 몸이 약하다. 상관+정관운이기 때문에 발병할 수 있다.

병신10대운은 수목이 오면 甲목 일간이 생을 받아 종격이 파괴되므로 불리하나 화금은 전부 희신운이라 무난하다.

을미20대운은 乙목이 기신운이라 흉하다. 그러나 을대운 경오년 25세에는 대운과 세운이 을경합되고 강한 庚금 관성이 식상인 午에 경오-욕지로 도화를 차고 세운에서 들어오기 때문에 이성 간에 인연이 이루어진다. 특히 午화는 식상인 자녀성이며 오술합되면서 丙화가 투하여 합력이 강해지니 진술충이 해소되므로 결혼이 성사된다.

戊甲戊丙　여
辰辰戌午

갑오30대운은 갑대운은 기신이나 午화로 설기되며 갑오-사지에 앉아 무력하니 무탈하고, 오대운에 오술합화로 식신생재하여 사업 활동이 강해 활력이 넘치고 소망이 이루어지며 발전운이다.

계사40대운은 癸수가 기신이나 절태지에 앉아 무해무덕한 운이다. 그러나 세운에서 甲乙목 기신이 들어오면 癸수가 생조하니 불길하여 관재구설도 발생한다. 또한 癸수는 무계합이 되어 재성이 묶이니 돈이 묶인다고 본다.

임진50대운은 기신운이라 심사숙고할 때이다. 壬수는 기신이고 辰토에 근을 두며 진진 자형이라 불길하다.

35.

丙甲庚辛　남　+4.5 목방합
寅辰寅卯

甲목이 인월에 태어나 지지에 인묘진방합을 이루어 신강한 사주이다. 寅월의 여린 나무라 금으로 벌목하기 보다는 丙화로 꽃을 피우는 것이 길하니, 년월 천간에 뿌리 없이 투출한 경신금보다는 시간의 丙화를 용신으로 하니 목화통명으로 총명준수하다.

경신금은 무력하여 병이 되었는데 초년운 기축대운에는 토생금하여 온갖 고생을 다했으나, 병술30대운은 용신운이라 군에서 큰 공을 세워 벼슬에 올랐다고 한다.

본명은 목이 강한 사주로 사주의 주체가 목인데 목을 극하는 금은 기신이기 때문이다. 강하면 눌러주라고 했는데 너무 강하면 주체오행이 순행할 수 있도록 설기하는 것이 순리에 맞는다.

이 사주의 병은 금이기 때문에 병술대운에는 丙화와 戌토가 합세하여 기신을 극하니 만사여의 했을 것이다. 그러나 을유대운 말기에는 酉금이 득지하니 기세등등한 경신금이 묘유충으로 강한 목을 대적하여 결투를 벌였으나, 강목을 넘어뜨리기에는 불가하여 목다금결로 도끼가 부러지는 격이라 을유40 대운 말기에 사망했다고 전한다.

丙甲庚辛　남
寅辰寅卯

기축대운에는 토의 생을 받은 금이 강한 목과 대결하니 시끄럽고 되는 일이 없다. 또한 일간 甲목은 己토와 연애질 하느라 용신을 돌보지 않으니 주인공은 장애물에 걸려 괴롭고 험난한 생활을 하게 되었다.

본명은 목이 세력을 형성하여 주체가 되나 인월의 춥고 여린 나무라 경신금으로 다듬어야 할 목이 아니고 조후를 우선하는 여린 나무라 금을 꺼리고 목화를 기뻐하는 것이다.

목은 경칩인 묘월을 지나야 왕목으로 보기 때문에 인월의 목은 성장기의 목이라 천간의 경신금은 목에게는 눈이나 서리에 비유하고 성장을 장애하는 병이 되는 것이다. 이처럼 천간에 丙화가 투하여 용신이 되었는데 경신금까지 투하면 丙화 용신은 금을 극하느라 일간을 설기하는데 전력을 하지 못하므로 격이 탁하고 불미하게 되는 것이다.

무자10대운은 子수의 한냉한 수가 자진합수하는데 戊토가 토극수로 억제하면서 용신인 丙화를 극하지 못하도록 하니 안정적인 운이 되었을 것이다. 그러나 戊토는 생금하면서 병신인 금을 생조하니 식상생재의 역할을 제대로 할 수 없어 길한 대운은 아니다.

丙甲庚辛　남
寅辰寅卯

정해20대운은 목의 생지가 亥수이기 때문에 목이 잘 자라게 되고 丁화는 병이 되는 금을 제거하는데 기여하므로 길운이다.

병술30대운은 丙화가 화의 고인 戊토와 함께 오니 丙화는 병이된 금을 제거할 힘이 되고 약의 효력이 발생하여 길한 운이다.

을유40대운은 금이 왕하여 병이 재발되었다. 辰토와 酉금은 진유합금으로 왕금이 되어 병이 깊어지고, 酉금이 목의 왕지인 년지 卯목과 묘유충도 되니 왕신격노로 흉운이며 활동력인 식상 용신 丙화가 병유-사지에 드니 이 운에서 사망하였다.

36.
甲丙癸癸　남 +2
午辰亥亥

본명은 丙화일간에 수-관살이 강한 사주이다. 시지 午화가 일지 辰토를 생토하여 습토를 말려 왕한 수의 살을 억제하고 시간의 甲목은 丙화일간을 목생화로 생조하면서 수의 기운을 설기하니 살인상생으로 병중득약한 명조이다.

즉 관살이 왕해 병이 된 사주이나 약이 수반되어 어려운 상황을 충분히 감내할 수 있는 자질을 갖춘 것이다. 그러므로 본명도 빈손으로 자수성가하여 거부가 된 사주이다.

본명은 亥월생으로 년월이 계해로 당령한 수가 자리하였고 丙화 일간은 午화에 뿌리를 두었으나 월간 癸수가 극해오고 일지 辰토는 습토로 화의 기운을 설기하여 불길한 것 같지만, 午화의 생조를 받아 조토화되니 강한 亥수에게 午화가 극을 당하지 못하도록 방어해주는 역할을 하고 있다.

또한 시간의 용신인 甲목은 일지 辰토에 근을 두고 수생목으로 수의 기운을 설기 흡수하여 목생화로 일간 丙화를 돕고 있어 용신이다. 이를 일장당권군사자복이라고 하며, 인성 甲목인 한 명의 장수가 여러 적군을 항복시킨다는 의미이다.

甲丙癸癸　남
午辰亥亥

천간에 甲목을 극하는 금이 없어 길하며 일간도 시지 午화에 근을 두고 甲목은 일지 辰토에 근을 두니 일간과 용신이 서로 상생하여 유정하다.

그러나 만약 일지에 습토가 아니라 조토가 되었다면 용신인 甲목이 뿌리를 내릴 수 없으니 불미한 명조가 되었을 것이다. 辰토는 갑을 목이 살기에 최적의 환경인 토이다.

부부궁인 일지에서 용신의 근지가 되니 부부궁도 길하다. 일시에서 길신이 모여 있고 상생 유정하니 부부궁과 자식덕도 길하다.

임술대운은 壬수가 부담이나 오술화국을 이루고 일지 辰토와 진술충이 되면서 토충은 장간의 기물은 사라지고 토만 남게 되니 깡마른 토가 수의 기운을 막아 길하다.

壬수는 강한 화에 힘을 쓸 수 없어 길한 운이다. 충을 흉하게
만 볼 필요는 없다. 충이라는 것은 충돌하여 움직이면 원국의
대세를 살펴 어느 것이 죽고 사는지를 살펴야 한다.
희용이 죽으면 흉하지만 기신이 죽으면 길하기도 함을 알아야
한다. 주로 원국의 길신을 운로의 흉신이 와서 충하면 불길하
고 원국의 흉신을 운로의 길신이 와서 충하면 길하다.

甲丙癸癸　남
午辰亥亥

신유10대운은 금이 생수하고 또한 辛금이 일간 丙화와 병신
합수 되면서 수기운이 왕해지니 불길하다.
무오40대운은 戊토가 癸수와 합화되고 또한 午화는 여름이라
경사가 겹쳐 대길한 운이다. 이런 운에 사업을 하면 만사 여
의롭다.
정사50대운은 巳화가 들어와 사해충하여 충거시키니 수기운
이 약해지고 丁화로 일간을 돕는 운이라 승승장구하여 대길하
고 형통한다.
병진60대운은 희신운이 되고 丙화가 설기되어 약하지만 辰토
는 甲목의 뿌리가 되니 무난하다.

37.
甲丁乙壬　남 +4.5 조후용
辰未巳寅

丁화일간이 巳화월에 태어나 득령하고 년지 寅목과 월간의 乙
목 시간의 甲목의 생조를 받고 또한 미중 丁화와 통근하니 대
단히 신왕하다. 강한 정미일주의 억부용신을 쓰자면 설기하는

토를 쓰거나 극하는 수를 사용해야 한다.

그러나 壬수를 용신으로 사용하고자 하나 목에 설기되어 무력하고 돕는 금이 없는 약한 壬수는 용신 노릇을 할 수 없다. 따라서 재관이 무력하니 설하는 시지 辰토가 용신이 된다. 辰토는 습토로 화기를 충분히 흡수하니 설기시킬 수 있다. 식신생재격으로 토금수를 보면 길하고 목화를 보면 흉하다.

甲丁乙壬　남

辰未巳寅

재물운은 박하다. 재성은 사중 庚금이며 정재로 戊토의 생조를 받으나 동궁한 사중 丙화가 극하여 약하므로 돈복이 없다고 한다.

직업운은 인성인 학문성이 천간에 투하고 통근하여 강하니 교육계로 나간다. 그러나 희용신이 아니므로 크게 성공하지는 못한다.

월간 乙목 편인과 시주 甲목 인수가 투간되고 년지 寅목 미중 乙목 진중 乙목이 통근하여 인수가 매우 강하다. 월봉인수이고 통근하면 교직에 나가지만, 그러나 정관인 壬수가 임인으로 병지에 앉았고 인사형살이 되어 불안하며 재관이 약해 크게 성공하지는 못한다.

육친관계는 부친성인 편재가 원국에 없고 사중 庚금인 재성이 있으나 동궁된 丙화에 의해 극을 당하니 약하고, 또한 인사-형살에 임하여 부친덕은 없다고 본다. 甲목 인수인 모친은 시간에 있으나 인성이 기신이라 모친덕이 없으며 인성이 기신이라 부모로 인한 어려움이 있다고 본다.

부모형제궁인 월지가 기신이고 을사-목욕이며 일지와은 격각으로 서로 뜻이 어긋나며 비겁인 형제는 신왕에 기신이며 인사형살이니 인연이 박하다.

형제성인 巳화가 역마에 임하며 인사형이 되고 공망이니 형제와는 멀리 떨어져 살며, 아신인 미중 丁화가 있고 월지 사중 丙화가 사미로 합되어 들어오며 乙목 인성과 동주하니 자체의 모친이 있는 격이며, 일지에서 비겁 혼잡으로 이복형제가 있을 수 있다. 월지 巳화가 망신살로 일간의 좌우로 인성혼잡이니 양모를 모시게 된다.

甲丁乙壬　남
辰未巳寅

배우자운은 일지 조토이며 정미-양인으로 부부의 인연이 없고 해로도 어렵다. 원국에 무재사주이고 사중 庚금이 있으나 인중 甲목과 갑경충하고 동궁 장간의 丙화에 의해 화극금 당하며 인사형살에 임하여 백년해로는 어렵고 처덕도 없다고 본다.

자녀운은 시주에 甲목인 기신이고 辰토는 습토로 용신이나 관성인 壬수의 입묘지이므로 자녀를 두기도 어렵고 키우기도 어렵다. 그것은 자녀성인 정관 壬수가 일간과 멀리 떨어져 임인병지에 앉았고, 주변에 목이 강해 수가 설기되므로 무력하다. 또한 자녀궁인 시지에 갑진백호살이 있으며, 시지 辰토가 壬수인 정관 자녀성의 묘고가 되므로 자식을 얻기 어려우며 키우기도 힘들다고 본다.

대운풀이로는 신왕한 정미일주에 병오대운은 기신이고 또한 사오미로 화국을 이루어 군겁쟁재하니 부친과 재물운이 어렵고 곤궁하다.

정미10대운은 비겁인 丁화가 년간 壬수와 정임합목되면서 강한 목에 관성인 壬수가 설기되니 직장도 힘들고 기신 목운이라 흉하다. 그러나 만일 행운에서 습토운을 만나면 왕한 화의 기운을 설기하는 용신운이니 직장을 얻게 된다.

무신20대운은 戊토 상관이 申금을 보아 생재하므로 사업을 하면 재물을 얻는 길한 대운이다. 그러나 재성인 申금이 인사신 삼형을 당하니 결혼은 힘든 운이다.

기유30대운도 길한 운이라 재물 축적이 있다. 갑기합토로 인성혼잡을 제하고 사유합금 진유합금으로 재성의 세력이 강화되어 결혼이 가능한 대운이다.

甲丁乙壬　남
辰未巳寅

경술40대운은 재성인 庚금이 乙목과 을경합되어 재성이 합거되고 갑진시주와 갑경충 진술충으로 천극지충이 되니 자손궁과 가정에 불리하여 힘든 삶이다. 또한 배우자궁의 일지 未토와 술미형이 되니 파재와 배우자 문제로 어려움을 겪는다. 이런 경우 세운에서 계축년인 편관상관운을 만나면 일주와 천극지충하니 이별하기도 한다.

신해50대운은 식신 辛금이 을신충되고 亥수 정관이 사해충되니 월주와 천극지충이라 불길하며 운로의 길신인 금수가 사해충을 하는데 목화가 강하여 쇠약한 亥수가 무너져 충극을 당하며, 인해합목과 해미합목하여 기신으로 변질되니 손재도 있고 관재구설도 있게 된다.

임자60대운은 희신운이라 매사 잘 풀린다. 그러나 壬수가 정임합으로 투합이 되면서 목국이 형성되니 약해진 수 관성이 걱정이라 건강과 직업 자식문제로 어려움을 겪는다.

계축70대운은 정미일주가 천극지충을 당하며 일간 丁화가 丑토에 입묘되고 활동력인 식신 미중 己토도 기축-입묘되며 일지 未토 묘고가 축미-충되어 생명력인 甲乙목 인성이 갑미-입묘되니 생을 마감하는 대운이다.

38.
壬甲辛庚　남 +2
申辰巳寅

갑진일주가 사월에 태어나 식신월이나 사중 庚금이 투출하여 편관격이 되었다. 관살이 혼잡하고 시지 申금에 근을 두고 일지 辰토에 생을 받아 유력한데 甲목은 신약한 일주가 되었다. 시간의 편인인 壬수가 왕한 금의 기운을 설기시켜 살인상생으로 甲목을 생하므로 용신이 된다.

용신 壬수는 자좌인 시지 申금의 생조로 더욱 유력하고 힘 있는 용신이 된다. 용신이 일간에 근접되어 길한데 수목을 보면 길하고 화토는 흉하다. 관살인 금은 생수하여 용신을 도우니 무난하지만 지지로 오는 금은 년월간의 기신인 경신금의 뿌리가 되니 불길하다.
본명은 巳화 역마와 월주가 정관+식신이라 길성의 구조이니 총명 영리하고 활발한 활동력으로 본다.

재물운은 辰토 편재가 일지에 임하고 묘고를 놓아 재고가 되므로 재물복은 있다. 그러나 용신인 壬수 편인이 辰토에 통근하고 임진-묘고에 임하여 재고로 보고 재물이 여유 있으며,

관살인 금인 비겁을 억제하여 재를 보호하며 지지의 신진이
합의 준비가 되어 子수가 행운에서 오면 삼합되어 강한 수가
일간 甲목을 생조하니 재물복이 있다.
직업운은 사업보다는 직장이 유리하다. 정관 辛금이 巳화에
장생하고 申에 제왕을 놓아 관성이 강하며 관인상생하므로 직
장 생활이 좋다는 것이다. 또한 辛금 관이 巳화 지살역마와
동주하니 해외출입이나 근무할 기회가 주어진다.
육친관계로는 인수가 용신이라 부모덕은 있다. 그러나 형제덕
은 없고 멀리 떨어져 살게 된다. 寅목 비견이 공망이고 인사
형하고 년간의 경인으로 寅목이 강한 庚금의 극을 받으니 형
제가 사별하는 아픔도 있다. 또한 형제궁에 巳화 역마가 임하
여 떨어져 살게 된다.

壬甲辛庚　남
申辰巳寅

배우자운은 일지 辰토에 甲목이 근을 하니 배우자덕은 있으나
갑진백호가 임하여 건강문제가 염려된다. 甲목이 진중 乙목에
통근하여 뿌리가 단단하여 처가 현숙하나 갑진백호가 일지 처
궁이 임하여, 금수운에 설기가 심해지거나 戌토운에는 배우자
궁에 진술충으로 백호가 발동하여 사고 건강 등 문제가 발생
한다.
자녀운은 자녀궁인 시주가 용신이며 관인상생하여 길하다. 그
러나 申금 정관 자녀성이 인사신 삼형살에 임하여 자녀 중 키
우기 힘든 자녀가 있다.
대운풀이로는 임오대운은 壬수는 희용신운이라 좋은 집안에
태어났으며 午화는 상관운이라 공부보다 먹고 노는 일에 열중
한다.

- 113 -

계미10대운은 癸수는 강한 칠살인 금을 순환시켜 관인상생되니 안정된 시기가 된다.
갑신20대운에는 인사신삼형살이 다시 이루어지므로 파란곡절이 예상되니 신중해야 한다. 甲목이 년주인 경인과 갑경충 인신충으로 천극지충이며 년간은 하늘이므로 땅이 무너지는 힘든 일이 예상되니 매사 자중해야 한다.

壬甲辛庚　남
申辰巳寅

을유30대운은 乙목대운에 乙목이 겁재이고 년간의 庚금인 관성과 을경합으로 관성과 합이 되니 친구 동료와 동업하는 일이 발생하나 기신으로 변해 불리하다. 酉금대운에는 사유합과 진유합 등의 합금 기운이 강해 강한 금의 생을 받아 壬수가 화살하여 통관되므로 관인상생으로 사업이 왕성하고 명예가 이루어진다.
비록 천간에 壬수가 있어도 금위에 앉았으니 지지로 오는 금도 관인상생으로 통관시킬 수 있다. 또한 申금은 적극적으로 수를 생하여 길하지만, 酉금은 수를 생하지 않으며 사유합금되므로 합이 되면 생하는 기운보다 극하는 힘이 강해지니 일간의 뿌리인 년지 寅목을 극하고 뿌리를 얻은 경신금이 일간을 극하니 관재 소송 구설 등에 휘말리기도 한다.

병술40대운은 식신인 丙화운이니 왕성한 활동으로 여유롭다. 丙辛합거로 관살혼잡을 맑히니 길하고, 술대운에는 일지 진술충으로 백호가 발동되며 甲목이 뿌리박은 辰토를 충하니 가정 파탄 파재 등으로 불길하다.
이처럼 백호살과 충하여 백호가 발동하는 대운에 만약 세운에서 申금운을 만나면 인사신 삼형까지 이루게 되어 교통사고나 횡액 등이 예상되니 유의해야 한다.

정해50대운은 상관운으로 활발한 활동으로 길하나 용신인 시간 壬수를 정임합으로 묶어 불길하지만 다행히 변한 오행이 목이라 희신이니 무난하다.

亥대운은 용신 壬수가 힘을 받는 길운이나 월주인 신사와 정신충 사해충으로 천극지충하므로 불길한 기운이 들어오니 매사 조심해야 한다. 월주나 일주가 천극지충되면 사회궁인 직장과 가정궁에 흉액이 발생한다.

무자60대운은 戊토대운은 용신 壬수를 극하는 기신이라 흉하나 子수운에는 신자진합수로 용신이 세력을 얻으니 매우 길하다.

기축70대운은 甲일간과 갑기합토 되며 己丑토 재성이 금을 생하고 사축합금으로 금이 세력을 얻어 일간을 극하니 불길하다.

39.
丙乙庚甲 남 +3
子卯午寅

乙목이 여름 午화월에 태어나 목이 매우 강하다. 그러나 관성인 庚금이 午화인 살지에 앉아 목의 생을 받아 강한 화에 의해 녹아 없어지는 형국이다.

시지의 子수는 卯목이 가로막아 午화를 극하지 못하고 수생목 목생화로 오히려 화를 도우니 화의 힘이 막강하다. 따라서 일간 乙목은 지지에 寅卯목과 시지에 子수가 있어도 식상이 강해 설기가 심하니 신약한 명조가 되었다.

즉 본명은 여름철 화초가 화가 강해 꽃이 활짝 핀 형상으로 수가 천간에 투하지 못하고 시지에 있으며 공망을 당했고 묘목에 설기되고 돕는 금이 없어 무력하다.

또한 강한 시간의 상관인 丙화가 월간의 무근한 정관을 극하니 상관견관으로 식상인 화가 강해 무력한 정관을 극하니 놀고먹는 팔자가 된다. 사주구성 상 합형충이 많으면 일생 굴곡이 심하다.

丙乙庚甲　남

子卯午寅

여름의 화초는 수가 필요한데 시지에 있으나 일지 묘목에 설기되며 공망을 맞고 습토가 없으며 지지에서 庚금인 수원이 없어 무력하니 용신을 삼기도 애매하다. 사주가 이처럼 구성되면 수운을 만나도 원국의 지지에서 목화가 너무 강하니 설기되고 수화의 상극이 발생하여 별 도움이 되지 못한다.

천간에는 丙화가 월간의 庚금을 극하느라 상관견관이며 상관이 왕하여 제살태과이나 庚금의 뿌리가 없고 무력하니 庚금을 돕기보다는 차라리 제거하는 편이 길하다. 왜냐하면 丙화 상관이 정관을 보지 않으면 일간을 설하여 수기를 발하기 때문이다. 그러므로 금을 제거하는 운이 길하고 금을 돕는 운이 불길한 병약 사주이다.

신미대운은 辛금은 관살혼잡으로 불길하며 운한 상 병신합수의 힘은 미약하나 상관이 합거되면 병신인 금이 일간을 극하니 불길하다. 未토대운은 묘미로 합목하여 길하다.

임신10대운은 불리하다. 임대운은 관인상생이 되어 무탈하나 申대운은 년지 寅목을 인신충하고 병인 庚금의 뿌리가 되니 불길하다.

계유20대운은 酉금이 일지 卯목을 묘유충하니 불길하며 庚금의 양인으로 병신이 살아나니 답답하기 그지없다.

갑술30대운은 희신인 목이 와서 반가우나 술대운에는 인오술로 삼합화국이니 화다목분으로 일간이 곤란한 지경에 처하니 불길하다.

丙乙庚甲　남
子卯午寅

을해40대운은 을경합금하여 기신을 제거하니 길하며 해운에 들면 여름 화초가 지지에 亥子수를 만나 수가 강해지면 丙화는 약해지니 병신인 庚금이 살아나게 된다. 더우기 을경합으로 변한 힘없는 乙목이 해子수에 떠도는 유랑 방황이 시작된다.

이와 같이 천간에서 상관정관이 만났는데 정관의 뿌리가 전무하며 습토도 없어 생조를 받지 못하고 상관의 극을 당하면 정관이 병이 되어 버린다. 그럴 때는 정관을 제거하는 운이 길하며 정관을 도와 병신이 살아나면 불길한 것이다. 그러나 사주의 구조가 탁하고 불미하니 길운을 만나도 발전이 없는 하천격이다.

만일 여름철 乙목인 명조에서 천간에 수가 투하면 관인상생격으로 변하니 그때는 丙화가 기신이 되며 삶의 질이 완전히 높아진다.

사주 분석에서 가장 혼란을 주는 것이 식상과 관살이 만났을 경우일 것이다. 관살은 일간을 공격하는 유일한 오행이며 특히 신약할 때는 정관도 칠살로 변하니 우선 일간이 살고 봐야

하므로 어떻게든 관살의 공격에서 벗어나는 것이 급선무이다. 관살을 다루는 방법은 식상으로 제살하는 것과 인성으로 화살 하는 것과 합으로 묶는 것이다.

그러므로 신약해도 식상을 만나 제살하거나 신왕해도 인성으로 화살을 하게 되면 일간이 칠살의 공격에서 벗어나니 억부에 관계없이 용신을 삼을 수 있다. 만일 본명에서 월간의 庚금이 지지에서 근을 두었거나 습토가 있어 생조를 얻으면 제살태과격이 된다.

丙乙庚甲　남
子卯午寅

제살태과격은 눌린 관살을 생조하거나 관살운을 만나면 길하게 된다. 그러나 관살은 삶의 질을 의미하며 품격을 나타내므로 관살이 중중한 식상에게 극을 당한다는 것은 이미 형세가 불길하게 짜여진 것이다.

반면에 식상제살격은 중중한 관살을 식상으로 억제하는 격인데 식상제살격들은 주로 판검사 등에서 많이 나타난다. 식상운을 만나 관살을 억제하면 흉악한 도적때들인 관살을 억제하여 항복을 시키므로 높은 격국을 이루기 때문이다.

또한 삼합화국한 대표 오행이 천간에 투하면 그 세력은 매우 왕한 것이다. 그렇기 때문에 그것을 억제하는 오행이 천간에 투하고 근을 두어야 길명으로 변하게 된다. 그렇지 못하면 강한 세력으로 반대편의 오행을 극하기 때문에 상전상극의 흉명으로 변하는 것이다.

이 명조처럼 상관이 삼합이고 丙화가 투했는데 억제하는 수가 나타나지 못했고 월간의 庚금이 상관에게 극을 당하고 있는데 근과 생조가 없어 무력하면 병이 되니 차라리 병을 없애는 운을 만나야 한다. 그러나 그렇게 되면 일간은 안중에도 없이 상관이 정관을 극하느라 혈안이 되므로 길운에도 하천격이 된다.

40.
甲壬戊戊　남 +0 소토하는 甲용 식신제살격
辰辰午辰

壬수가 午화월에 태어나 실령하였고 관살인 토가 강하고 戊토가 투해 병이 된 사주이다. 제토하는 甲목은 약신이며 시상에 있어 신약한 일간을 더욱 약하게 하지만 병은 중하고 약은 가벼우니 행운에서 수나 목을 만나면 신약한 일간을 돕고 약신인 甲목을 돕는다면 대귀할 것이다.
그러나 子수운이 오면 자오충하고 자진합수하여 진진자형이 발동하니 일주의 병이 되는 관성이 움직여 무진과 갑진백호가 있어 대흉하게 된다.

참고로 일주의 병이란 두 가지가 있는데 하나는 주중에 중요한 작용을 하는 용신을 지나치게 해롭게 하거나 둘째는 주중에 지나치게 많은 오행이 있으면 병이 된다.
또한 병을 다시 크게 분류하면 일주의 병이란 금일간에 토가 많으면 금이 묻히니 토다금매로 일주의 병이 되고, 용신의 병이란 일간은 관계없이 용신의 병이 되는 것으로 즉 금용신에 화가 강하면 병이 되는 것이다.
또한 행운의 병이란 용신이 대운에서 극제를 당하면 병이 되는데 원국에서 병을 제거하는 약신이 있으면 길하게 되는데 것이다. 가령 용신이 甲목인데 대운에서 庚금을 만나 경갑충을 당하니 행운의 병인데 원국 천간에 丙화가 있어 화극금으로 庚금을 제거하거나 乙목이 있어 을경합으로 묶으면 그 운 동안에는 길하게 된다는 것이다. 그러나 병을 제거하는 약신은 음이면 음이어야 하고 양이면 양이어야 한다. 경갑충으로 庚금을 제거하려면 丙화라야 하고 丁화는 완전한 제거가 아니라는 것이다.

甲壬戊戊　남
辰辰午辰

참고할 것은 인수나 비겁이 강해 신왕해도 동작이 없어 멍청하게 되고 다른 사람에게 의지하려는 심리가 있는데 이것도 병이 되며, 또한 신약해도 자신을 포기하려는 심리가 강하여 이것도 병이 된다. 이런 때 행운에서 신왕을 설기하는 식상을 만나거나 혹은 신약을 돕는 인성운을 만나면 제거기병이 되어 발복한다.

병이 있고 약이 있을 때 운에서 약운을 만나면 제거기병이라 하고, 또 다시 병을 행운에서 만나면 병중이라고 한다. 만약 사주에 병이 있으나 약이 없다면 행운에서 그 병을 제거할 약을 만나면 오히려 불길한 경우가 있다.

즉 수와 화의 경우가 대표적인데 너무 화가 강해 조열한 명조가 지지에 습토나 수가 없어 수운을 만나도 붙을 자리가 없는데, 수운을 만나면 왕화가 폭발하므로 불길하게 된다.

마치 뜨겁게 달군 후라이팬에 물을 끼얹으면 물이 튀어 오르듯 폭발하는 것과 같아 그럴 때는 화를 설기하는 진축-습토운은 길하지만 수운을 만나면 왕신격노로 대흉한 것이다.

41.
庚丁丁己　남 +1 종아격
戌未丑未

정미일주가 한겨울 축월에 태어나 매우 추운계절인데 불이 필요하나 월간에 丁화가 투출되었고 술미 조토가 강해 동토는 면했다. 지지가 축술미로 구성되어 토가 강해 토를 종하게 되므로 화토는 길하고 수목은 흉하게 된다.
종격은 용신이 건왕하니 대부분 귀격이며 축술미 삼형이 있으므로 의사 검사 판사 경찰 군인 등의 편업을 하면 대성하며 사주의 격이 떨어지면 주방장 미장원 이발소 등의 자유업이 적성에 맞는다. 이 사람은 종합병원의 의사로 근무하는 사람이다.

육친관계로는 부모궁은 유정하나 정축백호가 앉았고 편재 부성인 축중 辛금은 미중 乙목과 을신충하고 있으므로 인성과 편재가 충을 당하고 월지 丑토가 공망으로 부모의 큰 덕은 없다. 또한 부모형제궁에 정축백호가 있으니 형제덕도 없다.
배우자운은 정재인 시간의 庚금으로 앉은 자리의 戌토의 생조를 받으며 일지에도 未토가 있어 토세를 거스르지 않으며 튼튼하여 백년해로한다.

자녀운은 자식성인 축중 癸수 편관이 축미충하여 정계충을 당하니 떨어져 살아야 좋다. 자녀궁은 길신이라 길하나 술미형하니 떨어져 살아야 좋다.
재물운은 시간의 庚금 정재가 유정하여 튼튼하고 술중 辛금에 앉은자리로 통근하니 비록 술미형을 당하지만 길하다. 또한 지지전국이 고지에 임하여 돈을 헛되이 쓰지 않는다.
庚丁丁己　남
戌未丑未

대운풀이로는 초년인 병자을해대운은 수국 북방운이라 무해무
덕하며 관성운이라 좋은 직업을 얻을 수 있다.
갑술계유임신대운은 서방 금운이라 강한 토가 생금하여 재성
을 생하니 재물복이 있고 길한 운으로 본다. 염려되는 것은
원국에 수목이 사주에 없어 간 담 심장 등 건강에 유의해야
한다. 특히 중년 서방금운에 금극목하니 미중 乙목의 약한 목
이 부서지니 목인 간과 담에 신경 써야 한다.

말년운인 신미경오대운은 화국 남방운으로 희신운이라 말년이
행복하다. 본명은 외격 사주로 종아격이라 한다. 따라서 종아
가 다시 종아인 금-재성을 보면 귀격인데, 丁화일주가 토가
강해 종아격이고 시간에 庚금인 재성을 보아 길명이 되었다.
따라서 토금운이 길하고 용신인 시간의 庚금을 극하는 천간의
丙丁화운은 꺼린다.
종아격이 형성되려면 월지에 식상이 있고 식상이 합국이나 방
합 또는 지지가 전부 동일오행을 이루고 식상을 역세하는 인
성과 관성이 없어야 한다.
종아격이 되면 주체가 되는 오행인 식상이 용신이고 비겁이
희신이며 기신은 인성과 관성이다. 종아격의 성격은 특수한
기능의 소질을 갖고 있어 교만한 면도 있으나 남에게 지기 싫
어하고 타인에는 잘하나 가족에게는 소홀하고 불만이 많은 경
우가 있다. 신경이 예민하고 날카로우며 예능에 뛰어나고 매
사가 정확하여 때로는 거만하다는 평도 듣는다.

42.
丙丙乙戊　남 +3 오술반합
申午丑戌

병오일주가 축월에 태어나 실령하고 월간 乙목과 시간의 丙화
그리고 일지 午화의 부조를 받으나 식상이 중중하여 신약하
다. 따라서 목화를 보면 길하고 금수는 흉하다.
월지 상관을 놓고 무술 식신이 발달하여 한량기가 있고 관성
인 직업이 없는 무관사주라 일정한 직업 없이 놀고먹는 팔자
가 된다.

시지에 편재인 申금 역마가 있어 사방팔방 바쁘게 돌아다녀야
재물을 취하여 먹고 살 수 있으며, 일지 양인에 오술합화로
화기운이 강해 성격이 불같이 조급하고 열을 잘 받으나 식기
도 빠르니 속없는 사람 같다.
육친관계로는 乙목 정인이 월간에 투출되어 모친의 덕은 있으
나 시지의 申금 편재가 좌우의 화로부터 화극금을 당하여 무
력하니 부친덕은 없다. 월지 상관이고 흉성이며 년월에 축술
형으로 조실부모할 수 있고 형제와의 인연도 무덕하다.
비겁이 중중하고 년월에서 축술형하니 술중 丁화인 비겁이 형
을 당해 형제와 떨어져 산다.

배우자운은 시지 편재가 배우자성이며 역마에 기신이고 강한
화에 화극금 당하여 불리하고 배우자궁인 일지도 비록 신약에
목화가 희신이라고는 하나 양인이므로 불길하고 일주 간여지
동에 배성인 申금과 아신인 일지가 격각이니 뜻과 의견이 맞
지 않아 따로 놀며, 시지 신중 庚금을 일지로 인종하면 경오-

- 123 -

목욕이며 좌우로 비겁이 위치하여 쟁재의 형상이며 천간에 丙
화가 둘이라 二天이므로 본인이나 형제가 이혼이니 백년해로
는 불가하다.

또한 배우자궁에 축오원진으로 배우자덕이 없다. 44세 경오대
운에 재성인 여자운이 들어오고 46세 경대운 계미년에 대운
과 오미합하고 다시 원국과도 오미합으로 일지합이 이루어져
늦게 결혼하였다. 그러나 오대운인 51세 무자년에 대운과 자
오충하고 다시 일지를 자오충하니 이혼하게 된다. 재성인 신
중 庚금이 경자-사지로 든다.

丙丙乙戊　남
申午丑戌

자녀운은 무관사주라 자녀덕이 없다. 축중 癸수가 정관인 자
식이나 축술형되어 술중 丁화와 정계충 되고 자식궁인 신중
壬수인 편관도 丙화와 정임의 합극을 받아 불길하니 자녀덕이
없다.

재물운은 시지 신금이 丙丁화의 겁탈을 당하니 돈복도 없고
돈을 벌어도 새나가는 형국이라 모이지 않는다. 축중 辛금이
정재이나 술중 丁화와 정신극하고 신중 庚금 편재는 화극금으
로 강한 화에 녹아 없어지니 돈이 모이지 않는다.

대운풀이로는 병인대운 초년운은 인수운이라 좋은 집안에서
성장했다. 정묘10대운은 목화 희신운이라 소년기도 길하다.

무진20대운은 강한 토-기신운이라 청년기를 허송세월하는 등
일이 잘되지 않는다.

기사30대운은 토-기신운이라 매사 되는 일이 없고 巳대운에
는 申금 편재와 사신합형이 되며 申금이 역마라 바쁘게 돌아

다니며 일하나 재성이 형충되면 바쁘기만 하지 별 소득은 없다.

경오40대운은 을경합되어 용신이 묶이고 강한 금국이 형성되므로 화금이 상쟁하며, 양인인 오대운에는 오오자형이 되며 다시일지 午화인 양인을 충하는 무자년에 이혼한다. 양인은 형충을 크게 꺼린다.

신미50대운에는 병병신이 재성을 쟁합하면서 쟁재하므로 주색의 난을 겪는다. 未토대운에 상관이며 조토라 왕성한 활동을 하지만 월주인 사회궁인 을축과는 천극지충으로 을신충 축미충으로 안정이 되지 않는다.

임신60대운은 강한 수-기신운이며 임병충으로 불안한 생활을 한다. 매사에 자중하고 신중하게 처신해야 한다.

계유70대운은 무계합화하고 신유술금국과 유축합금으로 화금이 상쟁하니 건강에 유의해야 한다. 乙목 인성이 을유-절지이고 일간 丙화와 식신인 戊토는 병·무유-사지가 되니 종명의 대운이다.

43.
甲壬乙丙　남 +0 소토하는 甲용 식상제살격
辰辰未辰

본명은 적천수에 나오는 이색적인 사주로 壬辰일주가 지지에 辰未토로 구성되어 토가 주체가 된다. 이런 사주는 지지에 전부 토로 구성되어 강약을 구분하기보다는 자연의 원리를 생각해서 풀어야 한다.

즉 辰토가 중중한 기름진 문전옥답이라면 나무가 필요하다. 본명은 壬수인 수분과 丙화인 온도까지 갖추었으며 甲乙목이 투하여 길하다. 甲乙목 중에서 소토하는 甲목이 약신이므로 수목을 기뻐하며 토금을 보면 흉하다. 화는 나무가 꽃을 피우니 무탈하다.

토인 관살이 강해 종살격인가 싶으나 辰토는 습토라 진중 癸수가 있어 壬수의 뿌리가 되니 종하지는 않는다. 종살격이 되려면 관살을 극하는 식상과 비겁이 없어야 하니 일반격으로 본다.

사주 원국에 辰토가 자형되어 막힘이 많고 갑진을미임진이 백호괴강이라 행운에서 형충이 되면 백호가 발동하여 흉하게 되기도 하고, 또한 충거하여 대발하는 경우도 있다.

44.
丁卯 丙寅 乙丑 甲子 癸亥 壬戌 辛酉 庚申
甲己戊甲　여 +6.5 甲용
戌丑辰辰

이 여인은 병인정묘-대운에는 용신인 甲목이 근을 얻어 길했으나 을축대운에 세 번 결혼했으나 세 번 다 남편이 사망하는 일을 겪었다.

사주를 보면 甲목 정관이 년시간에 있고 갑진백호살에 앉았고, 시간의 甲목은 축술형살에 앉았다. 일지인 부부궁은 기축-묘지로 불미하며 간여지동으로 남편과 살 수 없는 사주이다. 마치 허허벌판에 나무가 듬성듬성 있는 풍경이라 외롭고 고독한 명조이다.

더구나 일지 丑토는 과숙살로 부부궁에 자리하고 있으며, 진중 乙목인 편관 또한 무진-백호살에 있으며 진술충으로 술중 辛금과 을신충하고 일지와는 축진파살이 되어 辛금-칼날에 베인 乙목 화초가 어찌 생명을 부지할 수 있으랴.
신왕한 己토 일주가 월주에 겁재를 놓아 부모형제 운이 불리
하며 부친연이 박하다.

45.
甲庚甲癸　남 +2
申戌寅巳

재다신약으로 토금과 丙화는 길하고 수목은 흉하다.
본명은 庚금이 인월에 태어나 편재격으로 재다신약이다. 더우
기 지지에 인사신 삼형을 갖추어 염려된다. 재성인 목이 지나
치게 강해 일간 庚금이 버티기 어려운 구조이다.
庚금은 甲목에 대하여 결실을 의미하니 丙화로 오곡백과를 익
히고 戌토로 도우면 길명이 된다. 그러나 본명은 甲목을 좌우
로 끼고 갑경충으로 양충을 하니 庚금이 버티기 어렵다.
지지의 구성 또한 庚금을 받쳐주는 申巳가 삼형살로 구성되어
일지 술중 辛금에만 의지하니 고통스럽다.

이 사주의 특성은 부모형제궁인 월에 편재가 기신이면 부모덕
이 없다. 재다신약인 사주에 월에 편재가 있고 초년대운이 나
쁘면 조실부모하고 남의 손에 자라게 된다. 또한 사주에 甲목
이 지나치게 강하여 정신질환이 염려된다. 乙목은 간이며 甲
목은 머리에 해당하고 신경을 관장하니 정신으로 본다.
이 사람은 인사신 삼형을 구비하여 亥수가 들어오면 인신사해
4충이 구비되어 亥수가 길신이면 무난하나 기신일 때는 큰
화를 당한다.
이 명조도 신해대운인 해대운 계해년에 들어서자 신약에 식상

인 癸亥수가 기신이고 인해합목하여 병신인 목을 생하니 대흉하여 부부싸움 끝에 목매 자살했다.

46.
戊辛己己　남 +5
戌未巳巳

辛금이 巳화월에 태어나 실령했으나 5토의 생조를 받아 태왕한 사주이다. 본명은 토가 강해 辛금이 매몰될 지경이라 토가 병이니 甲목이 필요하며 辛금은 보석이라 세척하는 壬수를 필요로 한다. 그러나 수와 목이 없으니 탁한 사주가 된다. 따라서 수목은 길하고 토는 흉하다.

미중 乙목을 소토하는 용신으로 삼지만 투출이 없고 술미형하여 술중 辛금과 을신충하니 용신이 무력하다. 토-인수가 혼잡하여 중중하고 술미로 형살을 놓아 두 분의 모친을 모신다. 일지 미중 乙목이 편재로 부친성인데 巳巳중 庚금과 을경합으로 쟁합하는 형상이라 부친이 두 부인을 얻는다.

본명도 일지와 월지가 격각으로 부모궁과 어긋나며 공협된 午화는 巳화가 있어 탁기로 작용하며, 아신에 관성인 미중 丁화가 있고 재성인 乙목이 있는데, 巳화가 사미방합으로 아신에 합해 오니 혼전 임신에 총각 득자이며 배다른 자식이 있다. 즉 재가의 명으로 부부궁이 불길하며 일시지 술미형에 자식궁이 공망이고 戌토 인성이 공망이니 모친과 자식연이 불미하다.

47.

庚癸壬丙　남 +4 신진수국
申卯辰申

본명은 癸수가 진월에 태어나 癸수는 맑은 계곡의 물이고 진
월의 癸수는 봄에 내리는 이슬비가 된다. 그러므로 인정이 많
고 깨끗한 것을 좋아한다. 신강사주에 화토금은 길하고 수목
운은 흉하다.

癸수는 본질이 신약하여 신왕함을 기뻐하나 너무 왕하면 차가
워 초목을 키울 수 없다. 본명은 실령했으나 금수가 왕하여
癸수가 신왕하다.

癸수는 변화하고 적응을 잘하지만 사주구성으로 보아 일지에
卯목 식신과 문창을 놓아 총명하고 부지런히 활동하여 먹고
살 팔자이다.

재물은 년간의 丙화 정재가 병신-병지에 앉고 임병충을 당하
니 파재의 손실을 겪는다.

배우자궁에 용신인 卯목이 앉아 현숙한 아내를 얻지만 배우자
궁이 을경합극을 당해 불안하고 丙화인 정재 처성이 너무 멀
리 있어 무정하며 임병충을 당해 무력하니 도움은 되나 천간
은 마음이라 정이 없다.

또한 일지에 인종하면 병묘-목욕도화를 놓아 부부궁이 천방지
축이며, 丙화가 무근하고 일지 묘중 乙목과 신중 庚금이 을경
합으로 일지가 탁하므로 작첩할 수 있다. 왜냐하면 년월지 신
진합수로 壬수가 투하여 년간의 丙화를 쟁재하기 때문이다.

중년 병신30대운에 들어 비겁인 壬수와 병임충하여 재물이
파극되니 손재수가 있다. 申대운에는 지살역마라 바쁘게 활동

하고 움직이나 소득이 없는데 금-기신운이기 때문이다.

정유40대운에 회사를 나와 독립하는 것은 좋지 않다. 정계충하고 묘유충하니 하늘이 무너지고 땅이 꺼진다. 일주와 천극지충이라 배우자와 인연문제도 발생한다. 묘유도화가 충하니 주색문제로 머리가 아프다.

정유운 정해년 초에 정계충하니 재성인 丁화 희신이 일간과 충거되과 정임합거로 불리하나 후반부인 亥세운에는 해묘합목되어 활발한 활동은 한다.

庚癸壬丙　남
申卯辰申

정유운 무자년은 무계합으로 일간이 묶여 활동이 정지되고 子수가 신자진 수국의 기신운으로 흘러 불리하다. 특히 丙화 재성이 왕수에 극을 당해 죽을 지경이니 돈도 힘들지만 부인의 마음고생이 대단하겠다. 기축년은 흐르는 물을 제방으로 쌓아 놓은 형국이라 그나마 안정이 된다.

무술50대운은 흙으로 제방을 튼튼하게 쌓아 올리니 공든 탑이 무너지지 않으므로 만사형통한다.

48.
辛亥 庚戌 己酉 戊申 丁未 丙午 乙巳
壬丙壬壬　여　+1 조후용
辰午子辰

본명은 병오일주가 수국인 관살이 태강하다. 丙화일주가 수왕하면 칠살의 영향으로 부부불목하여 이별하게 된다. 특히 자오충하고 간여지동하며 수-관은 남자이니 주위가 남자로 둘러

싸여 있다. 수기운이 강하면 화가 약해지니 심장 신장 등이 약해 잘 놀래며 신장이나 방광도 약해질 수 있다. 신약사주로 목화는 길하고 수금은 흉하다.

직업은 관성이 강해 직장생활이 좋고 식상이 강하니 교편을 잡고 가르치는 직업이 좋아 현재 교사이다. 戊토운에 제수하는 약신을 만나고 화운을 향하니 대운이 길하다.

부부운은 양팔통으로 일지에 양인이며 용신이 들어 부부궁은 길하나 일지 양인에 자오충이니 주말부부가 좋다. 여명에 辰토인 관고를 두 개나 지녔으니 재혼할 수 있다. 그러나 남편 덕을 기대하기란 어렵다.

壬丙壬壬　여
辰午子辰

시지 자식궁과는 격각으로 어긋하며 식상인 辰토는 습토라 오히려 병인 왕수를 돕게 되니 자식덕이 없고 본명도 巳화인 비겁을 공협하여 배다른 형제가 있다. 월주와 임자 병오의 양인끼리 천극지충으로 부모덕은 전혀 기대할 수 없다.

46세 병오대운부터 화가 강해지는 운으로 수가 말라버리는 형상이라 형편도 좋아지며 부부가 화합된다. 그러나 편관이 강하면 단명 불구 고질병에 시달린다.

49.
戊辛辛辛　남 +5 금목상전 통관-水길
戌酉卯卯

본명은 신유일주가 卯월에 태어나 사주구성이 묘하게 되어있다. 신묘가 년월에 있고 辛酉 일주가 되며 무술시주가 일주를

토생금하고 있어 금목이 천간지지로 상전하는 격으로 탁하고
불길한 구성이며 외롭고 고독한 명조이다.

금과 목을 통관하는 수운이 길하며 금운과 목운은 상전상극이
일어나니 불길하다. 대운의 흐름을 보면 경인기축무자정해병
술운을 지나니 원국이 불량하여 힘들어도 무난한 대운의 흐름
이다. 그러나 을유-갑신은 금목상전이 발생하니 곤고하며 편
고한 사주라 명을 이어가기도 힘들 것이다.

戊辛辛辛　남

戊酉卯卯

년월을 살피면 辛금이 卯목을 위에서 찍어 누르는 형상이니
卯목은 왕금에 의해 상한 목이 되었으며, 또한 일지에 酉금이
卯목 재성을 묘유충하니 쟁재의 현상으로 卯목은 크게 상하여
손상되었고, 배우자궁의 酉금과 배우자성인 卯목이 상충하고
또한 묘유가 도화성이니 남명에서 재성-도화를 상충하면 부부
이별한다.

辛금은 보석이라 신사숙녀 타입이나 내면적으로는 온순 집착
책임감이 투철하다. 그러나 차갑고 냉정한 성품이며 辛금은
보석이라 밖에 나가 丙화로써 빛을 쪼여 따뜻하게 하고 깨끗
한 壬수의 물로 닦아야 하니 壬수가 필요하다. 또한 辛금은
토에 매금되는 것을 싫어하는데 편고되면 까다롭고 변덕스러
우며 불평불만이 많다.

59세 을유운 기축년에 대세운 유축합이고 일지 부부궁에 세
운지 丑토와 유축합이 되어 인연이 맺어져 60세 경인년에 좋
은 화합이 이루어진다.

50.
丙乙己庚　남 +5.5
子卯卯寅

월지 건록으로 신왕하니 화토금은 길하고 수목은 흉하다.
乙목이 묘월에 태어나 신강하다. 또한 乙목은 봄의 화초인데
시간의 丙화를 보니 꽃을 피우는 격이라 시지의 子수가 수분
을 공급하니 사주구성이 길하다. 시간의 丙화를 용신하며 따
라서 화토는 길하고 수목은 흉하다.
지지에는 자묘로 도화가 형살이 되고 일지 기신이고 월간의
재성이 무근하고 목의 극을 당하니 처자궁이 불미하다. 특히
자묘나 묘유 등으로 도화왕지가 형충되면 배우자와 이별 등의
불운이 찾아온다.
부모와의 인연은 월지 비견으로 부친덕이 없으며 년월지에 비
겁이 있다는 것은 유년시부터 스스로 독립해서 살아야 하니
부모형제의 인연도 적다. 부친의 자리인 월지가 좌우로 비겁
이니 무력하여 부친덕을 기대하기 어렵다.

배우자는 근토 재성이 살지에 앉아 극을 당하니 힘이 없고 일
시지가 자묘형으로 배우자와 헤어지는 명이다.
재물은 재성은 약하지만 식상인 丙화가 공망지에 앉았으나 식
상 용신이며 식상생재로 흘러가니 의식주 해결은 걱정 없다.
그러나 재성이 무근하여 무력하여 비겁에 의해 겁탈되니 재물
은 낭비와 소비심리가 강해 주머니에 남아나지 않는다.
비겁이 중중하여 직장 생활보다는 자영업에 종사하거나 丙화
는 식상으로 언변이며 자묘도화가 강하니 인기를 먹고 사는
일에 종사하면 길하다.

본명은 유흥가에 출입하는 삼류 가수이며 임오계미대운은 丙화 용신의 근지가 되니 가수로서는 황금기이다. 그러나 을유대운에는 배우자궁과 묘유충이 되니 불길하다.

비겁연좌로 배다른 형제가 있으며 월지 묘도화로 모친재취이다. 시지 子수가 공망이며 자묘형이니 자식궁과 인연이 멀어 자식과는 떨어져 살거나 남식은 없고 인성인 子수가 공망이니 모친과도 연이 박하다.

51.
庚甲己甲　남 +1
午申巳申

甲목이 여름인 사월에 태어나 실령하고 주중에 수가 없어 신약한 사주이다. 따라서 지지에 巳午화가 강하니 매우 덥게 느껴진다. 신중 壬수가 있으나 사신형으로 병임충하니 흔들림이 있어 불안하다.

월주에서 한 개의 己토와 巳화가 갑기합과 사신합으로 쟁투합이 되어 합이 이루어지지 않으며 己토인 편재의 부친성은 양 甲목과 쟁합하니 양쪽 집안에 자식을 둔 형상으로 부친덕이 없다. 사신의 양합형은 신중 壬수가 모친성이며 丙화는 부친성인데 양 壬수에게 극을 당하니 부친성이 여성편력으로 곤경을 치루는 형상이다.

본명의 여식은 신중 庚금인데 남편성인 丙화를 두고 양 庚금이 달라붙어 있으니 여식의 부부궁이 불길하며, 남식인 사중 庚금은 신중 壬수인 식상이 장모인데 양쪽으로 장모를 본다는 것은 부부궁이 변한다는 것이다.

또한 조부는 신중 壬수인 편인이며 조모는 식상인 사중 丙화인데 조모가 양 조부를 거느리고, 다시 신중 壬수인 조부는 오중 丁화와 정임합이니 조부모때부터 부부궁의 불길한 것이 유전으로 흘러온 형상이다.

庚甲己甲   남
午申巳申

본명은 시지 공망이고 갑오-사지가 되니 남식보다는 여식과 인연이 있고 일시지 未토가 공협인데 천을귀인이며 전실되지 않았으니 처덕이 있다.

20대부터 금수의 길한 대운을 만나 임신20대운에는 관인상생으로 직장에서 승승장구하고 을해50대운까지도 신약한 일간을 돕고 亥수는 인성으로 관인상생이니 대기업의 임원으로 근무하였다. 그러나 병자대운에 들어서면 기신인 丙화가 투하여 불길하나 子수가 신자합수로 관인상생이 이어지니 길한 대운이다.

본명은 신약하나 경신금인 관성이 유력하며 시간의 칠살인 庚금은 시지 午화의 제극을 받아 다듬어지니 직장운이 길한 사주이다. 초년인 경오신미운은 기신운으로 강한 칠살이 신약한 일간을 공격하니 고생하였을 것이다.

임신대운부터 신유술 서방금운으로 흘러 길한 것은 천간에 壬癸수가 있어 관인상생이며, 신중 壬수인 용신을 생하기 때문이다. 부부금슬도 좋은데 일지에 申금이 비록 편관이나 壬수-용신이 암장되어 있고, 칠살인 일지 申금이 일간을 극하지 못하도록 시지 午화가 화극금하며, 월지 巳화도 화극금과 사신합형이므로 일간이 칠살의 극을 받지 않고 공협된 천을귀인으로 인해 좋은 배우자를 만나고 대운이 길하여 덕을 본 것이다.

52.
丙乙癸丁　여 +6.5 곡직격
子卯卯卯

화초인 乙목이 묘월에 태어나 지지가 수목으로 구성되어 곡직격이며 수목은 길하고 토금은 흉하다. 주중에 목을 역세하는 토금이 없어 청수하며 자묘도화가 있으니 미인일 것이다.
수목으로 곡직격이 되면 화가 나타나지 않아야 길명인데 년월간에 수화가 함께 나타나 불리하다.
그러나 시간의 丙화는 무근으로 살지에 앉았고 월상의 癸수가 극하니 식상인 丙丁화가 허명무실하여, 마치 화초가 꽃을 피우지 못한 격으로 실속이 없고 매사 이루어지는 일이 없다.
곡직격은 목일간이 인묘진월에 태어나 지지에 목국이 이루어져야 한다. 또한 목을 극하는 금을 보면 금극목하니 파격이다. 그러나 화가 있어 금을 제하면 가격이 이루어진다.
곡직격에는 인성인 수가 투출함이 길한데 甲乙목은 수기가 있어야 생장되기 때문에 곡직인수격이라고도 한다. 곡직인수격의 성품은 인정이 많고 학문을 즐기는 사람이다.

본명의 병오20대운은 강한 화기운이 들어와 수의 극을 받으니 하는 일 없이 실속 없으며 재산을 소비하며 살아간다. 정미30대운은 여름의 끝이나 그래도 화가 강하니 혼란스럽지만 未토가 묘미로 합하여 전열을 정비하니 결혼도 하고 자식도 출산하면서 희망이 보이는 대운이다.

무신40대운은 토금이 기신으로 불길하며 무계합, 신자합되어 묶이는 형상이라 매사 장애와 막힘이 많다.

기유50대운은 기신이며 묘유가 충하니 자묘형까지 동하여 酉 금 관성인 배우자와 시지 자녀궁이 흔들리고 일지 卯목이 흔들리니 본인도 질병에 시달리게 된다.

丙乙癸丁　여
子卯卯卯

경술대운도 역시 기신운이라 을경이 합되어 금이 토의 생까지 받아 강하다. 강한 금이 왕목과 서로 싸우니 불길함이 눈에 보인다.

본명은 67세인 경술운 계유년에 사망하였다. 계유년은 왕목을 충하니 왕신격노로 대흉한 세운이며 대운도 기신운이라 생명도 위험한 세운이다. 일간과 용신인 乙목은 戌토에 입묘되는데 대운지 戌토에 을술-입묘되며, 세운지 酉금은 을유-절지로 불길하다.

종명은 일간과 용신의 기운이 끊어지고 생명력인 인성이나 활동력인 식상의 기가 사묘절로 단절되어야 한다. 인성인 癸수는 酉금이 왕목과 충하느라 부서졌고 계유-병지에 들어 병들며 식상인 丙화는 병유-사지에 들어 활동력이 멈춘 현상이라 종명이다.

본명은 곡직격이 수화를 천간에서 함께 보아 수의 극을 직접 당하고, 수목의 길운을 만나지 못했으며 화금인 기신으로 흘러 삶의 기복이 심하다.

53.
辛丁丁辛　남 +2 종재격
丑酉酉巳

사유축금국을 이루고 년시간에 辛금이 투출되어 금의 기운이
왕하여 丁화가 종하지 않을 수 없다. 그러므로 금-종재격이
되어 용신은 금이고 희신은 토가 되며 기신은 화가 된다.
금을 따르는 토금을 보면 길하고 목화를 보면 흉하다. 만일
본명이 원국에 금을 역세하지 않고 생하는 토나 설기하는 수
가 있었다면 화운을 만날 때 토가 통기시키고 수가 있으면 화
를 억제할 수 있으니 더욱 귀명이 되었을 것이다. 또한 월간
의 丁화가 있으나 무근하여 종재하니 가종재격이다. 비겁인
丁화가 기신이니 형제운은 불길하다.

년지 巳화는 대세를 따라 사유축 금국으로 화했으나 대운세운
등 행운에서 화기가 강해지면 巳화는 변심하여 본성인 화로
변하여 기신으로 작용하기 때문에 종격의 파격이 되니 때로는
고통과 분란 등의 곤고함이 따른다.
*종재격의 조건: 월지 포함한 재성 오행이 3개 이상 있어야
하고 삼합방합으로 강하게 이루어야 하며, 성격은 경제수완이
탁월하며 처를 사랑하고 재성운에 대발하며 성공한다.

본명의 을미10대운은 기신운으로 乙목이 辛금과 충하고 축미
충으로 사유축 금국이 흔들려 혼란이 가중된다. 세운에서 卯
목과 午화를 만나면 묘유충과 巳午화가 합세하여 화세가 강해
지고 월간 丁화의 뿌리가 되어 화극금하므로 더욱 흉하게 된
다.

辛丁丁辛　남
丑酉酉巳

계사30대운은 화기가 약해지는 운으로 발전이 있다. 巳화는
대운간에서 수극화로 극하니 힘이 없고, 癸수가 월간 丁화를
정계충하며 巳화는 사유축합으로 금국에 합류할 의사도 있어
용신인 금이 힘을 얻으니 길운이 된다.
임진40대운은 습토의 기운이 강해 토생금으로 양금하고 巳화
를 화생토 토생금으로 통기시켜주고 壬수가 기신인 丁화를 합
거하니 길운이 된다.
신묘50대운은 묘유충하는 운이라 삼합한 금기가 약해지고, 묘
목은 화를 생하여 화의 기운이 강해지면 화와 금이 싸우는 형
국이라 건강도 약화되는 등 일신에 큰 변화가 이루어진다.
경인60대운도 역시 庚금이 寅목의 절지로 무력하며 寅목이
丁화의 뿌리가 되고 목생화로 巳화를 도우니 불길한 대운이
다.

54.
戊辛己庚　여 +6.5
戌卯丑申

辛금이 겨울인 축월에 태어나 화가 없으므로 한습한 사주이
다. 그러나 일시에서 묘술이 합되어 화의 기운이 생겨나 길하
나 辛금은 토의 매금을 극도로 싫어하는데 토가 중중하나 소
토하는 甲목을 보지 못해 격이 탁하다.
辛금일간은 깔끔한 모양새로 분명하고 정확한 것을 좋아한다.
신사숙녀의 타입이나 내면적으로는 온순 겸손 책임감이 투철
하나 차갑고 냉정하며, 신묘일주는 일주에서 금목이 상전하니

부부불화 이별 등도 내포되어 있다. 일주에서 수화가 동주하여 전극이 되거나, 금목이 동주하여 전극되면 부부궁이 불미하다.

戊辛己庚　여
戌卯丑申

신묘일주가 월간에 인성을 만나 인정 있고 포근한 면도 있으나 辛금의 정확성과 세련되고 강인한 성격의 소유자일 것이다.

주중에 인성인 토가 강해 辛금이 흙에 파묻힐까 염려된다. 그러나 년에 경신이 있어 토세를 흐트리니 다행이다.

일주 신묘가 금목이 상전하여 卯목이 상할까 걱정이다. 이렇게 배우자궁에서 금목이 상전하고 묘술합으로 변해 약하면 궁합을 잘 맞추어 결혼해야 한다.

물론 궁합을 맞춘다고 해서 재혼의 명이 바뀌는 것은 아니나 궁합이 맞으면 헤어질 때 헤어지더라도 헤어져서도 좋은 관계를 유지할 수 있다. 그러나 본인의 부부궁은 불길한데 상대는 부부궁이 매우 길하면 이루어지지 않는다.

또한 대운도 살펴야 하는데 한 사람은 대운이 길하고 한 사람은 대운이 흉하고 불길하게 흐르면 그 역시 맺어지지 못한다.

그러므로 궁합을 보는 것은 무작정 사주와 대운이 좋은 상대방을 찾는 것이 아니라 그 사람과 적당하고 비슷한 연분을 찾아 짝을 맺어주는 것이다.

여명에서 관인상생이 잘 되면 남편의 사랑이 본인에게 흘러 들어오며 일지에 인수가 있다면 기신이라도 남자의 사랑을 받게 되는데 여명에게 인수는 남자의 생식기에 해당된다. 따라

서 인수가 중중하면 남자의 인연도 분산되며 관성이 설기되니
부부연이 약한 것이다.

또한 남명은 식상생제가 잘 되어 있으면 부인의 돕는 마음이
기특한 것이다. 그러나 재성이 너무 많으면 이 여자 저 여자
가리지 않고 잘해주니 가정에 분란이 생기게 된다. 그러므로
신약하여 관인상생이 잘 되고 용신인 여명과 신왕하고 식상생
재가 잘 된 남명과의 궁합은 기막힌 연분이라 할 것이다.

궁합남의 사주로는 다음과 같다.

55. 궁합남

己丁甲戊 남   戊辛己庚 여
酉未寅午   戌卯丑申

정해일주가 갑인월에 태어나 인수격으로 인정 있고 선비적인
스타일이나 정미일주는 양인이라 성격이 조급하여 불과 같고
고집스러움이 있다. 월에 인수격이라 학문이나 언론으로 먹고
살 팔자이며, 寅목인 인수가 인오로 화국을 지으니 인수인 부
모가 변해 조실부모하거나 기신으로 변하니 부모덕이 적은 편
이다.

본명은 신강사주로 목화를 보면 흉하고 토금수는 길하다. 대
운의 흐름은 초년 목화운으로 고생이 많았으나 중년 이후는
금수를 향하니 매우 길하다.

배우자성인 재성은 시지의 酉금을 식상인 己未토로 생하는 식
상생재의 형국이라 대단히 튼튼하고 배우자궁인 일지의 未토
는 길신이라 배우자 인연도 길하다. 다만 관성인 수가 없어
직장운이 약해 흠이나 수의 근원인 금이 토의 생조로 강하므

로 자영업이 길하니 큰 문제는 없다.

둘이 성사될는지는 모르나 일지 묘미합이나 서로 일지를 공망시키고 있다. 좋다가도 때로는 서로 소닭보듯 외면하기도 한다는 의미이다.

己丁甲戊 남   戊辛己庚 여
酉未寅午   戌卯丑申

남녀가 일지 식신과 편재로 식상생재를 이루니 길하고 남명은 금이 필요한데 여명이 갖고 있고 여명은 소토하는 목이 필요한데 남명이 지녔으며 여명에서 천을귀인을 남자가 인오가 전부 있으니 우선 여명의 마음이 이 남자를 보면 좋다고 동하게 된다.

남녀가 일지에 길신이 들어 부부궁이 서로 길하며 여명은 인성이 많아 이기심이 강한 반면에 남명은 식상이 발달하여 베풂에 인색하지 않으니 거의 팔십프로 이상 잘 맞는 배합이다. 여자는 원래 욕심이 많아야 살림을 잘하니 흠이 되지 않는다. 일지에 소토하는 목 용신이 있으니 스스로 절제도 가능하므로 결혼하면 형편이 매우 좋아질 것이다.

실례2.

丙丙壬戊 남   戊辛己庚 여
申寅戌午   戌卯丑申

丙화일간이 지지에 강한 화국을 이루고 종왕격이 된다. 그러나 주중에 수인 관성이 있으면 파격이나 다시 수를 극하는 토를 보면 파격에서 가종격을 이루게 된다. 따라서 목화를 보면 길하고 토금수는 흉하다. 대운으로 인묘진사오미로 흘러 평생 길명이지만 종격은 대부분 가정적이지 못하니 남편감으로는 좋지 않다.

또한 시지의 재성인 申금을 인신충하니 군비쟁재로 부인을 극하며 기를 펴지 못하게 한다. 이런 남자와 살면 여자가 숨이 막힌다.

丙丙壬戊　남　　戊辛己庚　여
申寅戌午　　　　戊卯丑申

일간은 병신합이고 남명 일지에 천을귀인이니 역시 여자도 마음이 동하지만 여명에 토가 병인데 화가 많은 남자는 토를 생하니 병이 깊어진다. 그리고 일지와 월지는 서로 형충을 받지 말아야 하는데, 축술형이니 불미하다. 여명에게 필요한 것은 甲목인데 남명이 일지 인중 甲목이 있으나 인오술화국으로 변하니 무용지물이다.

첫눈에는 일간의 병신합이고 일지 천을귀인이며 인중 甲목이 있어 눈에 들지만, 시간이 조금 지나면서 남명과는 월지의 축술형과 비겁인 화가 강하면 급하고 고집과 주체성이 강한 남자의 일면이 드러나고, 식상이 부족하여 여자의 이기심과 욕심을 배려하지 못하고, 화극금으로 재성을 억누르는 권위와 고압적인 태도에 멀어질 것이다. 즉 서로는 맞지 않는 짝인 것이다.

56.
辛丁辛壬　남 +2 해묘합 인해합
亥卯亥寅

丁화가 亥월에 태어나 실령했으나 인해 해묘로 목국을 이루어 인성의 목왕한 사주이다. 丁화는 목왕하면 목다화식으로 불이 꺼지니 庚금으로 쪼개야 하는데, 辛금은 있으나 역량이 부족하여 불미하다. 그러므로 약신인 금운과 돕는 토를 기뻐한다. 월시간에 辛금 편재를 끼고 있으니 나무 그늘에서 여자인 辛금을 끼고 풍류를 즐기는 격이라 춤선생이다. 또한 배우자궁인 일지 卯목이 도화이며 해묘로 투합을 하니 배우자가 바람이 나서 도망가거나 이별을 했다.

辛丁辛壬 남
亥卯亥寅

재성인 신해-목욕에 공망이니 기가 탁한데, 월주는 부모형제궁이며 시주는 자식궁이라 부모와 자식궁에 공망이 들고 목욕살이니 불미하다. 인묘로 인성혼잡이고 기신이며 아신에서 해중 甲목과 인묘로 甲乙목이 모여드니 인성이 중중하여 모친연이 박하며 부친의 여자 관계가 혼잡하다.

부친인 辛금 재성도 목욕지에 공망이고 양-투하며 지지로 전부 부인성인 목이니 부친의 여자가 많고, 지지에 亥수-상관목욕을 깔아 화려한 언변으로 여자를 유혹하는 형상이며, 일간과의 인연도 깊지 못하다.

천간의 재성인 辛금은 처로도 보는데 편재로서 일간과는 음양이 불합이고 신해-목욕이며 공망지에 앉아 인연이 길지 못하다. 일지로 인종하면 신묘-절지가 되어 기운이 끊어지니 일지부부궁이 기신이고 도화이며 절지가 되어 불길하다.

46세 병진운 정해년은 해묘가 합으로 묶여 목인 기신으로 변해 흉하였고 47세 무자년은 대세운 자진합수에 원국에 목이 강한데 목을 생하니 불길하며, 상관+편관운에 자묘가 형을 하여 불화 구설이 있으니 신중해야 한다.

辛丁辛壬 남
亥卯亥寅

46세 정해년의 亥수와 일지 卯목이 해묘합이 되니 이성인연
이 있고 7.8월 신유월은 금인 재성의 여자운이고 6월은 未토
월로 묘미합 된다. 9월은 술월이므로 묘술합하여 도화합이니
이성과 인연이 맺어진다.
이 명은 49세 들어 辰土대운에 발전한다. 2008년 무자년은
특히 조심해야 하는데 상관+편관운이 들어오고 자묘가 형살
에 임하면 대부분 여자와의 불륜 등으로 관재가 생긴다.

병진대운중 丙화대운은 재성 辛금과 병신합수하여 수로 변하
니 辛금인 재성 길신이 합거하여 떠나버렸으니 불길하다. 즉
천간의 재성이 합거되어 묶이면 희기신을 불론하고 불길한 면
이 나타난다.
辰土대운은 식신생재로 약신인 金을 돕고 식상운이니 길하다.
丁巳화대운은 금을 극하는 화인 기신운에 관성 亥수가 巳화를
만나 월지 정관인 亥수를 사해충하니 불리하다. 천간 길신인
辛금은 신사-사지이고 정관 壬수는 임사-절지로 길신과 길성
이 사절에 드니 불길한 대운이다.

57.
辛戊癸丁   여 +1
酉寅卯酉

戊土일주가 정관인 묘월에 출생하여 실령하고 寅목을 일지에

놓아 신약한 사주이다. 사주에 합충이 많으면 팔자가 사납고
고달프다. 특히 여명에 상관이 왕하여 정관을 충하니 천박한
팔자이며, 상관에 도화가 동주하면 정부로 인해 고민하는데
묘유가 충하니 卯목정관 도화가 상충하므로 일부종사 하지 못
한다.
관살혼잡에 寅목편관이 일지에 들어와 남편행세를 하는 형국
이라 정부와 도망간다. 편관 寅목이 역마를 놓았으니 정부를
따라 집나가는 것이다.

辛戊癸丁　여
酉寅卯酉

주중에 정계충 묘유충 무계합 등이 많으니 마음이 불안하고
흔들린다. 특히 신약한 戊토 일간이 용신인 丁화 인성을 돌아
보지 못하고 인성을 극하는 정재인 기신 癸수를 합하여 탐재
괴인이 되고 있으니 불량한 구조이다.
재물운은 癸수 정재가 정계충 묘유충하여 불안하고 파괴되어
돈이 부서진다. 일간 戊토의 목욕지인 묘목에 앉아 천방지축
이며 무근하니, 재물은 들어오기 무섭게 낭비와 소비로 빠져
나가니 재물이 남아나지 않는다.

배우자운은 신약에 일지가 편관이니 불길하고 일지에 편관으
로 애인이 앉아있고 卯목 정관은 도화와 상충하니 배우자와
이별이다. 寅목편관은 역마라 정부를 따라 떠나는 형국이다.
부모형제궁은 기신으로 덕이 없으며 용신인 丁화 인수는 酉금
인 부친과 모친의 정계충이고 지지로도 묘유충이니 부모는 함
께 살지 못한다. 월지 도화로 모친재취이니 본명은 재가한 모
친에게 태어났으며 본명도 인묘로 관살연좌니 남편성이 변한

다.

시주에 상관이며 시간에 상관은 나이가 들도록 생활전선에서 달려야 하며 시지 공망이라 자식과는 멀리 떨어져 살거나 남식과는 연이 박하다. 원국에 비겁이 없어 형제간의 도움을 받을 수 없어 부모형제궁이 불길하다.

조부는 년간의 丁화 인성이며 조모는 酉금 상관인데 상관이 중중하니 조부는 많은 조모를 거느린 상으로 부부궁이 불길하므로 유전적으로 부부궁이 불길한 태생이다.

辛戊癸丁   여
酉寅卯酉

정미30대운은 인수용신과 비겁이라 길하며 월간 癸수가 정계충하고 未토가 월지 卯목과 묘미합목하여 기신이 되어 도화와 묶이는 형국이라 월지는 사회궁이므로 좋은 가운데 남자문제로 심신이 불안정하여 불길한 대운이다.

무신40대운은 무계합거로 기신을 합거하니 마음이 편하고 길한 운이나 申금대운은 일지 寅목과 인신충으로 상관이 강해져 극관하니 남편과의 사이가 불안하다.

丁화인성인 정신-목욕이니 여명에 용신은 곧 남편의 상황이라 남편과의 천방지축이 발생하니 애정 문제 등으로 갈등과 불화를 겪는 대운이다.

기유50대운은 상관+겁재운이라 대흉하다. 유유자형 묘유충하니 일신상에 큰 변화가 있다. 정관인 卯목이 강한 3酉금에 상하니 남편에게 흉액이 발생한다.

37세 정미운 계유년에는 대운간과 정계충이고 원국과는 무계합되고 상관인 酉금이 세 개가 모여 월지 관성과 묘유충하니 묘-도화가 충을 받으니 바람이 나고 남편과는 이별한다.

갑술년 38세는 甲목(관성남자운)과 묘술합(정관합)과 일지로
는 인술합 되니 새로운 남자가 들어오는 운이다.

을해년 40세는 해묘합목으로 기신인 관살인 강해지고 자묘형
되니 남편과 남자로 인한 갈등과 불화를 겪는다.

41세 정미운 정축년는 대세운 축미충으로 丁화가 발동하는데
정계충으로 원국의 재성을 부수며, 정축으로 丁화 용신이 정
축-입묘되며, 유축합금이 되면서 상관이 강해져 극관하니 남
편과 직장, 사업 문제 등으로 난관에 봉착하는 힘들고 흉한
세운이다.

58.

壬丁庚丁　　남 +3 인술합 해묘합 묘술합 庚금-用
寅卯戌亥

丁화가 술월에 태어나 상관격이나 일지 卯목과 묘술합이고 해
묘합과 인술합화 되어 목화가 강해 신왕한 사주가 되었다.

丁화는 목이 왕하면 목다화식으로 꺼지게 되니 목이 왕함을
두려워하므로 월간의 庚금이 벌목하는 약신이다.

사주 구성을 살피면 정임합목 인술합과 묘술합화하여 목화의
기운이 강하게 구성되니 약신이며 용신인 월간의 庚금 재성이
양 丁화의 극을 당하며 공망지에 앉고 근지가 약하며 극설이
심해 용신 무력이며 돈과 여자는 인연이 없다.

화인 비겁이 강해져 군겁쟁재하고 재관이 극설 또는 상전하는
사주의 구성이라 삶이 매우 고달프다.

정미20대운에 결혼이 가능한 대운인지 알려면 일간 일지와의 합이 되면 가능하다. 천간에서 시간인 壬수와 정임합하면 원국에서 정임합이니 일간과의 합이 된 셈이며 未토는 묘미합목이니 결혼이 가능한 대운이다.

壬丁庚丁　남
寅卯戌亥

대운말인 29세 을묘년에 여자를 만났는데 대세운 묘미합이고 월지와 묘술합하니 시간의 庚금인 재성까지 합하니 여자를 만나게 된다. 30세 정미운 병진년에 인묘진으로 방합을 이루며 묘술합으로 묶여있던 庚금을 진술충으로 합을 푸니 庚금이 풀려나 결혼이 성사되었다.

그러나 庚금은 주변의 화가 많아 아내의 방탕한 생활로 결국 47세 을사운 계유년에 사유합으로 기신인 상관이 강해지고 일주인 정묘와 정계충 묘유충으로 애정문제가 발단이 되어 갈등과 불화가 발생하였다.

그로부터 3년 후인 병자년에 병경극하고 경자-사지가 되며 일지와 자묘형살로 아내가 가출하여 정부와 도망간다.

그러나 본인도 48세 을사운 갑술년에 대운간 乙목이 월간과 을경합금으로 용신을 합거하여 불길하나, 庚금인 재성은 합거되어 사라져도 을경합금된 금은 남게 되며, 세운지 戌토가 일지 도화와 묘술합되어 유부녀와 인연을 맺은 후 10년이 지난 지금도 인연을 유지하고 있다.

사주에 합이 많으면 줏대가 없어 흔들리고 행운에서 합충의 인연이 맺어지면 길흉사가 발생한다. 丁화는 특히 목이 왕함을 두려워하는데 벌목하는 庚금이 무력하고 대운도 평생 기신인 목화운으로 흘러 힘든 생활을 하게 된다.

59.
丁乙庚己　여 +3
亥亥午亥

乙목이 여름에 태어나 식신격에 己토가 년간에 투출하니 식신
생재격이다. 식신생재를 하려면 乙목이 왕해야 하는데 지지에
亥수가 3개나 있어 수왕하지만 乙목은 화초라 수가 많으면
표류하므로 제수를 해야 한다.
년간의 己토는 습토이고 亥수에 앉아 제수할 역량이 없으니
일간 가까운 丁화를 용신하고 년간의 己토를 희신한다. 그러
나 丁화용신도 亥수에 앉아 극을 당하니 약하고, 배우자궁인
일지에 해해자형이 되며 기신이라 불리하다.

관성인 월간의 庚금은 己토의 생을 받으나 앉은자리가 살지이
며 午화 살지에 경오-목욕지이고 여명에서 관성이 식상에 앉
으면 불행을 예고하듯이 목욕지에 앉음도 불길하다.
그러나 본명은 庚금이 일간과 을경합되어 관성과는 유정하지
만 용신인 丁화를 돌아보지 않으니 무정한 구성이 되었다.

목왕한 대운인 갑술30대운에 乙일간은 甲을 만나 등라계갑에,
戌토가 제수하여 을목의 꽃병이 되니 형편은 좋아지나, 庚금-
관성과의 경갑충이고 오술합으로 화극금하니 庚금은 버티지
못하여 결국 이혼하였다.

60.
丁乙辛辛　남 +3.5 목국 신왕
亥未卯未

乙목이 卯월에 태어나 해묘미합을 이루어 신왕하다. 그러나 왕한 목을 극하는 년월간의 관성인 辛금이 앉은 未토가 해묘미로 합거되니 생조도 없이 무근한 금이 되므로 병이 되었다. 병을 제거하는 丁화가 시간에 멀리 있어 다행이다.
본명의 용신은 오직 병을 제거하고 왕목을 설기하는 약신인 丁화이며, 기신은 금이며 궤신은 금을 돕는 토이다.

만일 辛금의 뿌리가 있었다면 왕목을 제거할 여력이 있으니 丁화가 오히려 병신으로 전락했을 것이나 辛금이 무근무력하니 제거되어야 마땅하다.
기축10대운은 일주와 천극지충하며 병인 금을 생하니 크게 불리한 시기로 흉한 운이며 곤란을 겪게 된다. 건강도 불리하고 비관적인 생각에 모든 것을 포기하는 불행한 운이다.
무자20대운은 토수가 기신운으로 불길하나 子수가 월지 卯목과 자묘형으로 형제궁의 卯목인 비겁과 자묘형살이 되므로 동기간에 문제가 발생한다.
일지인 아신에서 해미합에 묘미합으로 甲乙목이 혼잡으로 모이니 이복형제가 있을 수 있고 음팔통이며 비겁인 목이 강해 부친덕이 없고 인성인 亥수도 해묘합목으로 변하니 부모덕이 박하다.

정해30대운은 丁화가 병인 辛금을 극하고 亥수가 해묘미합목으로 丁화를 도우니 발전의 계기가 된다.

병술40대운은 강한 丙화의 도움으로 화가 유력하여 신금을 합거하며 戌토는 丙丁화의 근이 되니 최고의 길한 시기가 된다.

을유50대운은 신금이 酉금의 뿌리를 얻어 금이 왕한 시기가 되고 목은 약한 계절이라 년월간의 병신인 辛금이 뿌리를 갖게 되니 대흉한데 더우기 월지와는 천극지충이라 酉금이 묘유충하고 乙목이 을신충하니 하늘이 무너지고 땅이 꺼지는 형상이라 이런 운에 대부분 사망하는 경우도 있다.

본명은 금과 목이 상전하는 사주라 삶이 고달프고 힘들다. 대운도 수금 기신운으로 흐르니 불행한 것이다.

61.
丙壬戊癸 남 +1 종재격불가
午寅午卯

壬寅일주가 戊午월에 태어나 정재격인데 옆에 寅목을 보니 식신생재격이다. 인오가 합화되고 시주 병오가 합세하여 화기가 하늘을 찌르는데, 년월간의 무계가 합되니 일간 壬수는 증발하여 수의 성분을 버려야 하는 격이 되었으니 종재격으로 볼 수 있다.

그러나 일지 寅목이 양옆에 午화와 투합이라 합이 되지 않으며 년월간의 무계합도 무임극하여 이루어지지 않으니 년간의 癸수가 일간을 도우니 재다신약명이 되어 금수는 길하고 목화토는 흉한 극설교집의 흉명이 되었다.

정사대운은 기신운으로 丁화가 정임목하여 목기신이 되므로 불길하다.

병진10대운의 辰토는 습토라 화의 기운이 약해져 길할 뻔 했

- 152 -

으나 주중에 인묘와 합해 인묘진방합 목국으로 변하니 인중 丙화가 합세하여 크게 불길하다.

계축40대운은 절정에 달했던 습토인 丑토를 만나 화기가 하락하니 만사형통한다.

임자50대운은 희신운이라 크게 발전한다. 그러나 壬子수가 시주의 병오양인과 천극지충하니 수화의 양인충이라 불길한데 수화상전이 염려된다. 그러나 년지에 습목인 묘목이 있고 동주한 癸수가 비를 뿌려주며 수화를 통관하니 자오충으로 인한 대흉은 일어나지 않는다.

62.

己辛庚戌   남 +6.5 종혁격
亥酉申戌

본명은 토금수로 구성되어 금-종혁격이다. 종혁은 강한 쇠라 충극을 싫어하는데 원국에 화가 있으면 파격이나 수가 있어 화를 제거하면 가종격을 이룬다.

왕신발이란 삼합된 오행을 운에서 충하면 더욱 기승을 부린다. 예로 신유술삼합 금국을 卯목이 묘유충하면 금이 더욱 기승을 부리게 된다.

• 從革격의 용신
종혁격은 庚辛 일주가 가을에 나고 지지에 金局이나 金方을 이루고 관살이 없을 때 성립한다.

종혁격의 용신은 수-식상을 우선적으로 취하고, 토-인성은 식상이 없거나 화-관살을 통관 인화할 때만 용신으로 삼는다. 예를 들면 다음과 같다.

庚庚己壬
辰申酉辰

庚일주가 酉月에 나고 사주에 역세하는 木火가 없으며 지지가
金기로 이루어지니 종혁격이 되었다. 운이 金水로 가면 좋고
木火로 가면 불길하며 특히 火운이 되면 필사할 것이다.
용신을 년간 壬의 식신으로 삼을지 월간 己의 인성으로 삼을
지 분간해야 하는데, 왕金은 水를 만나 그 예리함을 없애야
하는 원칙에 따라 년간 壬水를 용신으로 삼는다. 한 가지 흠
이라면 己土가 壬水 옆에서 壬을 탁하게 하는 것이다. 壬은
戊를 두려워하지 않으나 己를 만나면 작용을 못하기 때문이
다. 그러나 운이 水로 행하니 벼슬을 할 수 있었다.

己辛戊丁   여
丑丑申酉

여자의 사주다. 丁화가 있어도 종혁격을 이룬 이유는 천간의
丁火는 무근이고 인수인 戊가 있어 금을 돕기 때문에 가종혁
격이다. 특히 인수가 일주와 칠살 사이에 있어 칠살로부터 일
주를 보호한 것이 묘한 점이다.
만약 戊가 없었다면 파격이 되므로, 성격시킨 공로를 세운 戊
로써 용신을 삼는다. 水운에 남편과 자손이 영귀하고, 일품부
인이 되었다. 甲寅운에 戊土 용신이 상하니 남편이 죽고 집안
이 몰락했으며, 丙辰운에 관살혼잡이 되고 己未년에 축미충하
여 매금되어 죽으니 나이 83세였다.

63.
庚甲己己   여 +0 조후용
午戌巳未

甲목이 사월에 태어나 식신격이며 사중 庚금이 시간에 투출하
여 식신생재격이나 재성인 토가 강해 재다신약의 명조이다.
특히 여름 巳화월에 물 한 방울 없으니 매우 건조하여 불길하
다. 이런 명조는 물 많은 사람과 만나야 한다. 또한 다행인
것은 대운이 금수로 흘러 길하며 재다신약하니 행운에서 수목
이 오면 만사형통한다.

甲목이 지지에 사오미화국을 이루어 화가 강한데 일지 戌토는
조토라 오술합화하니 불구덩이에 앉은 나무가 되어 매우 고달
프다. 마른 땅에 물이 뿌려져야 나무가 무성하게 성장하는 것
이다. 또한 여름의 甲목은 이미 성목이라 庚금인 도끼를 만나
면 대들보로 다듬어 쓰는 격이라 길하게 된다.

64.
戌丙壬壬   남 +0 조후용
戌戌子子

丙화일주가 자월에 태어나 추우며 년월 壬子가 뿌리를 내려
관성인 살의 세력이 대단하다. 그러나 일간 丙화는 화고인 戌
토에 뿌리를 내렸고, 무술 시주가 통근하여 강하니 강한 壬子
수의 기운을 제어할 수 있어 길명이 되었다.
그러므로 토수가 상전하며 겨울이라 조후하는 화의 기운이 필
요하다. 화가 용신이고 목이 희신이며 토가 수의 기운을 다스

리니 약신이 된다. 목화를 보면 기쁜데 대운이 목화운으로 흘러 길명이 되었다. 을묘운에 벼슬을 했다고 하는데 자세히 살펴본다.

육친관계로는 부모조상궁에 기신이 임하여 덕이 없다. 목-인수가 원국에 없고, 년월주가 칠살인 임자 기신이라 부모형제 조상의 덕이 없다. 또한 시주인 자손궁에서 신약한 일간을 설기하며 무술괴강이라 자식 중 힘든 자식도 있으며 관살이 왕지를 얻으니 크게 되는 자손도 있다.

戊丙壬壬 남
戌戌子子

재물운은 술중 辛금이 있으며 일간의 근지라 유정하여 길하다.

직업운은 관성이 태강하다. 화살하는 목-인수운에 발복하며 관인상생으로 대길해진다.

사회운은 戊토인 식상이 발달하고 약신이 되어 사회활동이 원만하다. 달변가로 식복을 타고나서 장수한다. 식상이 관을 극제할 힘이 있으니 장수할 명으로 본다.

대운풀이로는 계축대운은 수의 기운이 강하고 습토에 동토가되어 고충이 따른 운이다. 행운에서 화를 보면 길하다.

갑인10대운은 수의 기운이 줄어들고 화의 기운이 생하니 점차 생기가 돋는 길운이다.

을묘20대운은 매사가 순조롭고 크게 발전한다. 을묘대운에는 합격 승진 문서들이 들어오니 만사형통한다. 강한 壬수는 묘목에 앉아 임묘-사지가 되고, 수생목 목생화로 화를 생하며 묘술이 합해 화의 기운이 강하니 전체적으로 통기시켜 매우 순조롭다. 인수는 학문성으로 시험합격승진문서 등으로 매사가 형통하게 된다.

병진30대운은 우여곡절은 있으나 丙화가 있어 무난하다. 辰토에 丙화가 올라앉아 습한 기운을 제거하고, 원국에서 진술이 충하면서 토만 남게 되어 수를 극하니 자진수국의 곡절은 있었으나 무사할 운이다.

정사40대운은 강한 화의 기운으로 정임합목하니 무난한 운이다.

65.
丁乙庚壬 여 +1
巳酉戌申

을유일주가 술월에 태어나 지지에 신유술 금국을 형성하고 일시지에 사유합금되어 지지 전국이 금으로 변해 관살혼잡의 사주가 되었다.

일반적으로 관성이 강해 신약한 사주는 인성을 용신으로 관인상생하여 일간을 생조함이 타당하다. 즉 乙목에 금이 강하니 년간의 壬수가 용신이 된다. 그러나 위치가 잘못되어 일간이 庚금에게 합극을 당하고 시상의 丁화가 庚금을 제살하는 식상제살의 구조가 되었다.

그러나 지지에 巳화가 사유축금국으로 변하니 丁화가 무근하여 제살할 역량이 없다. 이렇게 되면 격이 혼잡되어 관인상생격에 식상제살격이 되니 중심이 없고 의지가 약하며 변덕으로 혼란스러우니 격이 낮아진다.

본명은 壬수가 용신이었으나 일간과 멀어 용신의 역할을 제대로 할 수 없어 고통을 받게 된다. 가을의 乙목 일간은 덩쿨식물이니 甲목을 보면 등라계갑을 하여 길하며, 이슬비나 계곡물인 癸수를 좋아한다.

관이 지나친 경우는 지지에 일간의 뿌리가 있어야 좋은데 통근할 뿌리가 전혀 없으니 곤란을 겪는다. 본명은 왕금이 병이라 화살하는 壬수가 장생지에 앉아 용신이나 금이 너무 왕해 탁수가 되었고 정임합하여 용신합거로 불미하고 탁한 구조이다.

금은 신체상 폐이면서 뼈가 된다. 그러므로 뼈에 문제가 있다. 대운도 기신인 금으로 흘러 초년이 매우 안 좋은 상황이다.

丁乙庚壬　여
巳酉戌申

기유0대운은 매우 흉하다. 행운에서 신축이나 을유가 오면 금이 왕해지니 불행하다. 이런 경우 辛금은 일간과 을신충 되어 乙목 나무가 뿌리 채 뽑혀 상하는 격이 되고, 酉금은 유유자형이 되어, 乙목이 강한 편관에 몸이 잘려 나가는 형국이라 불치 불구 신체장애가 발생한다.

본명도 을유년에 뼈마디가 썩어가는 병을 앓고 있다고 한다. 을유년을 넘기기가 매우 어려울 것이다.

무신10대운은 토생금으로 금이 매우 강한 운이라 역시 불행하기 짝이 없다.

본명은 대운이 신유술사오미로 흘러 운로도 돕지 않으니 불길하고 좋지 않다. 금은 기신운이고 화는 기신 금과 상전하는 극설교집의 운이라 신상에 고달픔만 더한다.

본명의 태원궁을 살피면 경술월이니 신축이 태원이다. 일간이 을유라 을신충하니 태어날 때부터 약한 몸이다. 그런데 대운 도 금으로 흐르니 약한 乙목이 어찌 감당하리요,
* 태원이란 잉태될 당시의 상황을 살피는 것이며, 10개월 전 으로 가려면 월간은 한 칸 앞으로 가고 월지는 세 칸을 앞으 로 가면 된다. 즉 월주가 경술월이니 신축월이 잉태된 시점이 되는 것이다.

66.
甲甲辛壬 남 +6.5 신자합
戌子亥辰

갑자일주가 亥월에 태어나 득령득지하였으니 신강하다. 월간 辛금이 관인상생으로 일간을 도우니 길명이다. 다만 초년운이 수목으로 흘러 많은 고통 속에 보냈고, 본명은 억부로 보나 조후로 보나 수목을 보면 흉하고 화토금은 길하다. 그러나 지 지로 오는 금은 수를 생하니 불미하다.

갑인20대운은 신왕에 신왕을 더하니 戌토인 재성을 극하여 가난과 곤고로 불리하다.
을묘30대운도 고통이 매우 심하다. 乙목이 辛금 관성과 을신 충되고 해묘합목하여 비겁이 더욱 왕해지며 子수와 대운 卯목 이 자묘형하니 곤란을 겪는다.

병진40대운은 대길하다. 丙화가 들어오면서 술해 천문성이 있 어 손님이 줄서듯 유명역술인이 되었다. 丙화가 진중 癸수의 기운을 말려주니 조토가 되고, 겨울철 甲목 나무에 丙화의 꽃

이 피니 대길하다.

정사50대운도 만사형통이며 무오60대운은 희신운이나 일지 배우자궁에 子수와 午화가 자오충하니 부부간의 갈등과 본인의 건강문제가 염려된다.

67.
丁己癸辛　여 +3
卯酉巳卯

본명은 己토가 巳화월에 태어나 득령하였으나 실지실세로 신약한 사주이다. 일지 배우자궁이 묘유충하고 卯목 관성이 충되고 공망이며, 년지 卯목 또한 동주한 辛금에 극을 당하고 巳화에 설기되어 힘을 쓸 수가 없어 남편과는 인연이 없다.

자손궁 또한 공망이고 일시가 충하니 불길하며 사유가 합금되니 자손이 변해 없어지는 형국이니 자손과도 인연이 없다. 혹 자손이 있더라도 키우기가 매우 어렵다.

자식성인 식상 금이 신묘-절지로 약한 자리에 앉아있고 묘유가 충하니 상관극관으로 자식과 남편이 충돌하는 형상이라 자녀 도 키우기 어렵다는 것이다. 여명에 음팔통이나 양팔통으로 구성되고 오행이 치우치고 형충이 과다하면 생리사별한다.

여명은 용신이 곧 남편의 상황이니 시간의 丁화가 용신이며 공망지에 앉았고, 정계충을 당하며 년간의 식신을 도식하고 일간과의 앉은 자리는 묘유충이니 무정한 용신이다.

부친은 월간의 癸수이고 모친은 시간의 丁화이다. 정계충이고 앉은 자리 사묘로 격각으로 어긋나며 인성이 巳화-역마에 앉

고 사유합금으로 변하니 부친과 살지 못하고 떠나게 된다. 부
친성은 천을귀인에 앉아 사람은 좋으나 무근하여 무력하니 일
간에게 도움이 되지 못한다.

丁己癸辛　　여
卯酉巳卯

즉 부모형제궁이 불길하며 모친인 인수에게 도움을 받을 뿐
인덕이 없다. 사유합금하여 辛금이 투하니 상관이 강해 재주
는 있으나 사람됨이 반항적이고 야당적인 기질이 농후하니 사
회성이 부족한 일면도 있다고 하겠다.

己토는 여름의 논밭이라 甲乙목의 작물을 키우는 본분인데 묘
목이 공망을 당했고 금의 극충을 당하니 쓸모없는 작물이 되
었다. 운로가 금수로 흐르니 병신인 금이 더욱 강해지며 용신
인 丁화가 수운을 만나 멸절되니 힘든 세월이다.

남편명
임계갑을병정무
진사오미신유술
癸壬己辛　남 +5.5 조후용-무약
卯申亥卯

본명은 월지 亥수인 비견을 놓고 임신일주가 강해보이나 겨울
철 亥수라 조후인 화가 필요한데 장간에도 전무하니 병중무약
인 명이 되었다. 임일에 亥수는 戊토가 없으면 바다로만 흘러
갈 뿐이니 제수가 필요하나, 월간의 己토는 역량이 없고 무근
하여 무력하니 약신도 무력하여 격의 형세가 탁하고 불미하
다.
이처럼 지지에 화가 전무하면 화운을 만나도 붙을 자리가 없

으니 발전이 없게 된다. 그나마 월간에 근토 정관이 있고 인성이 있어 관인상생이니 직장 생활은 유지할 수 있다. 만일 관인의 위치가 바뀌었다면 그마저도 힘들 뻔 했다.

재성인 화가 있어야 하는데 없으니 재성의 덕을 바랄 수 없으니 부친과 부인덕은 기대하기 어렵다. 다만 운에서 오면 만나고 운에서 가면 떠나게 된다. 30~40대는 을미갑오대운으로 화가 오니 부부생활을 유지할 수 있으나 계사대운에 들면 癸수의 극을 당하고 사해충으로 부서지니 부부생활도 끝나게 된다.

癸壬己辛　남
卯申亥卯

일지 배우자궁이 임신으로 위인은 장생지에 앉아 총명하나 신해상천살이고 기신이며 묘신원진에 귀문으로 시지의 묘목은 왕수를 설기할 능력이 없어 왕수가 정체되어 있는 형상이다. 자식성인 월간 근토가 무력하여 약하고 자손궁에는 정관이 앉아야 하는 자리에 卯목 상관인 기신이 앉아 불길하며 일간의 임묘-사지가 된다. 을경합거되어 자식과도 연이 없다.

이러한 구조를 지녔으니 위의 여명과 궁합이 맞아 결혼 생활을 얼마간이나마 이어갈 수 있었을 것이다. 어찌 보면 재물도 없고 여자도 없으며 자식 또한 인연이 없는 사주인지라 입산 수도해야할 팔자이나 월간에 근토 정관이 있어 관인상생이니 신왕무의격이 아니므로 세상을 버릴 팔자는 아니다. 운로도 화운을 만나 밥은 먹고 살 수 있다.

癸壬己辛　남　　丁己癸辛　여
卯申亥卯　　　　卯酉巳卯

둘이 결혼할 수밖에 없고 또한 이혼할 수밖에 없는 원인을 분
석해보면 여명에 일지 배우자궁이 묘유충하니 이혼은 정해진
명이고 남명도 역시 무재성이라 처덕을 기대할 수 없다.
그러나 둘의 사주가 비슷한 점은 용신이 천간에 투출했으나
근지가 없고 생조가 없어 무력하고, 서로의 천을귀인을 가졌
다.
일지끼리는 신유 방합이며 남명은 화가 필요한데 여명이 화를
용신하니 길하고, 여명은 목이 공망되고 부서져 필요한데 남
명에서 해묘합목을 지녀 서로간의 필요조건을 충족하고 있다.

헤어지는 원인은 일간끼리 근토탁임이고 일지 편인과 식신이
니 도식되며 월지가 사해충으로 부서졌으며 둘의 일지가 기신
으로 충과 원진을 맞으니 가정궁이 불미한 것이다.
남명은 비겁이 강한데 억제하는 관성이 미약하니 고집과 자존
심이 강한 반면에 여명은 상관이 강해 남편에게 반발하는 특
성과 억제하는 정도가 심하니 성격상으로 서로가 맞추면서 살
기에는 한계를 넘었을 것이다.

68.
庚壬己乙　남 +2 조후용
子戌丑丑

본명은 壬수 일간이 겨울 丑토월에 태어나 한기가 느껴진다.
지지에 축술 3토가 있고 시지에 子수가 있어 꽁꽁 얼어붙은

- 163 -

동토가 되었으나 간지에 화의 투출이 없으나 술중 丁화가 있어 화기가 없는 것은 아니며 이렇게 되면 일지 부부궁에서 조후를 맞추니 부부연이 길하고 결혼 후부터 발전한다는 의미이다.

일간 壬수가 관살이 중중하나 시간의 庚금이 일간을 생조하며 壬수가 시지의 子수로 근을 두어 길하다. 아무리 좋은 구조라도 일간이 무근하면 그 또한 병이 된다.

庚壬己乙　남
子戌丑丑

년월일시 축술형이 있고 토-관살이 강해 약한 일간을 극하니 불길하나 년간의 乙목이 관살을 억제하여 다듬으니 쓸모가 있게 되어 관인상생격이 되었다. 관살은 식상으로 다듬어야 일간에게 도움이 되기 때문이다.

또한 乙목이 관살을 쓸모 있게 만드니 乙목은 약초이므로 화살하는 금운을 만나 한의사로 명성을 얻어 거부가 되었다.

그러나 행운에서 未토운을 만나면 축술미 삼형이 되어 불길하고, 丑운은 용신인 庚금이 경축-입묘되고 자축합거 되어 일간의 통근처가 사라지니 불길하다.

55세 계미운 기미년에 축술미 삼형이 요동치니 중풍으로 쓰러져 식물인간으로 고생하다가 57세 계미운 신유년 진월에 사망했다.

乙목인 식상의 활동이 辛酉년을 만나 을신충과 을유-절지로 정지되고, 진월에 진술충하여 삼형이 대란을 일으키니 사망할 수밖에 없다.

부인
甲戊戊戊 여 +5.5
寅申午辰

본명은 戊토 일주가 오월생이라 득령하고 년월주가 무진무오로 신강한 사주이다. 배우자궁이 인신충하며 또한 목은 관성인 남편이 되니 남편궁과 남편성이 충하면 배우자인연이 불길하다. 남편은 기미년에 중풍으로 쓰러져 신유년에 사망했다.

본명은 5월 염천에 태어나 비견인 토가 중중하며 시지에 寅목-관성이 공망이고 인신충하며 5월 가뭄에 타죽게 만드는 형국이다. 그러나 신진합수로 수국이 되어 寅목을 자윤하니 그나마 공망이고 충을 맞은 남편이 50 넘게 살 수 있었다.

남편이 중풍으로 쓰러진 원인은 40대운에서 계축 백호가 뜨고 대세운에서 기계극과 축미충으로 계축백호가 발동하며, 기미년의 근토와 시간의 甲목이 갑기합토로 토로 변해 남편 관성이 합거되어 없어지는 형국이다. 또한 세운지 未토는 甲목의 입묘지로써 갑미-입묘되니 남편이 사망한 것이다.

69.
乙丙乙丙 여 +3 조후용 가종격
未戌未戌

본명은 丙화가 未토월에 태어나 매우 조열한 사주이니 무엇보다 수가 필요한 사주이다. 지지 전국이 未戌토로 구성된 점도 특이하나 사주가 모두 백호대살로 이루어졌다. 억부로 보면 신약한 사주이나 종아격으로 볼 수도 있는 명조인데 천간에 토를 극하는 乙목이 있으니 가종아격이 되겠다. 그러므로 본명은 진종이 되지 못하고 가종이며 수가 없어 매우 하격에 속한다.

배우자운은 무관사주로 배우자와 인연이 없다. 한 점의 물도 보이질 않는다. 종격이라도 조후가 불균이면 격이 그만치 낮아진다. 또한 종격이라도 무관사주는 배우자 덕도 없고 결혼해도 이별하니 여명의 종격은 불미한 것이다.

특히 윤하격은 壬癸수가 수를 종하는 격이니 토가 관성인데 수다토류로 남편이 물에 휩쓸려 나가니 부부궁이 불길하여 여명은 윤하격을 기피하게 된다.

乙丙乙丙　여
未戌未戌

본명은 관성인 수운이 와도 토가 막강하여 토극수로 물이 말라 산천초목이 타들어가는 형국이니 배우자가 살아남기 힘드니 초혼에 실패하고 독신으로 사는 명이다.

직업운은 술미형살이니 의사나 간호사 등으로 째고 꿰매는 직업이 길하다. 간호사로 근무하다 현재는 항공사 통역관으로 일하고 있다. 상관은 언변도 해당되니 언론 기자 선생 통역 등이다.

재물은 금-재성이 약하다. 술중 辛금이 토의 생조를 받아 유기하니 돈복은 있다고 본다. 그러나 미중 乙목과 술중 辛금이 을신충하여 매우 불안정하다.

자녀운은 없는데 식상인 자녀성이 술미형살에 걸리고, 자녀궁에 을미백호이며 未토가 공망이니 자녀덕이 없다. 공망된 未토를 형충하면 쉽게 부서지는 까닭이다. 월지 未토가 과숙살이고 조후가 불균하니 과숙작용을 한다.

고신과숙살은 년지나 일지가 방합을 하는 다음 글자에 삼합이며, 신유술 방합 다음에는 해묘미 삼합인데 亥수는 고신이고 未토는 과숙이 된다. 고신은 홀아비살이며 과숙은 과부살이지만 남녀 모두에게 적용이 된다.

그러나 고신과숙이 있다고 전부 홀아비나 과부가 되는 것은 아니고 고신과숙에 걸린 글자가 기신이면 작용한다. 본명은 더운데 未토는 조후를 해결하지 못하는 기신이므로 과숙작용을 하게 되는 것이다.

만일 丑토나 辰토에 과숙이라면 조후를 맞추니 작용을 하지 않는다. 일지에 화개가 들어 사람은 총명하나 부모형제도 없이 홀로 살거니와 과부가 되는 사주이다.

70.
甲丁庚丙   남 +3.5
辰卯子申

본명은 정묘일주가 子월에 태어나 실령하고 한습한 사주이다. 丁화의 불꽃이 꺼질까 염려된다. 더욱이 지지가 신자진 삼합 수 기운이 강해 칠살로 극하여 丁화의 촛불이 꺼질듯 하지만 일지 卯목과 시간 甲목이 생화하여 바람막이가 되니 꺼질 염려는 없을 것이다.

배우자궁에 卯목 인성이 앉아 길하다. 수-관살이 강할 때는 목-인성이 용신인데 인성운이 들어오면 매우 좋아진다. 관인 상생으로 수생목 목생화로 유통이 잘되기 때문이다.

본명도 목-인성이 왕수를 통관시켜 주면 대발하며 크게 발복한다. 시간의 甲목이 용신이고 丁화가 희신이며 금수는 기신이 된다. 대운이 목화운으로 흘러 목화통명하니 노후가 편안해질 명조이다.
초년운은 신축임인대운으로 丁화 일간에 수가 강한데 금운이 오면 나쁘게 작용하므로 부모덕이 없고 고생이 심하다.
13세 대운부터 寅목 대운으로 변하면서 인성은 학문이라 가르치는 직업으로 대성할 운이 온다.
甲丁庚丙　남
辰卯子申

계묘갑진대운은 중년운으로 癸수가 일간을 정계충하며 들어오고 관성인 수기운이 강해 인생의 굴곡이 심한 흉운이다.
甲辰운부터 용신 甲목이 辰土에 뿌리를 박고 들어오니 회복세가 보인다. 중년 후반운인 을사병오 43세 대운부터는 사오미로 흐르니 수의 기운을 억제하여 재기한다.
본명은 관성이 너무 강해 공직에 나갔다면 불행했을 것이다. 공직보다는 인성을 쓰는 학자적 위치를 유지하는 기업가가 직업이며 무자식 상팔자라고 관성이 병이니 자식이 없다.
건강은 좋은 편이나 수 기운이 강해 불길하니 신장 비뇨기 계통이 약하다.

71.
壬丙己癸　남 +1 해미합목-용
辰午未亥

본명은 병오일주가 未토월에 태어나 대단히 조열한 사주이다. 그러므로 사주오행의 억부보다 조후가 우선이라 삼복더위에는 서늘한 금수가 필요하다. 그러나 壬癸수가 투하고 亥수와 辰

토에 통근하여 조후가 이루어지니 조후는 무난하다. 상관격에 관살이 극하니 극설교집이다. 일지 양인에 오미합화로 양양인 격이며 칠살이 첩신하여 양인가살의 귀격이다.

관살혼잡 된 년의 癸수는 월의 己토가 제하고 해미합목하여 칠살만 남으니 맑아졌다.

일간이 신약하여 해미합목한 목을 용신으로 하며 화를 기뻐한다. 인성인 목이 용신이니 공부를 잘했을 것이고 칠살이 丙화를 보광으로 도우니 길명이라 군인 검찰 공직 등으로 출세하나 관인상생이 간지로 떨어져 부족하니 국가의 녹을 먹기는 약하다.

壬丙己癸　남
辰午未亥

월주 상관이 혼잡된 관살을 보고 정관을 제거하는 용도를 지녔으므로 상관의 길함이 드러나 총명준수하며 재주와 언변이 발달하게 된다. 그러나 상관이 재를 보지 못해 상관생재로 흘러나가지 못하므로 사업가는 아니며 본인의 재능을 살리는 쪽으로 직업을 지니게 된다.

본명은 의사 출신으로 대개 사주에 상관이나 칠살이 강하고 양인이나 형이 있으면 의사인 천의성이 있게 됨을 많이 본다. 이 명조의 주인공도 내과전문으로 명성을 떨쳐 부귀한 사람이다.

월간의 己토는 비옥한 땅이라 씨앗만 뿌려놓으면 강렬한 丙午화의 태양의 힘으로 빛을 받고 적당한 壬癸수인 물로 농작을 하여 풍성한 수확을 거둘 수 있는 길명이다. 금인 재가 없어도 식상이 발달하면 얼마든지 돈을 만들 수 있으니 재성이 없으면 원신인 식상을 재물로 보는 것이다.

또한 丙화는 壬수를 기뻐하는데 아주 추운 겨울생만 아니면 丙화는 壬수를 만나야 좋은 격을 이루게 된다. 그리고 壬수인 칠살은 다듬어야 쓸모가 있는데 자좌 辰토에 근을 하고 토극수로 다듬으니 칠살의 용도가 있으므로 귀한 직업을 지니게 된다.

월간의 己토 대신 戊토가 있다면 戊토는 큰 산에 비유되니 더운 여름 산에 심산유곡을 찾아 더위를 식히는 사람들이 산의 고마움을 알고 널리 알려주는 형국으로 입신양명하여 명예를 얻지만 산에서 생성되는 것은 재물로 만들기 어려우니 재물이 적게 된다.

壬丙己癸   남
辰午未亥

배우자궁은 일지 양인으로 여름의 금이라도 불로 녹여야 하니 싫던 좋던 불이 있어야 한다. 불은 금을 녹여 기물로 만들기 때문에 불은 목을 보아야 아주 강하고 뜨거워지는 것이다.
일지 부부궁에 길신이나 양인이니 부부궁은 불리하다고 할 수 있다. 양인은 재성을 겁탈하는 흉성인 까닭이다.

부모궁은 오미합화로 유정하여 길하며 운로도 화목운을 흐르니 일간을 도와 길하며 재성은 전무하나 만일 재성이 투출했으면 수의 원류가 되어 불미하니, 이때는 없는 것이 돕는 것이라 부친과 부인의 덕이 있게 된다.
또한 인성이 해미합목으로 돕고 오미로 일지까지 들어오니 모친과 공부의 덕도 길하다. 수운은 불길한데 60을 넘어야 수운이 드니 운이 도와주는 길명이다.

72.
乙庚庚丁 남 +5.5
酉午戌酉

본명은 庚금일주가 술월에 태어나 양인과 비겁이 강해 신강한 사주이다. 지지가 오술합되어 관성인 화기가 강하므로 직장생활이 좋다.

비겁이 중중하고 관성이 강해 화금이 상전하는 사주이나 년간의 丁화가 庚금을 단련하여 기물을 만드는 명조라 재물운이 길하며 길한 명조이다. 庚금을 단련하는 것은 丁화가 제일인 까닭이다. 丙화는 조후의 용도이기 때문이다.

운로가 금화로 향하니 금운에는 곤고했을 것이나 화운을 만나 발복했을 것이다. 모월간지에 게재된 명조라고 하는데 이 명조에 대해 의견이 분분하다고 한다.

사주 구성이 좋지 않고 삶이 평탄치 않다거나 수를 용신으로 삼아야 한다는 등으로 논하고 있다. 그러나 그것은 庚금을 다루는 丁화의 용도를 모르는 탓에 나타나는 것이다. 만일 수를 용신으로 쓰면 丁화가 부서지니 무엇으로 왕한 금을 다룰 것인가,

또한 토를 통관용신으로 쓰면 화생토 토생금으로 사주가 중화가 되어 길해진다고 하지만 丁화가 설기되어 왕금을 다루지 못하는데 좋을 수 없는 것이다. 본 사주를 양신이 서로 싸운다고만 생각하지 말고 丁화가 庚금을 다루고 있음을 알면 모든 논쟁은 그칠 것이다.

또한 천간에서 군비쟁재가 일어나는 듯 하지만 丁화가 庚금을

억제하니 무탈하다. 그러나 재성인 乙목의 근지가 없으므로 을경합극을 당하니 처의 건강과 질병으로 불리할 것이다.

본명도 왕금에 乙목이 피해를 당하니 음주나 피로에 의한 간담에 이상이 발생할 수 있다.

巳대운은 사유합금하고 을사-목욕이니 힘든 운이다. 거기에 사대운 축세운까지 만나면 축술형하고 사유축금국에 정축-입묘되니 매우 흉한 시기이다.

73.
己辛丙甲   여 +2 조후용
亥亥子辰

본명은 辛금이 子월에 태어나 실령하고 지지 전국이 수국을 이루어 식상이 강한 사주로 신약한 명조이다. 언뜻 보기에는 종아격이 될 것도 같지만 시간의 己토가 있고 丙화가 도우니 파격이라 일반 내격 사주로 본다.

신약사주이나 금수상관격으로 화를 기뻐한다. 금수백청이 되어 피부가 곱고 미인형이다. 그러나 丙화의 뿌리가 없어 화운을 만나지 못하면 쓸모없는 사주로 변하고 만다.

50이 넘어야 화운을 만나니 고난의 세월이다. 그러나 금운은 병신인 수를 생하기도 하지만 일간의 뿌리가 되니 반흉반길이며 申운에는 신자진합수가 되니 매우 불길한 흉운이다.

사주에 냉기가 많아 화로 조후해야 길하지만 지지에 巳화가 오면 사해충이 되니 흉하다.

여명에 식상이 강한 사주는 정조관념이 적고 남편을 낮추보는 경향이 많다. 식상은 베풀어주는 뜻이 되어 남에게 베푸는 직업이 좋다. 선생 변호사 교사 종교인 등으로 활인공덕하며 살아야 한다.

관성 丙화가 약신이고 천간에 나타나고 지지에 근은 없으나 甲목이 도우며 일간과는 병신합이 되어 유정하니 남편의 사랑을 받는다.

자녀궁에 수를 제어하고 일간을 돕는 己토가 있어 자식복도 있다. 그러나 원국에 수가 지나치게 강하여 건강에 관심을 가져야 한다. 특히 亥수가 많으면 자궁의 위험이 있고 수는 신장 방광 비뇨기계통에 유념해야 한다.

己辛丙甲　여
亥亥子辰

을해0대운은 을신충하면서 亥수가 기신이라 공부에는 관심이 없고 식상운이니 멋내고 놀고먹는데 신경 쓰는 시기이다.

43세 신사운 병술년은 병신합이고 丙화 용신을 합거하니 불길한 세운이다.

대운지 巳화도 사해충으로 요동치며 병술년은 세운만으로는 좋지만 대운의 辛금에게 합거되니 불길하다.

세운지 戌토는 진술충하여 丙화의 입묘지로 작용하며 辰토는 일간 辛금을 신진-입묘시키는 해로 불미하다.

이듬해 정해년부터 해자축운이 되면 일간의 근지가 없고 식상이 태왕하여 흉하니 질병으로 인한 곤경에 처하게 된다. 수를 막는 戊토가 없고 己토가 있으나 무력하니 수다금침으로 신장 방광 등에 의한 질병을 조심해야 하며 생명도 위험하다.

74.
己壬己庚　남 +3
酉戌卯子

이 사주는 壬수 일간이 묘월 상관에 태어나 실령하고 실지실
세등으로 신약한 사주이다. 월일지가 묘술합화가 되어 재성이
되었고 술중 丁화인 정재를 갖고 있으면서 일간 壬수와 정임
합 목으로 식상이 강한 사주가 되었다. 신약사주로 금수는 희
용신 토목화는 기신이다.

식상이 발달된 사주는 식복이 있어 일을 많이 해서 재산을 얻
을 수 있는 부자사주이다. 식신이 합이 되면서 재성이 되고
충극이 없으면 부자사주이다.
본명은 오행을 고루 갖추어 부귀 장수할 사주이다. 토 관성이
식신과 합해 재가 되며 오행이 나쁘게 작용하는 것이 없어 부
귀 영달할 운이다.

토가 많아 병이 된다고 생각할 수 있지만 일지 戌토는 묘술합
으로 변했고 월시간의 己토는 토생금 금생수로 지근거리의 금
과 관인상생이 되기 때문에 길명이 된다.
초년 경진-신사운은 금인 길신운이라 유복한 가정에서 태어났
고 부모덕에 잘 자랐으나 놀고먹는 월지 식상과 열심이 돈버
는 巳화 재성이 운에 떠서 공부와는 인연이 없다.
계미30대운은 수용신과 未토-관성이 떠서 하는 일은 잘되나
겁재운이고 未토가 기신이며 己토의 근이 되며 일지 술미형으
로 사업 실패를 경험한다.

- 174 -

신약사주에 이처럼 겁재운과 관성운이 뜨면 길신인 겁재 癸수
가 토극수를 당하니 불길하여 대개 사업실패로 재물을 겁탈당
하는 수가 있다.

己壬己庚　남
酉戌卯子

중년인 갑신을유년에는 식신 甲목과 용신인 申금운이라 왕성
한 사업 활동으로 사업이 발전하는 최고의 운이다.
30대에 손재한 것을 40대 초에 펜션 사업을 하여 성공하므로
부귀 공명한다.
申금용신운에 甲목이 식신운이고 갑기합토로 기신을 합거하니
열심히 활동해 큰 성과를 거두었다.
참고로 己酉 시주가 관인상생이라 길하여 노년은 행복하다고
하고 자녀궁이 길하니 자녀복이 있다. 그러나 戌토 편관이 기
신이라 아들이 있다면 속을 썩일 것이고 己토 딸은 효녀이다.
관인상생으로 본인에게 도움이 되는 까닭이다.

75.
己乙己乙　남 +5.5 삼합목국
卯亥卯未

본명은 을해일주가 묘월 목왕절에 태어나 년지 未토가 있어
해묘미로 삼합 강한 목국을 형성하고 월시간에 편재가 있어
두 집에 갓을 걸어놓은 형상이다. 음팔통인 신강사주로 화토
는 길하고 금수목은 흉하다.
본명은 곡직격으로 보이나 己토가 좌우 월시간에 있어 파격이
므로 신강한 건록격 사주이다. 신강 건록격에는 재관이 용신

- 175 -

이라 화토는 희신이며 금수목은 기신이다.

乙목 좌우에 편재인 己토가 놓여 두 여인을 끼고 즐기는 격이라 일지 亥수 정인은 기신으로 변했으니 배우자 인연이 없고 배우자 궁은 기신이라 불길한데, 己토-편재는 앉은자리에서 목의 강한 극을 받으니 두 여자가 쟁재를 당해 서로 고통을 받는 형상이다.

己乙己乙　남
卯亥卯未

乙목이 왕하니 비겁이 중중하여 고집이 세고 재성을 군비쟁재로 극하니 돈복도 여자복도 없는 사주이다. 그러나 천간에 己토 편재가 좌우에 놓여 여색을 밝히고 첩을 둘 사주이니 배우자는 평생 고통으로 산다.

청년운인 병자-을해운은 丙화가 수의 기운을 말리니 무해하여 편하게 살았으나, 을해운에는 큰 바닷물을 만나고 해해자형으로 크게 불길하다.

연약한 乙목에 큰 바닷물인 亥수가 밀어닥치니 乙목은 부목이 되어 떠다니는 형국이라 방황한다. 본명도 을해 대운에 실업자 신세로 방황하였다.

중년운이 갑술계유대운으로 갑술대운은 재운이 들어와 사업을 시작하여 잘살고 있다. 계유50대운은 불길한데 편인 癸수가 기신운이라 도식하고 酉금 편관이 강한 卯목에 의해 극을 당하니 왕신격노로 삶이 흔들린다. 가정파탄과 사업의 어려움이다.

76.
己丙癸戊　여 +1 오술합
丑午亥戊

본명은 병오일주가 亥월에 태어나 실령하고 식상인 토가 4개
로 강해 신약한 사주이다. 목화는 길하고 수토는 흉하다. 년
월간의 무계가 합하고 축오-원진살이 있으며 무술-기축 식상
이 태과하다. 그러나 소토하는 인수 목이 원국에 없다.
해중 甲목이 있으나 인수가 약하다. 목화를 보면 길하고 토는
병이 된다. 약신은 강한 토를 설기하는 금이다. 원국에 무계
가 있어 관성이 합거되니 결혼이 늦는 경우가 있다.

계해관살이 강해 행운에서 목 인수를 보면 관인상생으로 대길
하다. 여명에 식상이 태과하면 관성을 극하니 삶이 고달프고
헤프다. 식상은 주고 베푸는 의미도 있으므로 활인공덕하며
살아야 한다.
본명은 식상이 강해 남편복이 없다. 토가 수-관성인 남편을
합거하고 극하니 남편이 붙어살 수 없다. 36대운 미대운에 축
술미 삼형이 이루어지고 계미-입묘되니 생리사별의 운이다.
40이 갓 넘어 남편과 이혼하고 독신으로 산다.

본명은 일주가 병오이기 때문에 밝게 살려고 노력할 것이다.
丙화는 빛이고 밝음이다. 46대운부터 무오정사병진 등으로 반
흉반길한 운으로 흐른다. 때로는 고독과 고통이 밀어닥친다.
무오대운은 무계합으로 묶이고 오오자형이 되니 양인의 형살
로 꺼리고, 정사대운은 정계충으로 관성이 충거하니 님이 떠
나는 아픔도 오지만 사해가 충되니 월주의 천극지충으로 시끄

럽기 그지없다.

己丙癸戊　여
丑午亥戌

병진대운은 丙화는 길하나 진술이 충하니 자손근심이 있으며 대체적으로 巳午화국으로 흘러 흉보다 길함이 많으며 외롭지만 행복하게 산다.
여명은 관성의 향방을 살펴야 하는데 본명은 상관이 중중하여 극관하니 제살태과의 명이다. 특히 여명은 제살태과가 되면 불미한데 억제하는 목이 없고 통관하는 금이 없어 탁한 구조가 되었다.
일지의 午화도 토를 생하니 부부궁이 불길하다. 또한 일지에 있는 비겁이 배성과 암합하면 이별인데 일지 오중 丁화가 배성인 해중 壬수와 정임합하고 술중 丁화와도 정임합의 쟁합이니 부부궁은 기가 단절된 것과 같다. 亥수가 고신살에 걸리고 기신이니 고신작용을 한다.

77.
丙甲乙乙　여 +3
寅午酉未

본명은 甲목이 酉월중추에 태어나 실령하였고 일시지 인오가 합화하니 화의 기운이 대단하다. 신약사주이며 수가 용신이고 화토금이 기신이다.
8월 甲목이 시들하나 물 한 방울 없으니 삶이 순탄치 않을 것이다. 그러나 8월 甲목은 많은 물이 필요치는 않다. 왜냐면 성장기의 목이 아니고 이미 성장한 나무이나 물이 전혀 필요치 않은 것은 아니니 습토라도 만나야 한다.

甲목의 주변을 살피면 월지는 酉금이 앉아 정관격이고 일지 상관인 午화와 시지 寅목이 만나 인오합으로 시간의 丙화가 투출하니 화가 태왕하며 년지 未토는 마른 흙이고 년월간의 겁재인 乙목은 甲목을 칭칭 감고 올라가니 일간은 괴롭고 힘든 형국이다. 월지에 정관을 놓았으니 정확한 성격이다.

丙甲乙乙　여
寅午酉未

배우자운은 남편성인 酉금이 기신이라 남편복이 없으며 일지 또한 상관이 자리하며 갑오-사지로 기신이다. 일월지 상관견관이며 정관은 자체의 재성인 乙목을 놓고 있으니 일간과는 무정하다. 그것은 이별수도 있으며 남편으로 인한 마음고생이 많다.

비겁이 중중하여 형제는 많으나 월지 기신으로 부모덕은 없다. 수-인성이 없고 편재인 부친성이 약하다. 부모궁에 기신이 앉아있다.

자녀운은 길하니 시주에 병인을 놓아 자식밖에 몰라 과잉보호가 염려된다. 그래도 시지에 甲목의 록이 있으니 자식덕은 있다.

재물운은 큰 인연이 없다. 토-재성이 약하고 조토라 일간을 돕지 않으니 덕이 없다. 그러나 오중 근토와 갑기합되어 유정하고 갑오-사지가 되니 돈을 보면 아껴 쓰고 헛되이 쓰지 않는 형이라 먹고 사는데 큰 문제는 없다.

초년운인 병술정해는 기신운에 어려워 고생한다. 그러나 亥수 대운에는 가뭄에 물을 만나 좋은 운이다.

무자기축인 청년운에는 기신이라 조금 불리했으나 甲목의 자존심 때문에 참고 버틴다.

경인신묘운에는 庚금운에는 갑경충하여 불안하고 寅목대운에 인오가 합되어 왕성한 활동으로 직장생활도 하면서 삶을 개척한다.

庚금-관성이 떠서 이성과의 인연도 있다. 卯목대운에는 묘유가 충하여 남편과 이별수도 있다.

78.
丙庚壬丁　여 +1
子午寅丑

庚금이 인월에 태어나 인오합으로 화기가 대단하여 초봄이나 춥지 않다. 년월간의 정임합목을 형성하여 합이 많은 사주가 되었다. 합이 많음은 정이 많다하여 주관이 없다고 한다. 신약사주이며 토금은 길하고 수목화는 흉하다.

본명은 丙丁-관살이 혼잡되고 관성이 강해 외롭게 독수공방하기도 하지만 여명에 남자가 사주에 많음은 팔자가 세다고 할 수 있다. 배우자궁에 午화-관성이 도화이며 시지 子수와 충하니 도화가 충하면 님이 떠나는 형상이다. 이별의 아픔도 감수해야 한다.

자손궁에 子수 식상이 있으나 충이 되니 자녀와 인연도 없다. 자오도화에 寅목-역마까지 월지에 놓아 바쁘게 움직이면서 인기를 먹고 살 팔자가 된다. 월지 재성인 寅목이 인오합으로 일지에 들어오니 재물복도 대단히 좋다.

또한 경신금일주는 일지에서 갑기합되면 재인합신으로 모친이 재취로 시집가며, 월지 寅목은 편재로서 인중 甲목이 오중 己

- 180 -

토와 축중근토와도 투합을 하니 부친이 양옆에 여자를 끼고 있는 형상이다.

본명은 관살혼잡한 사주이다. 여명에 관살혼잡은 곧 남편이 많다는 뜻이다. 일주가 경오-목욕으로 부부궁에 목욕과 도화니 불미하고 관성이 도화이며 일지는 아신이니 본명도 색정이 밝다.

丁화-관성은 일찍 정임합으로 변했으니 본 남편과는 이별이 있고, 丙화인 편관이 午화 양인을 놓아 강세지만 자오충으로 화기가 소멸하니 또 떠나는 격이므로 많이 만나고 떠나보내는 형상이다.

丙庚壬丁　여
子午寅丑

또한 庚금은 화기로 단련한 후 수기로 세척해야 비로소 금백수청이라 맑게 되니 사주구성으로 볼 때 관성이 중중하고 일지에 도화 목욕이라 대단히 세련되고 우아한 아름다움을 소유하였을 것이다.

남녀불문하고 상관이 강하면 다재다능한 미남미녀가 많은 법이다. 월지 식신이 재를 생하니 식상생재가 되어 재물을 버는 능력도 탁월하다.

여명에 식상이 자식인데 자오상충하니 자식의 복이 적고 자식과 멀리 떨어져 살았다. 본명은 김지미씨의 사주이다.

79.
乙戊丙丙　남 +2 인술합
卯寅申戌
이 사주는 戊토일간이 申월에 태어나 식신격이며 인신충하니

- 181 -

격이 부서져 불미하다. 신약사주이며 화토는 길하고 금수는
흉하다.

일간 戊토는 월지 식신을 보아 설기되어 무력한데 년월간의
丙화로 생조를 받으며 丙화는 일지 寅목에 장생하고 년지 戌
토에 근을 하니 용신이 왕하며 살인상생의 귀격이다. 그러나
운로가 화토로 향하지 못하고 수금을 향하니 불길하다.

乙戊丙丙 남
卯寅申戌

정유무술대운인 초년운은 화토로 도우니 길하다.

기해경자대운인 청년운에 亥수는 해묘합 인해합목되어 목생화
로 용신을 생하니 길해졌고, 경자대운 중 자대운은 신자합수
되면서 무력해져 곤고의 세월이다.

중년기인 신축임인대운은 辛금대운에 년월간의 용신인 丙화가
묶여 마음고생이 있었으며 축대운은 축술형되어 곤고의 세월
이다.

52세인 임인대운에는 월주인 병신과 천극지충되면서 주중의
기신인 申금을 양 寅목이 인신충하여 충거하며 인술합화로 대
발할 운이다. 57세 임인운 임오년에는 인오로 화국을 놓아 용
신운이니 발전한다.

80.
甲戊癸癸 남 +1
寅午亥卯

신약사주로 화토는 길하고 금수는 흉하다.

戊토가 겨울인 亥월에 태어나 癸수가 투하여 수왕하니 조후가
필요한데, 년월지에 해묘합목되고 인오가 합화되어 동토는 면

했으나 년월간의 癸수가 눈보라 날리는 격으로 불미하다.

주중에 癸수가 양투하니 二天으로 본명이나 형제 중에 재혼의 명이 된다. 시간에 칠살이 甲목이 첩신하여 일간을 극하니 제살이나 화살을 해야하는데 재성인 癸수는 오히려 칠살을 생하니 부친과 부인덕을 기대할 수 없다.

더구나 무계합으로 재성을 탐내고 있으니 용신을 돌아보지 않으므로 무정합이니 주색으로 방탕하거나 결혼이 늦고 재성이 양투하여 이별 재가한다.

甲戊癸癸 남
寅午亥卯

육친관계로는 월주에 기신이 있고 무계가 투합을 하여 부모궁은 불미하므로 음덕은 없다. 재성이 해묘합으로 관살이 되어 일간을 극하니 특히 부친덕이 박하다.

배우자운은 재다신약한 사주로 재성이 태과하고 기신에 임하여 처덕은 없다고 판단한다. 그러나 배우자궁에 용신인 午화가 앉아 인오로 합되어 신약한 일간을 도우니 길하다. 그러므로 해로는 하지만 처성인 월간의 癸수가 칠살을 생해 일간을 극하니 무정한 사이임은 분명하다.

일지에 午화 양인을 놓아 처의 성격이 강강하며 고집센 악처일 것이고, 행운에서 子수를 만나면 불과 물 모두 상처를 입으니 子년을 만날 때 조심해야 한다.

자녀운은 관성 자식성인 목이 시주 자녀궁에 있으나 기신이라 불미하다. 인오가 합되어 본명과 유정하기는 하나 신약에 칠살 기신이라 자식을 키우는데 많은 노력이 필요하니 큰 덕은 기대하지 않는 것이 좋다.

재물운은 재다신약한 사주이고 무계합되어 재물에 대한 집념
은 대단히 강하다. 대운도 중년에 화운을 만나고 월지가 재성
이니 월지는 합이 되어도 특성을 간직하니 재물의 발전이 있
다. 본명은 합다한 사주라 주관이 없어 바람 불면 부는 대로
살아가는 인생이다.

◎ 실전 분석의 묘리

● 1번 사주실례, 남명 출가인
甲戌 乙亥 丙子 丁丑 2
辛 壬 戊 乙   1. 남 +1
丑 寅 寅 未

단명한 사주, 간암으로 40세 甲戌운 甲戌년 丑월 사망
부친과 일찍 헤어지고 모친슬하에서 성장한 원인은 壬수가 인
월 초봄에 태어나 신약하니 시간의 辛금 인수가 용신이며 희
신은 시지의 습토인 丑토이다.
壬癸수는 모친재취가 인축으로 병신-암합이며, 지지에 재성인
丙丁화가 있으나 암장되어 무력하고 년지의 미중 丁화는 정재
로 백호지이며 년주가 을미백호에 기신이라 조상덕은 없으며,
년월의 인미는 귀문원진살이다.

이 사주는 정월에 壬水 일간으로 태어나 寅중 戊土가 투출하
고 당령신이라 편관 칠살격인데 시상에 辛金 정인이 투출하여
관인상생으로 辛금이 丑土에 유근하니 정인 용신으로 대학을
졸업하였다. 그러나 乙亥운에 들어 을신충하고 해묘합목과 인
해합목하여 기신으로 변해 운이 불길하며, 신해-목욕으로 용
신이 천방지축에 들어 건강이 좋지 않았다.
28세 을해운 임술년에 축술미 삼형으로 용신의 근지인 丑중
辛금이 술미중 丁화에게 극파되니 출가한 것이다. 辛金이 불
상이고 丑土가 법당이다.

부모궁: 년월이 조상궁인데 식신 상관이 많아 목극토하여 제

- 185 -

살 태과로 신약에 극설교집으로 불길한 것이며, 재성인 火가
없는데 대운 초기에 재성인 丁火와 丙火가 자축에 앉아 무력
하게 나타나며, 대운 초기에 나타난 기신은 영향력이 크다.
고로 정축대운에 축미충하여 정축-입묘되어 부친이 일찍 사망
하였다.

수일간은 丙辛암합이 재인합신으로 모친재취이며, 월지 망신
살로 모친이 재가하였으니 부친의 정을 받지 못하고 그나마
정인에 의지하기 때문에 모친의 도움으로 학업은 계속하였다.
그러나 亥子丑 북방운에 금-용신이 설기되며 경자-사지에 드
니 건강이 나빠진 것이다. 무조건 초봄 인월생은 추우니 수운
은 불길하다.

甲戌 乙亥 丙子 丁丑 2
辛 壬 戊 乙   1. 남
丑 寅 寅 未

부부궁: 남자사주에 재가 암장되고 혹은 무력한데 을목-식상
이 무토-관성을 극하여 상관극관이 되면 남명도 처와 인연이
없으며, 한습한 사주가 火운을 만나지 못하면 결실이 없으니
生子하기 어려우니, 결혼하지 못하고 고독한 생활을 면하기
어려운 것이다.

남명에 재가 암장되고 무력하거나 식상이 관성을 극하면, 즉
식상제살이나 상관견관 등의 형태를 띠면 신약에 극설교집이
되어 재를 감당하지 못하므로 처와 인연이 없다. 또한 사주가
한습한데 화운을 못 만나면 조후불균으로 남녀공히 고독하다.

직업운: 사주의 격이란 당사자의 정신이며 사상이라 신약에
칠살격이라 高山之下에 은거하게 되고, 丑土는 금고로 법당으

로 보는 것이며, 辛金이 불상이라 부처님 모시고 법문에 정진하게 된다. 인중 戊토로 투출하니 칠살격이다.

건강운: 한습한 사주에 식상인 木이 많은데 火운을 만나지 못하니 木이 설기되지 못하고 또한 운로도 水운으로 흐르니 목의 세력만 강하게 되며, 인체 오장육부로 볼 때 목은 간담이고 많은 오행이 합되어 흉신으로 화하면 암으로 보는 것인데 甲戌대운은 木세가 강하여 辛金용신이 극절이고 앉은자리 丑土를 戌土가 형살로 破하니, 40세 갑술운 甲戌년 丁丑월에 사망한 것이다. 축술미 삼형살이 모이고 식상인 천간 乙목의 입묘지가 戌토이니 을술-입묘되어 활동력이 멈춘 것이다.

● 2번 사주실례, 1964년 음력 6월 21일 02시경 축시
여자: 편관격 또는 식신제살격 조후용신 癸 丙 (용신 금)
동거한 남자가 사망한 사주, 31세 전에 남자 3명 사망

```
甲 乙 丙 丁 戊 己 庚
子 丑 寅 卯 辰 巳 午
乙 己 辛 甲  2. 여 +4.5
丑 卯 未 辰
```

참고로 여명에 편관격이나 상관격을 이루면 남편과 무정하며, 편관격 여명에 일간이 강하면 과단성과 기민함을 수반한다.

격해설: 월지 미중 乙목이 투출하니 편관격이다. 편관격이란 재를 설기하여 일간을 극하는 것으로 흉성으로 보며, 여자-편관격 사주는 남편과 무정하고 일간이 강하면 과단성과 기민성이 수반한다.

이 사주는 편관격에 甲木 정관이 투출하여 관살 혼잡으로 여명에는 가장 불길한 것으로 보는 것이다.

문; 무엇 때문에 편관격이라 하는지요,

未月에 乙木이 시상에 투출하고 乙木 편관은 일지 卯木과 년지 辰土에 뿌리가 되니 편관격이며, 년상에 甲木 정관이 있어 관살이 혼잡되었으니 관살혼잡이라 칭하고, 혹은 월상 辛金 식신으로 乙木 편관을 제거하니 식신제살격이라고도 한다.

乙 己 辛 甲 2. 여
丑 卯 未 辰

문; 부모형제 덕은 있는지요,

년지에 辰토인 재고가 있으나 조상덕과 부모형제 덕이 없는 사주다. 년은 조상의 자리요 월주는 부모형제 자리인데 뜨거운 未토인 여름철에는 수가 필요한데 없으며, 금이 약해 수인 재물을 생하지 못하고, 여름에 태어난 己토라 약하지 않으니 인수 火가 흉신이고 기가 약하며 진중 癸수가 편재로 부친인데, 갑진백호지에 있으며 辰토는 수의 고이니, 필요한 수가 창고에 갇힌 격이라 불길하다.

고로 부친은 19세 기사대운-壬戌년에 세운 천간으로 壬수 재성이 투출하여 재성인 부친을 상징하는데, 대운간 己토가 己토탁임하며 사술-원진귀문으로 지지 戌土에 壬수가 극을 당하여 불길하다. 더구나 년주의 재성인 갑진백호와는 백호지충이라 부친이 사망하였다.

본인은 18세 고2학년 때인 기사운 辛酉년에 공망된 일지를 묘유충하니 가출하여 다방 종업원 생활하였다. 금-식상이 강해지니 재물을 벌고 싶은 욕심이 생겨나고 식상운이라 활동력이 증가하니 집을 떠난 것이다.

또한 술운에는 여명에 진술축미가 모두 모이니 위험한 시기이므로 임술년에 부친상을 당한 것이며, 巳화대운은 인성운으로

- 188 -

신강한 사주에는 인수운이 불길한데 인수는 양친을 의미하기도 하므로 흉운이라 부모와 이별, 분리되는 등의 불길한 대운이다.

문; 결혼 시기는 언제이며 무슨 띠와 인연이 되는지요,
식신제살은 식신으로 남편을 제거하는 사주요 사주가 조열하여 재성인 수를 바라는데 수극화가 되니 탐재괴인을 하게 되며, 월지에 未土는 목의 고로서 남편인 관성이 입묘된 형상이며, 일지에 칠살이 있으나 공망으로 일지 칠살이면 부부궁이 불길하다.
운로 또한 금운과 수운을 향하지 못하니 평생 결혼하지 못하고 동거는 가능하나 수차 남편이 바뀌고, 식신인 辛金 밑에 未土가 관고인 남편의 무덤이요, 대운이 불길하니 본인과 동거한 남자가 3사람이나 사망하였다. 즉 여명에 식상 밑에 관고를 깔고 있으면 상관극관하는 것과 같아 부부운이 불길하다. 22세 乙丑년과 27세 庚午년과 30세 癸酉년에 동거 3년 이내 남자애인이 사망하였다.

문; 여명에서 누구나 식신 아래 관고가 있으면 남편이 사망하는지요,
그렇지 않다. 관성이 진기를 만나면 입묘되기 싫어하고 퇴기가 되면 입묘가 잘 되는 것이다. 가령 여명에서 식신 밑에 관성의 고지가 있다면, 을일간이면 丁화가 식신이며 축은 관성의 고지이므로 정축으로 있다면 식신이 관고를 깔고 앉은 것이다.
년운에서 관성인 庚금의 퇴기되는 시기는 병사묘절이니 해자축인으로 년운이 운행되는 시기를 만나면 남편이 입묘되는 것

이다. 만일 庚금이 아니라 辛금이 천간에 나와 있다면 표진사오(절묘사병)의 년운을 만날 때 남편이 위험한 것이다.
문; 진기와 퇴기는 어떻게 구분합니까,
포태법으로 양지부터 왕지까지는 진기(양생록왕)로 보고, 병지부터 절지까지를 퇴기(병사묘절)로 본다.

乙 己 辛 甲　여
丑 卯 未 辰

여기서 남자 남편은 년간의 甲목 정관인데 갑진백호지에 있으며 甲목은 사오미로 입묘하는데, 주중에 未토가 있어 입묘된 형상이므로 사오운을 만나면 입묘된다. 甲목은 사오미가 병사묘이다. 특히 27세 경오년에는 사오미로 대운과 년운과 사주가 사오미로 구성되어 甲목의 관성입묘가 이루어지니 불길하다.
문; 자식은 생산할 수 있는지요,
아들과는 인연이 없으며 2여를 낳을 수 있다. 시지는 여명의 생식기로 보며 생식기에 丑토는 식상-고지이므로 남식과는 인연이 없고 축중 辛금과 월간에 辛금인 식신으로 딸만 있다.

문; 직업은 무엇이 좋은지요,
사주가 조열하고 숲으로 수인 재물을 생하려 하니
1.미용 이발 면도사 2.섬유류 제품공장 3.다방 4.야간업소인데 재고인 辰토와 식신고인 丑토가 甲乙목인 관성-남자들 아래 있으니 남자 상대하는 직업을 본인이 원한다.

문; 재물복은 얼마나 좋은지요,
己토 일간이 未월인 조열한 계절에 월간의 辛금인 식신과 년지에 辰토인 수의 재고가 있으나 아쉽게도 재를 生하는 것은 申金에 신중 壬수가 들었는데 申金이 없다. 이처럼 식상에 암장으로 재가 들어야 재물을 생하게 된다.

또한 대운이 金水운을 만나지 못하여 축재하기 어려운 사주다. 사주를 자세히 보면 甲乙목인 남자들로부터 재고와 식신고가 있어 돈을 번다고 하지만, 여름철-甲乙목이 앉은자리에서 수가 암장되어 있으며, 더운 여름 나무라 물을 좋아하여 갑진, 을축으로 水인 재물이 생기면 甲乙목인 애인에게 흡수되는 형상으로 소비한다. 고로 돈을 벌려면 애인 없이 독신생활하며 저축하는 습관을 길러야 말년에 고생을 면한다.

乙 己 辛 甲
丑 卯 未 辰

문; 건강은 어떻게 되나요,

월간 용신인 辛金이 조토에 앉아 열기가 많아 폐가 약하며 木이 칠살이라 일간을 극하니 간장이 약하며, 또한 시지는 생식기인데 丑土가 목극토를 당하고 진축으로 파살되어 극파되니 생식기 질환도 발생하게 된다.

이와 같은 사주는 수가 많은 바닷가나 강변에서 장사하면 남자들에게 인기가 많고 물질로도 도움이 된다.

●3번 사주실례, 남명 음 1935년 4월 12일 申時
처 庚辰생, 애인은 甲申생. 28세 壬寅년 결혼.
아들: 癸卯생 戊申생 庚생, 딸 乙巳생
부동산으로 癸亥년 큰돈 벌었음, 편관격 조후용신 壬戊丙丁
甲 乙 丙 丁 戊 己 庚
戌 亥 子 丑 寅 卯 辰

甲 庚 辛 乙　　3. 남 +2 식신제살격 수용-토길
申 寅 巳 亥

庚금 일주가 巳월에 태어나 巳火는 경사-장생지라 편관격인데
일지 寅木이 목생화로 칠살을 생하여 화가 강해지니 水를 원
하는데 水-지혜가 巳亥로 역마충되어 동요가 심하나 총명한
사람이다.
그러나 토-인수가 없고 亥水인 문창식신이 사해충과 인해합파
로 충파 당하여 학업을 중단하게 되고, 재성인 목이 혼잡되어
재탐에 관심이 많다. 편관격에 寅申巳亥가 다 있어 충이 많으
니 분망하고 활동적이며 권위주의 사상인데, 인성인 토-문서
가 없어 관계진출이 어렵다.

그러나 본인 생각은 정치에 뜻이 있다. 년지에 亥수인 식신이
강한 칠살을 식신제살하는 희신이라, 조부대에 부유하였으나
년월지충이라 부친이 가산을 탕진하고, 월주가 겁재+편관으
로 흉성 동주에 기신이니 부모형제가 무덕한 사람이다. 을신
충 사해충으로 부친과 조부는 천극지충으로 어긋나니 재산을
지키지 못한다.

처는 辰생이요 재성의 寅목인 처와는 기신인 편관을 생하는
일지 寅목으로 경인-절지며, 인사형, 인신충을 당하고 일주와
시주가 천극지충이라 가정궁이 불길하니 처와는 무정하다.
寅년에 결혼하고 卯생이 장자요 申생과 戌생이 아들이고 딸은
乙巳생이며 3자 1여다. 남명에서 일지 편재가 있고 천간에 재
성혼잡이니 첩이 따르는 사주다. 애인은 申생이다.

직업은 하절인 巳화월의 庚금은 木이 재성으로 재물인데 乙목의 앉은자리 亥수가 수생목하여 재성을 水로 생하니 수는 식신의 음식업이 길하나, 인성인 土가 없어 부동산에 관심이 많고 일과 시에 편재가 있어 마음은 항시 큰돈을 노린다.

길운은 子대운 임술년48, 계해년49, 갑자년50세 인데 49세가 수롱천금하는 해이다. 癸亥년에 수는 화를 극하여 식신제살운으로 길하다.

손재운은 목화가 드는 병인년부터 52-57세까지요 이후로는 大재는 불가한 불길운이다. 사주에 土가 없고, 재물 창고인 辰토가 없어 속성속패한다. 木이 辰토가 없어 성장하지 못하니 장기적으로 발전이 없는 것이다.

甲 庚 辛 乙 3. 남
申 寅 巳 亥

문; 巳중에 丙火가 투출하지 못했는데 어찌 편관격이 되는지요,

巳중 丙火가 불투하였으나 화왕절이라 편관격을 취한다.

문; 편관격에 水용이라 하였는데 亥水가 사해충 된 것은 어떤가요,

격과 용신이 충되면 정신이 산만하고 한 가지 일에 집중하지 못하고 변동된다. 또한 용신인 년지 亥수가 충되어 기가 약하니 대격이 못되므로 운을 만나도 큰 발전이 안 된다. 자고로 용신은 기가 강하고 충파되지 않아야 길명이 된다.

문; 처가 辰생이라 하였는데 왜 辰生을 만나는지요,

사주에 木이 재성으로 처가 되니 목은 辰土를 만나야 木이 뿌리를 내리고 결실하게 된다. 혹 丑생 卯생 未생과도 인연이

되지만 년간에 乙목이 乙庚으로 정을 주고 있으니 庚辰생과
합이 된 것이다.

문; 직업은 무엇이 좋은지요,
식신으로 재를 생하면 음식업이고 水業인데 식상인 水가 충을
받아 표현력이 충을 당하니 말이 많은 소개업 역학 등에도 소
질이 있으며, 土에 木인 재를 심기 위해서 토지에 투자를 하
게 된다.

문; 재력은 어느 정도인지요,
정편재가 천간에 투출하여 월급 재와 사업 재가 다 있으나 정
재는 을해로 사지에 있어 월급 생활에 관심이 적고, 대부를
꿈꾸나 소부에 불과하다.
甲 庚 辛 乙 남
申 寅 巳 亥

2. 육친관계
문; 년지에 용신이 있는데 왜 부모덕이 없다 하는지요,
년지에 식신인 亥水가 있고 乙木인 재가 있으나 월주와 을신
충-사해충으로 천극지충되어 파괴되었으니 조상은 비록 부유
하였으나 부모대에 파산한 것으로 본다.

문; 처덕은 있는지요,
일지 편재가 있으니 처의 내조가 있으나 처의 건강이 좋지 않
다. 왜냐면 편재-寅목이 인사신을 당하며 편관인 巳화를 생하
는 역할을 하기 때문에 처의 건강이 불리하며, 삼형살에 寅목
을 돕는 亥수가 멀고 충되어 구조하는 신이 없기 때문이다.

문; 자식덕은 어떠하며 卯생 申생 戌생중에 어느 띠가 도움이
되나요,
신약한 庚일주가 시지에 비견이라 자식덕은 무난하나 일시지
가 천극지충이라 인연이 약하며, 자식인 관성은 월지 巳화를
득하고 경사-장생지로 자식 중에 크게 출세하는 자식이 있다.
癸卯생 장남의 도움이 있다. 卯생은 재물이고 申생은 재물 소
모시킨다. 술생과는 인연이 없다.

문; 건강은 어떤지요,
보편적으로 양호하나 일시에서 金木이 상전이라 말년에 관절
로 고생하고 혹은 금목상전하니 중풍환자가 되기 쉽다. 巳亥
충으로 화기가 상승하면 혈압이 높아진다.
甲 庚 辛 乙   남
申 寅 巳 亥

〈40,41세 甲寅 乙卯년 신수〉
*취직시험 보면 어렵다. 왜냐면 목인 재는 토인 문서를 목극
토로 극하는 것이고 신약에 칠살인 기신 巳화 편관을 생하는
것이라 돈으로 명예 산다.
*사업문; 재운이라 금전유통은 잘된다. 그러나 목화는 기신이
라 저축하기 어렵고 소모가 많다. 寅년은 칠살-丙화가 암장되
어 기신인 巳화를 생조하니 재를 탐하면 불길하다. 이처럼 년
운지에 암장된 기신을 갖고 있으면 丙화 칠살을 생하니 불길
한 것이다.
*증권문; 무리하게 투자하지 마라. 득보다 실이 많다. 그러나
辰월은 신약에 인성이라 소득 있다.
*재물문; 寅년에 편재라 유통은 잘된다. 그러나 칠살을 생하

- 195 -

니 대재를 꿈꾸다가는 寅목은 망신살이라 망신당한다. 卯년은 암장된 기신이 없어 근면성실하게 발전된다.

*이성문; 재성혼잡명에 일지 편재라 여자가 많이 따른다. 그러나 재가 칠살을 생하는 기신이고, 寅년에 망신운이라 재성 망신이니 여자, 재물로 인한 망신살 있으니 주의하라.

亥년 출생으로 寅목년은 재성 망신이 된다.

*여행문; 기분 좋은 여행된다. 가는 곳마다 여자가 따른다. 그러나 寅년은 자가운전 주의하라 역마충이다.

*이사문; 해도 무난하다. 寅년은 지살역마라 시와 인신충하니 늦게 변동수가 있다. 그러나 큰 발전은 기대하기 어렵다.

*건강문; 金木이 상전이고 木이 흉신이라 두통 관절이며, 혹은 교통사고 발생한다.

*소송문; 목인 재가 巳화 칠살인 관을 생하니 지출은 많으나 유리하다. 그러므로 寅년보다는 卯년이 좋다.

甲 庚 辛 乙　남
申 寅 巳 亥

〈42세 丙辰년 신수〉

*취직문; 좋은 기회다. 년운에서 화생토로 살인상생이며 辰토가 인성 문서에 희신이라 원하는 곳에 취직된다. 이처럼 년운 간지가 서로 상생되고 길신이 되면 취직운이 길하다.

*사업문; 처음은 丙화 칠살운이라 고통이나 길신인 인성토가 들어오니 점차 발전된다. 더우기 辰 습토라 기신인 화를 설하여 일간을 생하니 재물도 성장한다. 노력의 대가는 있다.

*증권문; 투자하면 늦게 소득이 증대된다. 왜냐면 辰토 인성이 길신이라 문서로 인한 좋은 기회다. 병진년은 丙화인-편관이 辰토인 문서에서 살인상생되고, 辰중 乙목인 재성이 암장

되어 있으니 사주에도 재성인 甲乙목이 성장하니 갑을인 목이
辰토에 뿌리박아 재물이 자란다.

甲 庚 辛 乙　남
申 寅 巳 亥

*재물문; 현금융통은 어렵다. 인내하고 노력하면 결과는 좋
다. 辰중 乙木은 삼합이나 충해야 재가 된다. 시지에 申금 있
으니 겨울에 신진합으로 乙목 재성이 나타난다.
*이성문; 암암리에 진중 乙목으로 정재가 있으며 일간과 을경
합이라 숨겨놓은 여자가 있다. 월지 巳화에 庚금이 있으니 진
사-을경합이다. 여름에 합된다.
*매매문; 가능하다. 관인상생되니 매입하면 재물발전이 있다.
*건강문; 년운지-辰토는 水인-식신의 입묘라 나태하고 피로가
쌓여 활동력이 저하된다. 그러나 辰토는 길신이라 비록 식신
이 입묘되어도 불길한 운은 아니다. 이처럼 입묘시키는 토가
길한지 흉한지를 살핀다. 만일 술미 조토라면 흉하다.
*소송문; 승소한다. 기신인 칠살-丙화의 불안한 것이 길신인
인성 辰습토로 변하니 결과는 좋아진다.

●4번 사주실례, 남명
甲 乙 丙 丁 戊 己 庚4
午 未 申 酉 戌 亥 子
甲己辛辛　4. 남 +4.5 조후용
戌卯丑未

기묘일간이 겨울 신축월에 태어나 조후용신은 丙甲이며 축중
辛금이 투하니 식신격으로 월간의 식신인 辛금은 지지 丑토에

의해 강한 생을 받아 왕하여 己토 일간을 설기하여 주중에 토가 세 개로 신약하지는 않으나 己토는 논밭이라 추우면 얼어붙으니 丙화와 돕는 甲목이 필요하다.

관살인 甲-卯목은 갑기합과 묘술합으로 약해졌고 丁丙화를 용신하려 하나 술미로 암장되어 무력하니, 화-인성운을 기다려야 한다.

또한 식신인 년월간의 辛금이 강하니 재성인 수를 만나도 식상생재가 되므로 재물운이 길하고 용신은 火이며, 水운에는 재물운이 길하다. 처는 癸酉生 26세이고 자식은 丁酉生이다. 26세 무술운 丙申년에 결혼했는데 무술운은 일지 묘술합으로 결혼이 가능한 대운이며 丙申년에 묘신-을경암합으로 일지에 들어오니 결혼이다.

甲己辛辛 4. 남
戌卯丑未

문; 금-식신격에 식신을 극하는 火를 용신한 이유는 뭔가요,

답; 겨울철 己土 일간이 戌시라 일몰 후 태어나 추우니, 만물이 생하지 못하므로 火운을 만나야 해동하여 길명이 되는 것이니 火를 용신으로 하지만, 사주의 기가 년월간에 辛금이 앉은자리에서 생을 받아 금기가 지나치게 강하니 金을 설하는 水운에도 재성이라 재물의 발전이 있다.

문; 火가 용신이라면 水는 기신이 되는데 왜 수운에 재물 발전하는지요,

답; 火는 인성이라 명예요, 水는 재물이다.

일간이 지지에 3토라 신강하고 甲木과 卯木도 합하여 토기를 강하게 하며, 火는 사주에 나타나 있지 않고 戌土와 未土에 암장되어 있으니 수운을 만나도 화-용신이 손상되지 않고, 식

신이 설기되어 재물 발전은 된다. 그러나 木 관성운에는 불리
하니 명예가 없는 것이다.
문; 甲木과 卯木이 합하여 토기만 강하게 한다는 말은 무엇인
가요
답; 丑토인 동절의 木이 일간 己土에 합되어 土로 화하고, 일
지 卯木은 戌土와 합하여 화기를 생하니 火는 土를 생하므로
木이 토기를 강하게 한다는 말이다.

문; 木인 관이 합되어 土로 화한 것은 무슨 문제가 있는가요,
답; 1. 甲목이 己토와 합해 토로 변한 것은 木이 土로 변해
일간과 같은 오행으로 화한 것이므로, 부친이 달라 뼈 다른
형제로 보는 것인데, 오행상으로 보면 木星이 土星으로 변한
것이니 성씨가 다른 형제로 보는 것이다.
가령 癸수일간에 월간 癸수가 년간의 戌토와 무계합을 해도
내 형제인 癸수가 변질된 것이니 이복형제나 뼈 다른 형제가
있을 수 있다.
2번째는 남자 사주에 관성은 자식인데 비록 시간 甲목은 일
지 묘목에 통근하여 강하나 갑기합, 묘술합으로 합되어 무력
하니, 일간 己土 본인을 의지하는 형상이라 무능한 자식을 생
하여 평생 본인을 의지하고 살게 되는 것이다. 남명에 일간이
뿌리 없는 정관을 합하면 무력한 자식이다.
甲己辛辛   4. 남
戌卯丑未

문; 식신격의 성격은 어떻게 나타나는지요,
답; 보편적으로 식신격은 인정이 많고 어린아이 같은 유약한
마음에 타인에게 인정을 베풀며 남 주기를 좋아하고 정이 많

다. 그러나 이 사주는 겨울철인-축월 辛金이 식신이라 앉은자리 생조라 강하므로 타인에게 굴복하지 못하며 외관상으로는 인정 많고, 갑기합으로 시간의 관성이 합되어 명예욕이 강하다. 그러나 지지가 丑戌未 삼형살이 되어 내심은 무정하고 이기적인 사람이다. 사주 천간은 얼굴이요, 외관상으로 나타나는 것이요, 지지는 내심이다. 또한 천간은 뜻과 마음이고 지지는 물질이며 현실이다.

甲己辛辛　4. 남
戌卯丑未

2. 〈육친 관계〉

문; 조상덕은 어떠한지요,

답; 사주의 기가 년월에 집결되며 길신인 식신이라 조부대에 부유한 가정에서 성장하고 사랑을 받지만, 년월 지지가 축미 충되어 부친과 조부간에 불합하고 부친대에 가세가 기울어 부모로부터 유산은 받지 못한다.

문; 학문은 할 수 있을까요,

답; 사주 년월에 화-인성인 문서가 없으며 초년에 대운이 문서운이 아니고 수-재운이라 학문과는 인연이 없다.

문; 처덕은 어떻게 되며 정은 좋은지요.

답; 월지 丑중에 癸水가 편재이나 정재가 없으니 처요, 재물인 수는 식상생재하는 희신이라 처덕이 있으며, 처자궁인 일시가 갑기합, 묘술합이니 천지합이라 해로한다.

문; 무슨 띠와 인연이 되며 언제 결혼이 되는지요.

답; 丑중 癸水가 재라 재성이 암장된 丑土와 합되는 酉生이 천생연분인데 癸酉생을 만났으니 재물복을 받는다. 이처럼 토

속에 재성이 암장되면 삼합의 가운데 띠를 만난다.

수-무재 사주에 癸酉생을 만나 재물 발전이 있고 처가덕을 보았으며 26세 결혼운이요 27세 생남운이다.

문; 자식덕은 어떠하며 성공하는 자식은 있는지요.

답; 말년 자식덕은 시에 겁재라 기신으로 덕은 없으나 한 자식은 성공한다. 자식이 일간에 갑기합하여 본인을 의지하고 시에 戊土인 겁재가 있으니 덕이 없고, 甲木 자식이 卯木 양인을 합하고 卯와 丑土사이에 寅木이 협공되어 혼탁하나, 甲목이 양인에 통근하고 천간으로 솟았으니 군-검-경 등의 무관으로 출세하는 자식이 있다.

甲己辛辛 4. 남
戌卯丑未

문; 자식은 몇 남매나 되는지요.

답; 사주에 4 남매가 있는데 3자를 생산하나 2자를 양육한다. 미중 乙木이 딸이고 협공된 寅木 甲木 卯木이 자식인데 乙木과 卯木은 암장되고 합되어 자식 구실을 못한다.

문; 재산 복은 얼마나 되는지요.

답; 재산은 식신만 있으니 재물 만드는 힘은 강하나 수인 재성이 암장되어 무력하며, 癸수가 있는 재고인 丑토가 축미-충되어 약하니 소부의 그릇이다. 재물은 처가 보관한다. 처가 부자 팔자다.

또한 己토의 묘지인-丑토 속에 재가 들어 절약검소하나 비겁이 많아 돈이 샌다. 만일 축미충이 아니라면 재물인 수운에 대길할 것이다. 축중에 금수로 식상생재한다.

甲甲乙癸　처 사주　　甲己辛辛　4. 남
戌辰丑酉　　　　　　戌卯丑未

문; 남자의 직업은 무엇이 좋은지요.
답; 사주에 水火가 부족하니 재물인 수를 이용하는 목욕탕,
양어장으로 성공하였다.

●5번 사주실례, 여명 편관격 용신 癸水 무재사주(남편:乙丑
생, 자식은 丁酉, 여식은 己亥 壬寅 乙巳 (직업:식당종업원)
1　丙午운
11　乙巳-15　丙戌년 부친사망
21　甲辰-23　甲午년 결혼
31　癸卯-32　癸卯년 식당개업
41　壬寅-43　甲寅년 자식가출
51　辛丑-56　丁卯년 남편사망
56-60세인 축대운에는 주중에 사오미로 화가 강한데 천간에
丁화가 투출하였으니 입묘되는 축대운이 위험하며 만일 丙화
가 투출하였다면 戌토운이 위험한 것이다. 이처럼 사주에 강
력한 기운을 지닌 오행을 입묘시키면 불길한 재앙이 나타난
다. 여기서는 년운지가 戌토운도 불길하고 위험하다. 사오미
로 화가 강하다.
58-己巳 酉生 子 사망 (71-己亥운 己丑년 종명)
癸辛丁壬　5. 여 +4.5
巳未未申

격해설; 미중 丁화가 투하니 편관격이며, 만일 탁명은 흉폭무
뢰하고, 편관은 일간을 극상하는 신으로 제살하는 식신이 있

으면 편관이라 하고 제신이 없으면 칠살이라 한다.
칠살격에 인수를 용하는 사주는 고관대작이다. 여명 칠살격에
는 억제하는 식상을 원하게 되니 부부불화하고, 만약 본명처
럼 주중에 겁재인 년지 申금이 있으면 나의 남편이 반분되어
타인의 남편노릇을 한다.

癸辛丁壬　여
巳未未申

본명은 정미월 辛금일주에 미중 丁火가 월간에 투출하여 편관
격인데 년간의 壬水 상관과 정임합을 하였으나, 년지에 申金
이 장생한 신중-壬水와도 정임합이 되어 쟁합되었으니, 내 남
편을 타인에게 빼앗기고 사는 팔자다. 또한 편관인 午화를 협
공하여 관성의 기가 탁하니 남편덕이 박하다.

육친관계; 년상에 壬수-상관이 있어 丁화인 칠살 기신을 정임
합하니 부모슬하에 있을 때는 좋았으나, 물질 도움은 없다.
이처럼 년월간에 흉성이 합되면 부모슬하에서는 편안하나 물
질 도움은 없다.
부부관계; 丁화 칠살이 남편인데 일지-부부궁에는 심금이 신
약한데 도움안되는 未-조토가 있고 더우기 未토월에 丁화인
당령신이 丁火 칠살이 되어 壬水와 합하니 남편이 壬水에게
정을 주느라 본인을 외면하니, 壬수는 식상이라 자식 생후에
는 동거하지 못한다.

자식운; 시간-癸水가 식신으로 자식이 되었으나 시지에 巳火
가 있어 무력하고, 미월의 戊土가 당령신이 되어 본인은 자손
을 좋아하나 시지가 신약에 관살이라 부담되며 기신이라, 자

- 203 -

손으로부터 물질 도움은 받지 못한다.

건강; 사주가 조열하여 火가 강하고 辛金이 조열하여 일간이 관살의 극을 받아 화극금하니 몸이 많이 마르고, 열기가 심하고 현기증이 심하여 고통이요, 식신인 시간의 癸수가 火에서 마르니 신장 방광과 해소천식기가 있다.

癸辛丁壬　여
巳未未申

대운풀이로는 초운 丙午대운에 정관편관이 동주로 나타나니 부부궁이 불길하겠다. 참고-운초에 나타나는 운이 평생을 좌우한다. 火가 기신인데 운이 木火운으로 흘러가니 불길한 팔자다.

丙午운에는 壬水 未土 丙년과 辛己丁년과 午未년에 길흉이 발생한다. 초년 丙운은 본인에게는 신약한데 관살운이라 본인의 건강에 문제가 있고, 丙火가 나타날 때는 본인에게는 정관이고 형제에는 칠살이라 형제가 불길하게 되고, 午운에는 본인에게는 칠살이요 형제에는 정관이라 본인이 좋지 않다.

己土가 나타나는 해는 己土는 본인에게 편인이며, 식신제살하는 癸수인 식상을 토극수로 극하니 식상인 건강에 장애가 있다. 丁火가 나타나는 해는 丁火가 칠살이고 기신이 되어 본인의 건강이 불길하고, 형제는 정관이 되어 이성문제가 따르게 된다.

11세 乙巳대운에는 乙木이 신약에 재성이라 기신이고, 정관인 巳火도 기신인데 원국에 없는 乙木이 운에서 나타나 목생화하여 지지로 순환하니 그대로 읽으면 되므로, 을사-목욕지에 들어있는 편재 乙목이 巳화정관을 생하므로 정관은 기신이다.

고로 乙木은 편재라 목욕지에 들어 부친의 건강과 생활은, 정관이 기신에 해당하므로 무질서로 나빠지는 시기이다.

문; 15세 을사운 丙戌년에 부친이 사망이다. 원인은 대운지지 巳중 丙火가 투출하는 丙년이라 중요한데, 丙화 관살이 백호로 나타나 최대의 기신이며, 세운지 戌土가 월일지 未土를 술미형하여 편재인 미중 乙木의 뿌리가 상하고, 대운 천간의 乙木이 년운지 戌土에 을술-입묘지라 부친이 사망한 것이다.

癸辛丁壬　여
巳未未申

이처럼 대운 천간에서 주중에 없는 육친성이 나타날 때 년운지지에서 입묘하면 불길하다. 또한 대운지지 巳중 庚金이 세운간에서 투출하면 본인에게는 신약이라 비겁이 희신이나, 겁재가 되어 재물을 겁탈하니 나를 생하는 채 하면서 피해를 주게 된다. 그래서 신약사주는 겁재가 희신이면서도 재물을 겁탈하니 신왕보다 재물의 손실이 생겨나 불리한 것이다.

21대 甲辰대운에는 23세 甲午년에 결혼하였다. 원인은 원국에 년월간에서 丁壬합木이 되었으니, 여명에서 남편성의 관성인 丁화가 목으로 변하여 목이 생겨났으니 대세운에서 甲木이 나타나면 관성이 변한 목이 되며, 甲辰운 甲午년이라 갑목이 확실히 투출하며, 午화는 칠살 도화인데 오미합으로 일지합으로 관살을 일지 자궁으로 끌어들여 결혼이다.

또한 乙丑생 남편을 만난 것은 여명 천간에서 식상인 壬癸수가 관성인 丁화를 극하여 水火가 상전이라 乙木이 수생목, 목생화하는 통관신이요, 축은 일주 辛金과 癸水가 무근하고 사주가 조열하여 丑생을 만났다.

甲辰대운에 辰中에 乙癸戊가 암장되어 乙癸戊년이 오면 길흉이 발생하는데, 이처럼 대운지 암장이 세운천간에 표출되면 길흉이 드러난다.

즉 乙木이 나타나는 해는 乙木은 편재요 신약에 기신이 되어 재물로 인한 손재이고, 진중 癸水가 나타나는 해는 본인에게 식신이며, 병인 화-관살을 수극화로 제살하는 식신인 희신이라, 자손과 본인이 활동하는데 좋은 일이 생긴다.

癸辛丁壬　여
巳未未申

戊土가 나타나는 해는 戊土가 식신인 시간의 癸수를 토극수로 극하며 무계합으로 용신을 기반하는 기신이 되며, 또한 칠살 丁화를 壬수가 합으로 묶어놓고 있는데, 丁壬합을 못하도록 무임극하여 최대 기신인 칠살 丁화가 펄펄 날뛰도록 방해하고, 癸水와 합하여 무계합화로 변하게 하니 용신기반에 기신이 되니, 戊토는 인성이라 문서로 인하여 흉한 일이 발생한다. 이처럼 대운지지에 암장된 오행이 년운 천간에 드러나면 길흉이 드러난다.

31대 癸卯대운, 癸卯대운 10년 동안에 癸水는 희신이고 卯木은 기신이라 선길후흉이다. 32세 癸卯년에 식신운이라 활동방향이 잡히니 식당업을 시작한다. 원인은 癸水가 식신제살하는 희신이요. 수생목으로 卯木인 재를 생하니 식신은 음식이고 卯木은 재물이다. 고로 음식으로 재물을 만들려는 것이다. 이처럼 대운 천간이 지지를 생하면 통변을 그대로 한다.

원국에 癸水가 제살하는 희신이니 식상인 癸대운에 직업을 갖는다. 그러나 卯대운에 亥년을 만나면 원국에 未토와 亥卯未 삼합을 이루면 식상인 亥水가 목인 기신으로 변하여 전반은 좋으나 변해버린 후반은 불길하다.

41대 壬寅대운에는 상관인 壬수가 정재를 생하는 운이라 상관운은 비록 희신이라 하더라도 여명에서 상관은 남편과 불합하는 시기이며, 원국에 壬水 희신이 칠살인 관성 丁火를 날뛰지 못하도록 정임-합하고 있는데, 다시 壬수를 보니 관성인 남편 丁화를 놓고 두 壬수가 쟁합을 하는 형상이니 丁화 칠살이 살아 날뛰며 기신 역할을 하게 된다. 壬대운에서 41세 壬子년에 남편이 다른 여자와 합하여 집을 나갔다.

癸辛丁壬　여
巳未未申

원인은 대운 壬水는 상관이라 남편을 극하는 성분이고, 寅대운에서 년지-申金과 인신형충이 되니 원국에 있는 신중 壬수가 튀어나오는데, 월간의 미중-丁화와 합거되어 사라지니 불길한 징조가 되어 壬대운 壬子년에 남편이 가출한 것이다.

이처럼 대운 간지를 각각 5년씩 나누어 보기도 하지만 대운의 지지도 작용하게 된다. 고로 인신충은 년지를 충하니 10년간의 대운 초반에서 나타나는 현상이다. 만일 시지를 형충하면 대운 말에 해당된다.

고로 대운지지가 년지를 충하면 일찍부터 현상이 나타난다. 이처럼 대운 간지를 5년씩 나눠보기도 하나 형충을 살펴야 하니 간지를 통으로 살피는 안목을 길러야 한다.

43세 임인대운-甲寅년에 자식이 가출하였다. 원인은 임인대운

은 수생목으로 식상생재도 되지만 대운 천간 壬水는 상관으로
자식에 해당하며, 본명은 원숭이인 申生이라 寅木이 역마가
되어 壬寅대운에는 역마인 말위에 식상인 자식이 앉아 있으니
인대운 중에 甲목이 나타나는 甲寅년에 대운지지와 년운지지
寅목이 합세하여 본명조의 년지인 申금과 인신충하니 자식이
가출하게 된 것이다.
癸辛丁壬　여
巳未未申

45세 丙辰년에 유부남을 만난 원인은 대운지의 寅중 丙火가
투출하여 중요한 시기인데, 일간 辛금인 본인과 병신합을 하
였기 때문이다. 원국에 관살혼잡이 되어 있는 여명은 일부종
사를 못한다.
대운지지 寅중에 戊丙甲이 있는데 만일 인수인 戊土가 나타나
면 문서에 대한 문제인데, 戊토는 인성으로 신약에 길신이나
시간의 제살하는 용신인 식신 癸水와 戊土가 무계합이 되어
용신기반이 되고, 癸수 용신을 토극수로 극하니 불리한 시기
로 통변한다. 즉 戊토-인수인 문서를 잡아서 불길하니 증권이
나 문서 계약하는 것은 삼가야 한다.

51대 辛丑대운에는, 신약을 돕는 대운이라 길한데 월일지의
두 개의 未土를 축미충하여 원국에 있는 未중 己土가 투출하
게 되므로 시간의 희신 癸水가 기계극으로 손상 당함이 불길
하다.
52세 신축운 癸亥년에 애인과 이별하였는데, 원인은 丑중 癸
水가 투출하는 시기로 중요한데, 년운 지지 亥水가 時의 巳火
를 사해충하여 정관인 사중 丙火가 亥수에 병해-절지가 되니

정관인 丙화가 무력한 형상이 되었다. 이처럼 년운지 亥수가 원국의 巳화를 사해충하면 원국의 사중 丙화가 들어오는 亥수 위에 올라탄다. 고로 병해-절지가 된다. 월운에서는 丙辰月에 애인과 헤어졌다.

癸辛丁壬　여
巳未未申

또한 용신이 시간의 癸수이므로 용신이 무력해지는 시기는 계 술-쇠지 계유-병지, 계신-사지에 해당한다. 즉 음력 4월부터 5 월, 6월, 7월이 사오미신월로 癸수가 병사묘절로 힘을 잃는 시기이다.

그리고 년운 지지 亥수는 음력 7월 중반기부터 돌아가므로, 7 월은 계해로 왕지이며 亥수는 양이라 순으로 도니 8월은 계 자-건록, 9월은 계축-관대 10월은 계인-목욕지 순으로 돈다.

56세 신축운 丁卯년 辛亥月에 본 남편이 사망하고 재물이 들 어왔는데, 그 원인은 신축대운 중에 부부궁인 일주 辛未와 신 축대운이 만나니 기운이 일간에 집중되며, 부부궁인 일지 未 토를 축미충하여 부부궁에 변동이 생긴다.

대운지 丑土가 세운간 丁화를 정축-입묘시키고 원국의 未土를 축미충하여 월간 丁화의 뿌리인 미중 丁화를 정계충하여 남편 의 근지를 파괴하는데, 정묘년이라 월간인 丁火에 기운이 집 중되며 묘미로 합목하여 재성이 만들어진다. 고로 丁화인 남 편이 묘미로 합木하여 묘목인 재를 묘미로 합해주고 丁火는 卯에 정묘- 병지가 되었기 때문이다.

58세 신축대운 중 己巳년에 자식이 사망한 원인은 대운지지 丑土 중에 己토가 년간에 투출되며, 또한 대운지지 丑土가 원국의 未土를 축미충하여 未중에 己土가 거듭하여 강력하게 올라오는 己巳년이다.

己土는 시간의 용신인 癸水의 칠살이며, 巳년에 巳火가 년지 申金을 사신형합하여 묶어버리며, 화극금하여 년시간의 식상인 임계水의 뿌리를 강한 화가 화극금하니 申금이 무력하여 壬癸수를 生하지 못하고, 壬水가 巳에 임사-절지이며 계사-태지이다.

또한 기계극이며 己토탁임이라 자식인 식상 壬癸수에 불길한 현상이다. 이처럼 천간에 투출한 육신 밑으로 해당하는 년운 지지를 깔아서 12운성을 살핀다.

● 6번 사주실례, 남명 66년 음7월 2일 申時

癸 壬 辛 庚 己 戊 丁
卯 寅 丑 子 亥 戌 酉

庚戊丙丙   6.남 +3
申申申午

상관격 조후火용丙甲癸-水가 재물이다.

처:丁未生 자식: 남매 자-戌生 여-丑生 직업: 가축병원수의사

1. 일간 戊土가 많은 경신-金에 설기가 심하고 庚金이 식신이지만 金이 지나치게 많으니 상관의 작용이라, 년상에 丙午화-인수를 용신으로 하여 신약한 일간을 생하며 金을 제거하는 작용이 있다.

그러므로 초년에 학문을 하게 되고 조상덕이 있다. 또한 식신이 戊土에 문창이고 역마성이라 사람이 외교에 능하고, 식신 문창에 역마라 기르고 양육하는 것으로 가축에 관한 학문을 하게 된 것이다.

2. 〈육친관계〉

문; 부모형제 덕은 좋은지요.

답; 년월에 丙午화 인성인 문서가 용신이고 부모형제 궁이라 원조를 받게 된다. 또한 년월을 초년으로 보니 어려서 부모형제의 사랑을 많이 받고 자란 사람으로 본다.

庚戊丙丙　6. 남
申申申午

문; 처덕은 좋은지요.

답; 처덕도 있는 사주다. 원칙적으로는 인수가 용신이면 재는 인수를 극하는 것으로 처가 기신이 되겠지만, 이 사주는 申月이라도 상반월이라 당령신이 戊土요, 午火와 申金사이에 未土가 협공되어 水를 감당할 힘이 있고, 사주내 水가 투출하지 않아 용신인 인성-화를 재극인으로 극하지 않으므로 처의 내조가 좋은 것이다. 그러나 신중에 壬수인 암장재가 많으니 이성문제는 많다.

문; 결혼 시기는 언제며 어느 띠와 인연이 되나요,

답; 여자는 未生과 申生이 나타난다. 申중에 壬水가 재요 未土가 협공되며 천을귀인이고, 목인 자식의 고지이다.

결혼 시기는 27-28세며 申중에 재가 나타난다.

그러나 자손궁은 불길하다. 왜냐면 관성이 없는데 자식궁인 시에도 기신인 庚申金이 왕하고 대운이 金水운이라 생자하기 어렵고 자식을 낳아도 동거하지 못한다.

문; 직업은 무엇이 좋은가요,

답; 양간에 식신은 문창 식신이라 총명과 창의력이 있는 사주요, 역마가 많으니 바쁘게 뛰게 되고 외교에 소질이 있으며

천을귀인 未土가 암장되고 申금은 천의라 의사성분인데 木 관
성이 없어 가축을 다루는 의사다. 역마 식신은 뛰어다니는 가
축이고 그 식신 안에 재물이 있다.

문; 재력은 어떻게 되는지요.

답; 재산은 戊토가 년월의 丙午화의 생조를 받아 약하지 않으
며 申금인 식신 중에 재성인 壬수가 들었으니 대부요, 水운에
는 상관이 재로 설기되니 돈을 벌고, 무관이니 명예는 없으며
비겁인 토운에는 상관만 생하고 인수는 설기되니 재산 소비한
다.

평생에 길운은 33세 무인년에 申金을 충동하는 때부터 30년
간 사업으로 크게 성공한다. 식신 안에 재가 임신으로 장생지
라 의식주업에도 발전이다. 년지 오중 丁화가 庚금을 기물로
만드니 부자 사주이다.

● 7번 사주실례, 여명

辛 庚 己 戊 丁 丙 乙
酉 申 未 午 巳 辰 卯

戊戊甲癸 7. 여 +3
午申寅巳

여명의 戊토일간이 칠살격으로 신약한 일간을 극하며 년간의
계수까지 합세하고 있다. 제살이나 화살로 칠살을 다스려야
하는데 화살하는 인성인 巳午화가 있고 제살하는 申금도 일지
에 있어 편관격과 충하고 있다. 더구나 인사신-삼형살이 일월
지에서 일어나니 불미하고 탁한 구조가 되었다.

이처럼 일지에 있는 식신과 칠살이 충하면 식신을 제살하는

용신으로 삼아야 한다. 그러면 화-인성은 금-식신을 극하는 기신이 되고 만다. 인성인 巳午화는 기신이며, 재물은 년간 癸수가 희신이나 무력하며, 월주의 갑인 칠살을 생조하니 불길하여 평생 물질로 인해 고통을 받는다.

남편은 戊子生, 자식은 3남매로 자는 甲寅생이다.

직업은 식당종업원으로 관살인 寅목이 공망이고 충이니 남편에게 성적불만으로 35세부터 17세 나이 많은 유부남과 동거하듯 하는 사주이다.

본 명조의 남편은 寅월 초봄에 월간으로 투출한 편관-甲木인데 申金이 편관인 寅목을 인신충극하니 통관하는 子生이 남편이 되었다.

본남편은 戊子生이며, 연인은 丙子生이다. 조후인 수와 신약에 인성인 丙화가 필요하니 丙子生을 남편으로 생각한다. 자식은 1남 2여 아들은 甲寅生이고, 본인 직업은 식당종업원이다. 년간의 癸수인 정재가 인신충으로 뿌리가 흔들려 무력하니 자기 사업은 안 된다.

戊戌甲癸   7. 여
午申寅巳

여명에 寅월 戊土일간으로 태어나 월상에 甲木이 투출하여 칠살격인데, 년상 癸水 정재가 있어 기신인 칠살을 생하니 재성이 불길하여 부친이나 재물로 생고생이다.

시상 戊土 비견이 투출하여 형제 자매가 도움이고, 년지 巳火 편인이 있고, 월지에 寅木 편관이 되고, 일지는 식신에 해당하며, 시지에는 午火 인수가 있다.

육친상으로는 년상에 癸水는 정재로서 부친이고, 결혼하면 시어머니이고, 현금이며 정당한 노력의 대가로 이해타산성이다. 년상 정재가 무근하고 巳火 편인 위에 앉아 절태지가 되며, 월지에는 계인으로 계인-목욕지가 되므로 년상 癸水가 일지 申金에 근을 두었으나 寅목과 인신충하여 생을 받지 못하고, 기신인 월간의 甲목인 칠살을 생하므로 도움이 안 되는 일만 하고 있다.

甲목의 뿌리인 寅목은 남편인 甲목의 정신이고 사상인데, 그 것을 인사신으로 형충극하며 공망이라 부부간에 정이 없다. 월상 칠살은 여명에는 남편이요, 이성에 해당하는 것이고, 편 관성은 무관성분이며 기신이면 질병을 발생하는 병균과 같고 도적신이 된다.

시상 戊土는 비견으로서 형제자매 친구이고, 또는 남편의 애 인이다. 비견은 재를 극하는 것이며, 관을 빼앗아가는 것이다.

戊戌甲癸   7. 여
午申寅巳

년지 巳火는 편인으로 지살에 해당하고, 편인은 조부이며 계 모이며, 모친 형제간이고, 자식이 성장하면 사위이다. 일지 식 신인 申金은 조모이고, 결혼하면 자식이고 손아래 사람이 되 고, 식상이라 표현력이며 본인의 사상이요 활동이며 노력이 다.

시지에 午火는 정인으로 모친이요 모친의 형제간이며, 여명에 편정인수는 남자들로부터 받는 정에 해당한다. 인수는 질서요 예의에 해당하고, 식신을 극하는 것이니 활동에 장애가 되는 것이다.

본명은 편관 칠살격에 칠살을 합하는 己土나 살인상생하여 설 기하는 丙丁화가 천간에 투출하지 못하고 칠살이 寅월에 녹을 받아 왕하지만 년월일이 인사신-삼형살로 여린 寅목이 손상을 당하였으니 칠살인 寅목-남편이 불길하고, 일지 申금은 식신이라 본인의 생각이 남편을 멀리한다.

일간 戊土는 년지 巳火에 녹지가 되고, 월지에 장생이요 시지에 午火 왕지가 되며, 午와 申사이에 未土가 협공되어, 비록 寅월은 초봄이라 춥다고 하지만, 사주에 목화가 강하여 조열하고, 일간 역시 근이 있어 약하지 않으니 인신충을 통관하는 수운에 발복하고, 화운에는 식신을 극하므로 칠살의 공격을 당해 불길한 것이다. 그러나 이처럼 통관용신과 억부용신이 서로 어긋나니 가정과 건강에 문제가 발생한다.

戊戊甲癸 7. 여
午申寅巳

또한 인신충으로 자식과 남편이 다투고 있으니 남편을 외면하고, 나이 많은 남자를 좋아하는 것은 월주에 편관 칠살을 본인의 식신으로 극하고, 식신이 하는 것은 본인의 생각이 남편을 멀리한다는 의미이고, 시지에 인수인 午火 도화살이 있어 도화는 곧 이성이요, 바람을 피우는 것이며, 인수 도화라 부모 같은 남자에게 빠지는 것이며, 午화 위에 비견 戊土가 있고, 午중에 己土 겁재가 있어 도화인 애인이 바람둥이다.

이처럼 시에 있는 도화는 반드시 재관이 아니라도 이성 애인으로 보는 것이니 암장된 비겁을 지니면 바람둥이다. 그러나 다른 오행을 지닌 것은 午화 뿐이다.

여명에서 戊토일간이 寅巳申 삼형살이 되면 식상인 申金, 즉 자식을 출생한 후에 寅목인 관살-남편이 불길하게 되는 것이고, 인성인 巳화도 형이니 정이 멀어져 부부사이가 멀어지는 것이다. 무신일주는 고란살이다. 갑인-을사-정사-경자-신해-무신일이 고란살이며, 여자 사주에 편관 남편은 정 없는 남편이라 한다.

戊戊甲癸 7. 여
午申寅巳

본 명조는 癸수인 재가 기신인 칠살을 생하는 구조라 재물 고통이 따르는 것이다. 이 사주에는 일지 식신인 申金이 수 재물의 장생지이라 식신업인데 식신은 곧 음식이다.

본 명조는 수가 약하고 화가 강하니 금수가 길한데 시지인 자식궁에 화가 있으니 불길하여 자손과 동거하기 어렵고, 말년에 자식들 도움이 없다.

건강은 칠살이 木이니 신경통 관절염이고 기관지 계통이며, 목은 간에 해당하며 머리가 되니 두통이 심하다. 또한 인사신 삼형이라 수술을 받기 쉬운데 일지 식신인 申金이 손상을 당하면 申金은 식신에 해당하니 자궁이며 유방이고 巳화는 심장 질환으로 본다.

●8번 사주실례, 남명
己일 未토월에 태어나 假식신격으로 조후용신은 수-재물
처:己丑生 자식:남매 평생 물질로 좋은 운은 辰대운이다.

乙丙丁戊己庚 5
丑寅卯辰巳午

辛己辛己 8. 남 +6.5 가색격이나 여름에 수부족- 가식신격
未巳未丑

문; 왜 假식신격이라 하는지요.

- 216 -

답; 己土 일간이 미월에 태어나고 未중에 己土가 년간에 투출하여 같은 오행이고 지지에 火土가 많으니 가색격으로, 즉 土일기격으로 보이나 사주가 조열하여 조후가 필요하여 가색격을 이루지 못한다.

이처럼 종격도 조후가 맞아야 성격되며, 일반격으로 년지 丑土에 통근한 辛金이 월간과 시간에 나타나 강한 己土를 설기하니 식신격이다. 그러나 辛金이 월지에서 투출한 것이 아니라 진격이 아니므로 假식신격이라 칭한다. 그러므로 금수를 기뻐한다.

辛己辛己 8. 남
未巳未丑

문; 조후 용신이 없으면 어떤지요.

답; 조후 용신이란 주변 환경과도 같은 것인데 없으면 환경이 좋지 않은 것으로 본다. 즉 未月의 己土는 조열하니 壬水가 있으면 조후가 되는데, 水가 약하면 庚金이 있어서 水를 생해야 하고, 왕한 土를 甲木으로 파헤치면 토질이 좋아져 만물을 자생할 수 있으니 주위 환경이 좋은 것이다. 그래야 길명이 되는 것이다.

문; 金水를 용신으로 한 이유는 뭔가요.

답; 미월 己토에 화土가 많고 식신인 金이 약하니 金운에는 많은 土를 설기하고 식신을 보충하며, 조열한 土는 生金하기 어려운데 水운을 만나면 윤습한 土가 되니 辛金을 생할 수 있고, 辛金 식신은 水를 보아야 설기되고 빛을 보게 되니 일거양득과 같다.

2. 〈육친관계〉

문; 부모형제 덕은 좋은지요.

답; 년지에 丑토인 금-식상의 庫가 있고, 축중에 癸水가 있으니 출생 당시는 시골에서 부유하였으나, 토인 비겁이 많고 월과 시지의 未土가 丑土를 충하여 기축-입묘된 축중의 癸수인 재성을 미중 丁화가 정계충으로 극하니, 본인 출생 후 파산하고 물질 도움은 없는 사주다.

辛己辛己   8. 남

未巳未丑

문; 처덕은 어떠한지요.

답; 水가 처요 재물복인데 水가 없으며 비겁이 많고, 일지 처궁에 巳火가 있어 기신인 비겁을 생하므로 처복이 없다.

보통 일지에 정인이 있으면 희기신을 떠나 부부는 유지하는데 여기서는 조후도 안 맞으니 불리한 것이다.

또한 참고로 본명은 일지 칠살이 암장되지 않았으나 일지에 칠살이 암장되면 희기신을 떠나 부부관계가 불리하다. 만일 비겁이 기신일지라도 부부궁인 일지에 더운데 조후를 맞추는 辰丑습토라면 부부궁이 길한 것이다.

문; 결혼 시기는 언제며 무슨 띠와 인연이 되는지요.

답; 24-25세 무진운 壬子년과 癸丑년이 결혼운인데, 癸丑년에 일지에서 사축금국이며 대세운 무계합이니 여자를 만나 동거생활이다. 인연띠는 巳生을 만나면 인수라 소소한 도움을 받고 정을 받지만, 丑중에 재가 있고 희신이라 연애 결혼하여 己丑생이 처다.

부부사이는 재성이 희신이라 덕은 좋으나 부부궁인 일지가 기신이라 부인과 재물복은 없으며, 비겁이 명암으로 많아 재성을 겁탈하니 주위환경 때문에 불화와 걱정이 생기는 사주다.
47-49세 병인운 을해-병자-정축년에 부부불화로 이혼하는 운
이라 두 번 결혼할 팔자다. 병인운에 丙辛합거로 용신이 합거
되니 불길운이며, 을해년부터 을신충 을기극 사해충하니 일주
를 천극지충하므로 갈등과 불화가 심해지며, 일이년 뒤에 갈
라서는데 정축년에는 인성인 문서가 丁丑-입묘되고 월주와 천
극지충이다.
辛己辛己   8. 남
未巳未丑

문; 자식덕은 있는지요.
답; 자식은 미중 乙목이 관성으로 두 자녀를 두었으나 乙목은
한신이고, 시지인 자식궁이 기신이라 자식복과 덕이 없는 사
주다.
木 관성이 암장되어 없고, 시지인 자식궁에 미중 을목이 있는
데 동주한 辛금이 금극목으로 을목을 충하니 동거불가하며,
미토는 갑을목인 관성의 입묘지이니 불리하다. 이처럼 시지인
미중 乙목이 암장되어도 辛금의 앉은자리에 있다면 동주한 辛
금이 극하게 된다.
또한 자식궁인 시지에 미중 乙목인 칠살이 들었으니 본인 생
각에 자식은 압박이 강하며 어렵다고 느낄 수 있다. 부모형제
궁인 월지에도 칠살이 들었다.

문; 직업은 무엇이 좋은지요.
답; 축중 癸水가 재물이며 辛金 식신이 丑土에 통근을 하여
금수에 관계된 얼음 또는 식품 물 사업이 길하고, 辛금은 냉
장고 에어컨 냉동기계 통닭 호프집이 길한 사업이다. 혹은 시

골에서 농사하며 양계 젖소 양육도 가능하다.

문; 재력은 어떻게 되는지요.

답; 축재하기 어려운 사주다. 월시간에 식신인 辛금이 투출하여 열심히 돈은 벌어도 비겁이 많아 쓰는 곳이 많으니 고통스런 생활이다. 그러므로 비겁이 많은 사람은 저축하는 습관을 길러야 말년 고생을 면한다. 土가 많으니 토운을 만나면 정신이 산만해지고 탐욕하여 주변에 있는 사람에게까지 고통을 준다.

● 9번 사주실례, 여자: 편관격 수용

戊 己 庚 辛 壬
寅 卯 辰 巳 午
庚癸癸庚   9.여 +5 토금수-삼상격
申未未申

1. 여자: 편관격 수용

癸수일간이 未월에 태어나 未중에 암장된 지장간이 투출하지 않았으니 월지 未土를 그대로 격을 정하여 편관격이다.

문; 편관격에 용신은 무엇인지요.

답; 未月에 金이 너무 많고 조열한 계절이라 수다금침으로 탁수가 되니 水를 용하여 많은 庚金을 분산 설기하여야 한다. 조열한 계절에 일월지에 조토인 未토가 강하여 일간 癸수를 극하고 있으며, 사주에 경신금이 많아 癸수는 탁한 물이 되는 고로 火로써 庚금을 극해야 하지만 더운 계절이라 불가하니, 부득불 많은 수를 사용하여 탁한 금기를 희석시켜야 하니 수를 용신으로 삼는다. 水가 일월지에서 무근한데 경신金이 많으면 탁수가 되어 불길한 것이다.

또한 여명 편관격은 제살이나 화살로 다루어야 하는데 제살의 목은 없고 경신금이 있으나 중중하여 일간을 구출하는 수로써 용신을 삼는다.

그러나 실령했지만 금수가 많아 신왕한데 다시 수를 용하면 억부용신과는 어긋나니 가정과 건강에 문제가 발생하는 탁한 구조이다. 또한 토금수의 삼상격도 되며 일반내격에 우선하므로 삼상격의 용신은 인비가 되는데 운로가 돕지 않으니 불길하다.

庚癸癸庚　9.여
申未未申

문; 이 사주에 庚金은 癸水 일간에 인수라 학문을 잘하는 지요.

답; 칠살격에 인수가 용신이면 선비사주로 학문에 소질이나, 庚申金이 공망되고 오행이 土金水로 일간에 집중되어 삼상격이 되었으니 용신은 인비라 금수이다.

그러나 설기하는 오행인 식신-木이 없는 구조라 물이 흐르질 못하니 식상인 노력이 부족하고 조열한 계절이라 비겁인 水를 좋아하며 인성이 많아 탁수가 되었으니 학문에는 열의가 없는 사주다.

문; 비겁이 용신이면 어떤가요,

답; 비겁이 용신이 된 자는 어려서 친구들과 놀기를 좋아하고 학문에 관심이 없으며 재성을 겁탈하니 재물소비가 많고, 모친은 본인을 아끼고 사랑하나 본인은 모친을 멀리하는 것이며 성인이 되면 동성 연애하는 자가 많다.

문; 오행이 일간에 집중되고 설기가 없으면 어떻게 되나요,

답; 오행이 일간에 집중되고 식상이 없어 설기가 안 되면 타인으로부터 정을 받기만 하고 베풀 줄 모르는 사람으로 이기주의자가 되기 쉽고, 어려서는 모친의 과잉보호로 자립정신이 없으며 요즘 흔히 말하는 공주병 왕자병에 걸린 사람이다.

문; 인성인 문서가 공망되면 어떻게 되나요,

답; 공망이란 체는 있으나 실이 없으니 공부를 하여도 성적이 오르지 않는다. 그러므로 공부는 형식적이다.

庚癸癸庚　　9.여

申未未申

2. 〈육친관계〉

문; 부모형제 덕은 있는지요.

답; 년주는 조상궁인데 申酉금이 공망되어 조상덕이 없으니 물질 도움은 없고 일월주에서 土와 水가 상극되어 있는데 경신금 인수가 통관신이 되었으니 부모로부터 애정은 받고 자란다.

또한 庚금 모친은 강하고 편재인 丁화 부친이 未토 중에 암장되어 모친이 사회활동하고 부친은 무능하며, 모친은 음양이 달라 본인을 좋아하고 기대하지만 모친의 기대에 부응하지 못하는 사람이다.

문; 부부궁은 어떠하며 무슨 띠와 인연이 되나요,

답; 칠살이 남편이라 부부간에 정이 없고, 칠살이 나란히 있으며 동주한 재성을 올려놓아 유부남이거나 살지 못할 남자를 만나 본인이 버리게 된다. 일지 부부궁이 기신에 칠살이다. 인연 띠는 비록 신중 壬수가 있지만 공망이라 일간이 무근하

니 근이 되는 子생 丑생 辰생이 좋은데, 未중에 재와 관성 식신이 있으니 戌생을 만나게 된다.

문; 자식덕은 있는지요,

답; 시가 자식 자리인데 공망되고 식상 木이 자식이라 시에 金 인수가 강하면 식상을 극하게 되니 자식과 인연이 없고, 생자하면 자식을 캥거루처럼 품안에 싸안고 살려는 금-인수적인 습성이 생긴다.

庚癸癸庚   9.여
申未未申

문; 직업은 무엇이 좋은가요,

답; 식상인 木이 없고 木庫인 未土안에 丁火 편재가 있으니 의상 섬유류 미용실 등이 좋고 여자 사주에 未土는 칠살이니 살지 못할 남자라 남자 상대하는 다방 주점인데 未土위에 癸水는 더운물이다.

문; 재물복은 있는지요.

답; 火가 재물인데 미중에 丁화로 암장되고 木식상이 없으니 노력 없이 뜬재물을 원하므로 소부명이다.

문; 건강은 어떤가요,

답; 癸수일간이 무근하고 양-미土가 癸수를 극하니 신장방광의 질환이고 토가 병이라 소화기질환이며, 금이 강하여 탁수가 되니 금은 폐 대장으로 불길하며, 칠살이 강하고 일간 癸수를 돕는 수운을 만나지 못하여 장수하기 어렵다. 癸수가 강해지는 것은 인성보다 암장된 수를 만나는 것이다.

이 사주는 여자 상업고등학생인데 중학교 1학년부터 수없이 가출하고 고2 때는 가출하여 장기간 결석하였으므로 학교에서 자퇴를 하라는 명령이 떨어진 상태이다. 丁丑년에 살지 못할 유부남과 사귀고 술과 담배도 피운다.

본인 말에 의하면 커피숍이나 하며 살고 싶다고 한다. 이와 같이 庚금-인성인 문서가 통관신이 되어도 너무 강하게 되면 탁수가 되니 학업을 싫어하고 재를 탐하게 되는데, 편재인 丁화가 未토인 식신-庫중에 들어 있기 때문이다. 즉 다시 말하면 식신의 고는 활동력의 저하를 의미하는데, 거기에 재성이 암장되면 노력 없이 편하게 돈을 벌려는 습성이 생겨난다. 더우기 未토는 칠살로 남자에 해당된다.

● 10번 사주실례, 여명 식신격이며 조후용신인 火이고,
남편: 戊寅生이며, 자식:2남 장남-壬寅 차남-乙巳생이다.

戊 丁 丙 乙 甲 癸 壬 8
申 未 午 巳 辰 卯 寅
戊己辛辛   10. 여 +5.5 조후용 억부불길
辰卯丑巳

1. 己토일간이 丑月에 태어나 丑중 辛金이 투출하여 식신격이며, 축월은 만물이 동결된 계절이라 조후가 우선적으로 필요하기 때문에 화를 용신한다. 년지에 巳火가 있으나 월지 丑土에 설기되어 무력하니 火가 미약하다.

특히 축월 己토는 논밭이라 얼면 甲乙목인 나무가 자라지 못하니 화를 필요로 한다. 이 사주는 비록 추운 겨울의 논밭이라 화를 필요로 하지만 신왕하고, 辛금인 식신도 월간에 강하게 투출하니 수운이 오면 재물복이 길하다.

그러나 이처럼 조후와 억부가 다르면 본인이 원하는 인생을

살지 못하고 현실과 이상이 동떨어진 생활을 한다. 이 사주는
비겁이 강해 금수를 달려야 하나, 추운 계절에 태어난 탓으로
현실과 생각이 다르게 작용한다. 그러므로 가정과 건강에 문
제가 발생한다.

또한 일지 부부궁은 토를 억제하고 화를 돕는 희신이지만 칠
살이므로 부부간에 정이 없으며, 일지 편관인 묘목은 토인 양
쪽 재성을 취하는 형상이라 본인과는 연이 박하다. 주중에 전
부 비겁이라 남편을 반분하여 살아야 하며 고독한 것이다.

戊己辛辛　10. 여
辰卯丑巳

문; 식신격에 인수를 용신으로 하게 되면 어떻게 되나요,

답; 한마디로 말하여 사주 그릇이 적어진다. 식신은 재를 생
하는 것인데, 인수는 식신을 극하여 재를 생하지 못하게 하는
것이라 부명이 되기 어려운 것이다.

또한 여명에 관성은 약하고 인수를 용신으로 하면 관이 설기
되니 일부종사하지 못하고, 인성은 남자의 정을 원하니 정부
를 두고 지내는 것이다. 여자 사주에 인수는 관성이 생한 것
이라 남자들의 정이나 생식기로 본다. 혹 사주 내에 인성인
火가 많았으면 조후가 필요치 않으니, 水木운에 남편이 잘되
고 물질적으로 풍요롭게 사는 것이다.

2. 〈육친관계〉

문; 부모형제 덕은 좋은지요.

조상 자리인 년월에 식신이 강하고 사주의 기가 식신에 뭉쳐
있으며 년지에 巳火가 조후 희신이라 조부대에는 대부행세이
나, 월지 비견이 丑토인 기신으로 수-재성을 극하는 별이라

부친덕이 박하며, 축에 들어있는 癸수라 무력하여 부친이 일찍 사망하였기 때문에 가세가 기울게 된다.

또한 일간 己土가 월간인 형제궁을 土생金으로 생하여 일간의 기가 설기되니 형제들의 도움을 받지 못하고, 비겁이 기신이며 시에 戊辰土가 겁재요 형제인데, 앉은자리로 辰土인 재庫를 가지고 있으니 본인보다 잘사는 형제가 있으나, 비겁이 기신이며 일지인 아신에서 목극토로 극하니 형제간에 무정하여 도움은 받지 못한다.

戊己辛辛 10. 여
辰卯丑巳

문; 남편덕은 좋은지요.
답; 본인은 己土일간으로 태어나 木이 남편인데 12월 木은 가지만 앙상한 고목나무이다. 이 사주에 정관은 없으며 일지 부부궁에 卯木 칠살이 있으나 기묘-병지에 있으며, 양쪽의 재성을 취하는 형상이라 남편구실을 하지 못하고 덕이 없으니, 스스로 자급자족하는 팔자요 혼자 살 팔자인데, 청년대운에 목인 관살운이 들어와 결혼을 하고 二子를 생한 후 남편이 사망했다.

문; 결혼 시기는 언제며 무슨 띠와 인연이 되는지요.
답; 22세 계묘운 임인년에 결혼하고 戊寅생과 인연이 되었는데 월지와 일지 사이에 寅木이 협공되어 寅生과 인연이 있고 寅木이 정관 남편이라 寅년에 결혼인데, 협공된 남편이니 연애결혼이다. 그러나 寅목이 卯목을 보아 탁기로 존재하니 남편운이 불길하다.

문; 왜 이 사주에 남편이 사망하게 되며 사망 시기는,

답; 12월 木이 관성인데 겨울나무이며 수의 생조가 없어 기가 약하며, 28대운이 甲辰이라 정관 甲목인 남편이 백호살에 해당하는데, 30세 甲辰운 庚戌년에 대운 甲辰과 년운의 庚戌이 천극지충으로 사망하였다. 庚戌년은 상관이 강해져 극관하며 일지에서 묘술합이니 남편이 없으면 끌어들이고, 있으면 묘목이 戌土에 을술-입묘로 합거된다.

이처럼 대운에서 육친의 별이 백호지에 앉으면 세운을 살펴야 한다. 백호살의 형충인지, 아니면 천극지충에 해당하는지를 봐야한다.

戊己辛辛 10. 여
辰卯丑巳

문; 자식덕은 있는지요.

답; 식신에 기가 뭉쳐있으니 자식이 성공하고 자식자리에 辰토인 재庫가 있으니 본인보다 물질적으로 풍부하겠으나 시주가 겁재이며 더우기 기신으로 재물 도움을 받기는 어렵다.

자식은 둘이 있는데 壬寅생 자식은 성공한다.

문; 재력은 얼마나 되는지요.

답; 재물은 동절의 水가 재성이라 동결되고 암장되어 있으니 부명이 아니요, 소부복인데 식신이 강하니 식복은 있다. 또한 월지 丑土에 재가 있어 식신생재를 하니 식복은 있는 것이다. 그러나 45세까지 재물 고통이요 46세부터 발전운이다.

문; 직업은 무엇이 좋은지요.

직업은 겨울에 태어난 근토라 억부를 떠나 무엇보다 인성인 火를 원하니 일간에는 문서요 따뜻한 것이라 숙박업이요, 火는 화려하고 사치스런 것이니 여자들에는 화장품이나 미장원

이 길한데 이 사람도 미용실 한다.

● 11번 사주실례, 남명
木火상관격이며 회신은 水이며 기신은 火,土이다.
처궁: 壬辰생 水를 원하니 水庫인 辰土에 乙木 안정이다.
자녀: 자-己未 녀-丙辰 처 자궁 열어주는 辰년生, 未년生
직업: 1.농사 2.신발구두 3.건축막노동 4.카드 대출업
13세: 戊戌년에 父亡 乙未운 백호살 戊戌년 丑戌未 삼형으로
모친고통
30세: 乙卯년에 결혼 酉자식 나타난 대운 卯 도화 戌土합
45세: 庚午년 카드 대출업
46세: 辛未년 주택구입 이사
乙乙甲丙   11. 남 +2
酉丑午戌

乙목이 午화 식신월에 태어나 오중 丙화가 투출하니 상관격으
로 상관은 아손타익성으로 타인에게 베풀고 뒤돌아 욕먹는다.
고로 언행에 주의하지 않으면 안 된다.
이 사주는 木火상관격으로 인과 예를 중요시하나 일간이 약하
고 인성인 수가 없어 을목의 생기가 부족하니 나태하고 자존
심이 강하며 반항하는 기질이 있다.
일지가 축오-원진귀문살에 축술형살이며 丙화 상관이 午화 양
인에 뿌리를 두었으며 오술합화로 상관인 화가 태왕하니 언행
이 불손하다.
사주가 조열하여 일지 丑土 중에 癸水인 편인 문서를 원하니
화인 상관을 억제하는 亥子丑 북방운이 길한데, 5월에 甲木
겁재가 午火에 갑오-사지요 乙木은 장생지라, 형제친구는 죽

어도 본인만 살면 된다는 식이다.

5월 乙木이 갈증이 나고 메말라 있으니 水를 찾는데 일지 편재인 丑중 癸水가 있으니 乙木에 문서요 丑土가 재성인데, 庚金인 관살의 庫중에 들어있는 재물이라 공직이나 정부에서 발행하는 신용 카드나 어음 할인해주고 돈을 번다. 그러나 시지에 칠살인 酉金이 일지 재인 丑토와 유축합되어 신약에 기신인 관살이 되어 일간을 극하니 재물로 인해 마음 편할 날이 없다.

乙乙甲丙　11. 남
酉丑午戌

육친관계로는 년월에 丙午화인 상관-기신이 있어 부모형제 덕이 없고 조실부모요 선빈후부격이다. 년주가 병술로 기신이요 월주가 甲午로 공망이고 부모형제궁이 흉하여 부모형제덕이 없고 자수성가한다.

부부관계로는 처궁은 일지 丑土 중에 癸수가 있어 희신이 되므로 처의 내조는 있으나 신약에 기신이며 재성이 칠살인 酉금을 생하니 물질덕은 없다. 그러나 시지 酉金과 재성인 丑土가 합하여 칠살이 되니 신약에 무근한 乙木이 처자를 두려워하고 처의 성질이 칠살인 酉금을 생조하므로 포악하여 남편을 함부로 대하고 막말을 한다.

자녀궁에는 기신인 칠살이 있고 일지의 丑土인 재를 설기하므로 재물을 소비시키는 자식들뿐이다. 시지 칠살이라 말년에 자식의 도움은 없다.

직업; 1.농사 2.구두 3.막노동 4.카드어음대출
초년 戌土운에 공사장 경비요 농사다. 午중 己土가 甲木과 합하여 甲皮-구두다. 일지인 丑土속에 己土인 재성과 辛금인 관살, 그리고 인성인 癸수가 문서로 들었으니 유가증권업이다. 남명의 일지에서 재관이 들고 월시지에서 아신합이면 금융업이다.

여기서는 축중에 己土인 재와 辛금인 관성이 들고, 시지에서 유축합하여 아신인 일지로 들어오니 금융업이나 유가증권 등에 인연이 있다. 그리고 이처럼 재성이 칠살과 합하면 관청인에게 상납하거나 아니면 세금으로 두들겨 맞는다.

乙乙甲丙   11. 남
酉丑午戌

재물; 小富명이다. 왜냐면 여름철 乙목일간이 무근하고 원명에 水가 없으니 乙목이 성장하기 힘들며, 재성인 토는 유축합금되어 극을 당하고 戌토는 오술합으로 열기를 더하니 水운을 만나도 축재하기 어렵다.

건강; 丙午화가 조열하여 월간의 甲木이 타게 되니 甲목은 간장 질환과 子운에는 혈압이다. 56대 庚子운 寅년에는 인오술로 합되어 丙戌월에 대흉하다. 혹은 황천길이다.

36대 戊戌대운에 戊土는 정재로 재물이며, 戌토는 일지 丑土를 축술로 형파하니 이동 변동운인데, 37세 무술운 壬戌년에 모친이 사망하였다.

원인은 세운간 壬水은 정인 모친이며 임술백호지인데, 壬수는 앉은자리 戌土에게 토극수로 극을 당하고, 다시 대운의 戊土가 무임극으로 壬수를 극하는 극범세군의 불길한 상태에서, 년운의 壬수는 사주의 丙火와 임병충으로 상전하게 되니 무력한 壬水가 얻어터져 증발하는 격이다.

39세 무술운 甲子년에 상경하였다. 원인은 무술운은 재성으로 재물욕심이고 甲子년을 만나니 子水가 사회궁인 월지 午火를 충하고 일지 丑토와 子丑으로 합이 되어 乙木이 甲木인 희신인 겁재를 보니 독립할 운이라 甲목을 따라 상경했다.

子水는 북쪽이라 호남에서 서울로 상경이다. 그러나 갑자는 목욕지라 천방지축으로 흔들리는 운이며, 戌戌대운에는 재물로 인한 기신운이라 고통인데, 45세 이전에 본명은 막 노동이고 여자는 식당 종업원 노릇을 하였다.

乙乙甲丙　11. 남
酉丑午戌

46대 己亥대운에 들어 己土는 편재요 편재 己土가 월상 甲木과 합을 하여 甲목은 신약에는 도움이 되나 乙목은 수를 원하고 있으니 목은 별 도움이 안 되며, 무엇보다 앉은자리 午화인 상관을 생하는 甲木이라 기신 역할이 더욱 크고 강한데, 己토가 甲목을 묶어 기신인 화를 생하지 못하도록 하며, 亥水가 희신이라 일생에 가장 좋은 운이다.

46세 辛未년에 집을 사고 이사하였다. 원인은 乙木은 토로써 집을 삼는데, 일지 丑토는 유축합금하고, 戌토는 오술로 합하니 들어갈 집이 없다.

그런데 未土가 나타나니 미중 乙목은 일간인 乙木이 뿌리를 내리고, 세운의 천간인 辛金 칠살이 기신인 丙火와 합하여 병신합수로 인성인 희신이 되니 집을 샀고, 未토는 일지 丑土를 충하니 축중 癸수인 문서가 튀어나와 문서를 잡은 것이라, 지하 월셋방에 살다가 새집을 사서 이사한 것이다.

참고로 축미충은 남명에서 재성끼리의 충이라 일지인 부부궁을 천극지충하더라도 다툼과 불화는 있지만 토 재성은 남으니

- 231 -

부부관계는 유지된다.

56대 庚子대운에 庚金은 정관이 되고 丙火는 상관이라 천간의 상관이 견관하여 관재가 나타나 관재구설이 일어나는데, 대운지지 子水는 문서이기 때문에 일지의 재성인 丑土와 합을 하여, 丑토인 재성-돈과 子수인 인성-문서의 자축 합거로 인하여 庚금인 관성을 상관인 丙화가 부시니 관재 구설이다.

乙乙甲丙   11. 남
酉丑午戌

세운 천간에서 관성이 나타날 때 원국의 상관이 동하면 상관견관의 현상으로 일어나니 관재구설이 움직이므로, 경자운 庚寅-辛卯년이다. 그렇지 않으면 극락행이다. 고로 모든 현상과 육친의 동태는 세운 천간에서 비롯되는 것이다.

*상관격의 특성은 희생정신과 동정심이 강하여 베풀고 배반당한다. 자만심, 반항심이 강하고 자유분망한 성격으로 속박과 억압을 싫어하고, 사주에 정관이 투출하면 법을 무시하여 반항하고 격이 불길한데 정관이 투출하면 깡패건달이다.
상관과 양인이 있으면 사기꾼이며 간사하여 타인을 기만한다. 천간에 투출한 상관은 교만하고 지지에 상관은 자존심이 극강하다.
상관격의 길흉작용으로는 상관은 일간의 기를 설하고 정관을 극하며 재를 생하는 신으로 일간이 유근하거나 또는 신강해야 좋고, 상관은 흉신이라 간합 또는 인수로 억제하고 재로 설기하면 흉사를 면한다.
상관은 간합이나 극하는 것 또는 상관을 설기하는 것을 길신으로 하고 겁재나 형충을 가장 싫어한다.

상관격의 운해설- 재다신약한 상관격은 인수와 비겁운에 발복하고 신강하고 상관격에 재성이 약한 명은 재운 또는 재왕지와 재가 장생인 운에 발복한다.

신강한 상관격에 인수가 강하면 재운에 인수를 억제하니 발복하고, 양일간 상관격에 편인이 있어 상관과 합되고 일주가 강하면 관살운에 길하다.

또한 신강하고 상관이 강하며 재가 없으면 정관운에는 상관견관하므로 부부이별하고 흉화가 발생한다. 그러나 신약한 상관격에 관살이 있으면 재운에 기신인 관살을 생조하므로 처나 재물로 인하여 관재송사요 건강에 장애가 온다.

만일 신강한 상관격에 관성이 있는 자는 재운도 길하고 인성운도 소길하다. 왜냐면 신강사주라도 상관격이면 강한 상관이 관성을 억압하여 일간이 관성의 도움을 못 받지만, 인성운을 만나면 일간은 더욱 왕해지더라도 흉신인 상관을 억제하여 관성이 살아나 일간이 관성의 억제를 받으니 길한 것이다.

그리고 음일간 상관격은 편관과 간합하여 길명이 되고, 상관이 강하고 일주가 강한데 허약한 인수로는 강한 상관을 억제하지 못하니 재로써 상관을 설하는 것이 길하다.

상관격에 인성이 있어 신약이라 희신이면 재운에는 재극인하여 인성이 무너지니 재앙이 발생하고, 상관격에 재가 있어 재를 용신하는 자는 비겁운과 재성의 사-절-입묘운에 재물 고통이 따른다.

상관격에 생시가 기신이면 자녀무덕하고, 생시에 자식성이 희신이면 자식덕 있고 효순하다.

상관의 종류-木火상관격은 지혜총명하고 화인 예절을 존중하지만 수가 없어 조열하면 타인을 경시하고 자존심이 강하며 교만하다. 그러나 재성이 있고 신강하며 水가 있으면 부귀한다. 그러나 목화상관격이 토가 없는 무재사주이고 조열하며 일간의 뿌리가 무근하면 더운 나무가 시들하니 빈천명이다.

● 12번 사주실례, 직업: 경찰관 재력: 10억대
남자사주: 정인격 용신 시상 壬水
처-壬申생 자-丙申生 女-庚子 乙巳生,
10 乙未 15세 壬午년 부친 姜得
20 丙申 22세 丁亥년 경찰입문
30 丁酉 39세 甲辰년 승진이동
40 戊戌 45세 庚戌년 좌천 시골로 이동
50 己亥 55세 己未년 서장발령
60 庚子
壬己甲丙   12. 남 +4.5 조후용 억부일치
申巳午寅

격 해설; 己토일간이 여름 午월에 태어나 인성이 혼잡하고 더우니 시간의 壬수로 조후하고 수극화하여 맑게 하니 격용신은 시간의 壬수이며 시지 신금은 희신이다.
월지 정인격은 관문에 출사하고 문무관 문화 교육이며 총명하고 선량하며 청렴결백하며 예도와 권세를 의미한다. 정인격에는 一관이나 一殺이 있으면 가장 길명이다.
생년 생시의 정인은 재를 꺼리지 않는다고 하였으니, 본명은 甲寅목 정관이 투출하고 신왕에 관과 인성의 배열이 좋으니 길명이다. 정관 甲이 년지 寅에 근을 하여 정관이 튼튼하고, 5월 염천에 시상 壬申時가 조후 희신이 되었으니 부귀겸할 팔자다.

일시지 처자궁은 일지 기신에 사신형으로 불미하고 월지 부모
궁에 午月 丙火가 월덕귀인에다 월상정관이 갑기합되어 귀한
가문에 출생하였으나 기신으로 물질덕은 없다.

일지 인수가 망신살이고 월지 도화라 모친이 재취이며 인성연
좌로 두 모친이다. 인성이 혼잡 연좌하니 신중 壬수가 부친인
데 수극화로 사오가 연좌하니 아버지가 두 여자를 거느렸으며
갑기합토로 甲목이 토로 변하니 이복형제가 있다.

육친관계; 년월에 丙화-정인과 甲목인 정관이 있어 부모애정
은 많이 받았어도 물질 도움은 없는 것인데, 원인은 5月에 火
가 너무 많아 壬수인 재를 용하기 때문에 년월은 기신이다.

壬己甲丙　12. 남 +4.5 조후용 억부일치
申巳午寅

부부관계; 재가 희신이고 일지 巳火와 시지 申金이 사신합수
가 되어 재를 生하니 처의 내조가 있다. 또한 일지에 인수라
길성이니 비록 부부궁은 불리하여 부인복은 없으나 재성이 길
신이고 일지 인수라 부인덕은 길하다. 복은 재물에 해당하며,
덕은 정신적인 의지처이다.

자손은 3자를 생하였는데 자손궁에 희신이 있어 자식 또한
길하고 말년에 자식으로부터 물질적 도움을 받게 된다.

丙申生과 庚子生은 도움이 되나 乙巳생은 도움이 되지 않는
다. 乙木은 칠살이고 巳火는 망신살이라 도움이 안 되는 것이
다.

직업; 경찰서장 퇴직하고 재물은 10억대 재산 소유 건강은
보편적으로 좋은 편이나 火가 왕하여 혈압이 높고, 木이 불에
타는 형상이라 간장계통에 질환이 발생한다.

●13번 사주실례, 여명
辛乙丁甲　여 +1
巳未丑午

겨울철에 태어난 乙木이 지지에 火기가 충분하다면 나무에 생기가 있어 천간에서 甲木을 보면 등라계갑이 되어 길하나, 식상인 화가 강해 신약이면 인성인 수를 극하는 戊土가 나타나지 않아야 좋다.
수가 강한 겨울에는 戊土를 사용하여 제수함이 가장 급선무인데, 만일 甲木이 나타나면 등라계갑이라도 戊土를 막는 격이니 부득이 庚金으로 갑목을 제하는 약신으로 사용하지만 격이 하천하다. 그만치 겨울의 乙목은 수가 강해 부목을 꺼린다.

겨울철 乙木이 丁火를 보면 온실속의 꽃에 비유되어 보온이 된 상황이니 가치가 있어 길하다. 또한 丁火의 뿌리가 왕할수록 좋다. 지지에 火의 뿌리가 없으면 천간에 丁火가 나와도 춥고 배고픈 사람이다.
겨울의 꽃은 매우 貴하므로 사주 구성이 좋다면 아주 귀한 팔자가 될 수도 있다. 丁火는 식신이므로 기술, 두뇌, 기능의 뜻이 있고, 丁화인 겨울의 온실 속에 乙목인 꽃이므로 미를 추구하는 예술가로 명성을 날릴 수 있다.
재성인 戊土와 같이 있으면 식신생재로 부명이다. 그러나 庚辛金을 보면 壬癸水를 生하여 더욱 춥고 습하게 하므로 대흉하다.

1. 乙목 일간이 일지 未토에 통근했으나 뿌리가 축미충으로 근을 상실하고, 丁화가 월간에 투하고 지지에 통근하여 귀명

이 될 뻔 했으나, 천간에 辛금인 관성을 과도하게 화금극으로
제하고 있으므로 제살태과격이다. 또한 화가 치성한데 수가
없고 신약하여 인비를 용하는 명조이나 일주 근을 상실하여
무력하고, 년간의 비겁인 甲목은 화를 생하니 불길하고 인성
인 수가 없어 신약에 극설교집이 되어 탁하고 불미한 구조이
다.

辛乙丁甲 13. 여
巳未丑午

월간에 정축백호와 일주의 을미백호가 충하며 축오-원진귀문
에 탕화살이 겹치고, 시간의 관성이 공망지에 앉아 상관의 극
을 받으니 육친의 재앙을 예고하는 명조이다.
미중 乙목인 형제가 을미백호이고 부모형제궁에 정축백호와
충하여 언니가 일찍이 병으로 사망했다. 월간의 丁화 식신이
조모인데 백호충에 걸려 홧병으로 자살하였다. 조부는 인성인
축중 癸수인데 조모인 화가 사방에 걸려있으니 바람꾼으로 가
정이 난잡하다.
또한 정축백호에 축중 辛금인 관성이 임하여 그의 남편도 36
세인 갑술운 기사년에 대운에서 축술미 삼형으로 요동치고 세
운에서 사오미 화국을 이루어 관을 극하니 겨울철 등산길에서
동사하였다.

계유39대운에 여명이 酉금 관성이 도화에 임하여 사유축 금
국을 이루니 남자 없이는 살 수 없는 운인지라 유부남 애인과
만나 10년간 애절하고 가슴 아픈 사랑을 맛보게 된다.
임신49대운은 申금 관성이 역마에 임하고 사신형합으로 유부
남 애인이 미국으로 이민 갔다. 또한 임신대운은 여명에 생식

기인 시지 巳화인 식상에 사신형살이 임하여 자궁 수술을 했다.

임신대운은 申금인 관성이 역마에 임하여 자동차보험에도 종사하여 보았다. 임신대운은 관성이 역마에 임하여 움직이면 남자가 따라붙는 형국이다.

52세 임신운 을유년은 천간 비견인 乙목에 酉금인 관성 도화가 사유축 금국에 임하여 또다시 유부남이 등장하는 형국이나 금운은 신약에 기신운이라 물질적인 도움은 받을 수가 없다.

● 14번 사주실례, 남편이 자살한 여명

庚甲癸己 14. 여
午寅酉亥

가을철 甲목은 이미 나무가 크게 자라고 열매가 완성되는 결실의 계절이므로 庚금과 丁화가 천간에 투출되어야 부귀를 이룬다. 즉, 甲木은 가을이면 동량지목으로 사용될 材木이므로 丁火로 庚金을 날카롭게 하여 甲木을 다듬어 대들보로 만들면 귀격이다. 즉 가을 甲목인 천간에 庚금과 丁화가 투출되면 갑목의 뿌리를 보아 격의 크기를 가늠할 수 있다.

가을 甲목에 庚금과 丁화가 투하면 벽갑인정(劈甲引丁)으로 지식의 흡수가 뛰어나고 두뇌가 명석하여 경쟁력에 강한 사람이 된다.

가을 甲목에 丙화와, 癸수가 천간에 투출하면 역마로 외부로 돌아다닌다. 즉 가을의 甲木은 열매를 맺는 과일나무로 丙화를 필요로 하는데 癸水가 함께 있어 丙火의 빛을 차단하고 가리면 결실을 제대로 할 수 없어 뜻은 높으나 되는 일이 없으므로 답답함에 천하를 방랑하는 격이다.

또한 가을과 겨울의 甲목에 壬癸水가 천간에 투출되면 冷한
계절인데 눈보라가 치는 격이라 더욱 冷하게 하므로 만사불성
으로 노동자, 일용직으로 살아가는 경향이 많다.
가을 甲목에 庚金이 투간되면 귀명이며 가을 甲木은 성목이라
庚金으로 다듬어 재목을 만들어야 하나 없으면 재목을 다듬지
못하니 할 일이 없는 한량이다.
그러나 가을 甲木에 庚금만 있고 丁火가 없다면 庚금인 도끼
의 날을 세우지 못해 甲목인 나무만 상처를 입히니 성질이 난
폭하다. 따라서 가을 甲목일주에 庚금과 丁화가 있으면 큰 인
물이다.
가을 甲목에 癸수를 보면 나무뿌리에 이슬이 맺히니 초목이
비를 맞아 싱싱한 격으로 온화한 성품이며 두루 호평을 받는
선비 학자로 처세가이다.
庚甲癸己 14. 여
午寅酉亥

1. 가을철 甲목이 유월에 태어나 庚금은 보았으나 丁화가 투
간되지 않고 반대로 癸수가 투간되었다. 따라서 甲목이 신약
하여 월간의 癸수인 인수를 용신하니 관인상생으로 공직이나
선생이 적격이다. 그러나 상관인 인오합화가 강해 시간의 庚
금을 극하여 관살이 무력하니 귀가 약하여 학원 선생이다.
지지에서 인오반합으로 식상이 국을 이루니 유치원 원장도 하
여 보았다. 지난 亥子-대운에서는 용신운으로 명문 대학을 나
왔고 일지와 년지에 寅亥로 지살역마성이 있어 미국 생활도
해보았다.

여명의 남편성인 관성이 월령을 득하고 천간으로 투출하여 있으므로 현출한 남편과 인연이 있으나 신약하여 용신이 못되니 남편이 두려우면서도 좋아하게 된다.

일지 부부궁에 일간의 뿌리가 있으나 갑인 고란살이며 인오합화로 상관으로 변해 관성을 극하며 庚금을 인종하면 경인-절지가 되어 부부궁이 부실하다. 庚금은 신약에 기신이며 경오-목욕으로 앉고 일간의 갑오-사지에 올라앉으니 일간과는 무정하다.

庚甲癸己　14. 여
午寅酉亥

정축대운에 들어 상관운으로 극관하여 불길한데 丑토는 관고라 식상이 관고에 앉으면 상관견관과도 같은 흉대운이며, 축인오 탕화살에 丑토인 관성입묘로 그의 남편이 사업이 부도나서 미국 아파트에서 투신자살하였다.

남편 사망 후 丑대운에 유축합금이고 축중 辛금이 일지 인중 丙화와 암합이 되어 일지에 당겨오니 애인이 생기는데, 축대운이 기신운이라 별 도움은 안 된다.

대운이 해자축 대운이라 음료사업과 양주사업을 하였으나 축대운 끝날 무렵 기신운으로 재산이 거의 바닥났다.

43세 무인대운에 접어들면서 인성인 癸수 용신이 무계로 합거당하니 사회적 운로가 막히는 형국이며, 재성의 용신합거니 금전적으로 엄청난 타격이 예고되어 있다. 대운에서 무계가 합이 되면 戊토가 재성이며 땅이니 부동산계통이나 중계업을 하게 되는데 癸수인 인수가 있어 결혼상담소도 하여보았으나 결과는 용신합거로 기신운이라 중도 하차하였다.

무인대운에 월지 酉금 관성이 인유원진살에 걸려 전생에 원수들이 등장하는 형국이라 만나는 남자마다 정신이상자이거나 소름 끼치는 사람만 만나게 된다.

인대운은 갑인일주 고란살이 발동하고 인오합화로 상관으로 변하니 남자를 밀어내는 외로운 시기이다.

무인대운에 시지인 午화 식상이 인오로 지살역마와 합이 되어 그녀의 자식들이 해외유학을 나가게 된다.

庚甲癸己 14. 여
午寅酉亥

46세 무인운 갑신년에 용신인 癸수 인수가 합거당하여 육친으로는 그녀의 모친이니 癸수의 지지 통근처인 년지 亥수를 인해합으로 묶어버리며, 무인대운과 천극지충하는 갑신년에 모친이 사망했다.

갑신년에 癸수를 인종하면 계신-사지가 되는데 인수는 사절지를 극도로 꺼린다. 모친 사망 후 모친의 재산을 상속받으려 했으나 운이 용신합거로 기신운이며, 申금은 년지 亥수를 생하여 길운이나 대운과 원국에서 인신충하니 申금이 부서져 남동생에게 넘어갔다.

47세 무인운 을유년에는 乙목이 절지에 앉아 갑상선 수술했다. 운이 기신이라 이것저것 다해보았으나 별무신통하여 상관을 쓰는 학원 영어선생을 현재하고 있는데, 겁재인 乙목이 나타나 동업으로 학원을 운영하려고 했으나, 용신은 사회성이므로 癸수를 돕는 申금이나 수운은 길하지만 목운은 일간을 도와 길하나, 용신이 설기되며 더구나 무인운의 戊토는 용신을 합거하니 자기 사업은 절대 불가하다. 봉급제 선생이 적격이

- 241 -

니 이럴 때는 마음을 비우는 것이 최선책이다.

● 15번 사주실례, 여명 비구니 사주

丙辰 丁巳 戊午 己未 庚申 辛酉 壬戌 癸亥

甲甲乙癸 15. 여

戊子卯巳

甲일에 乙木이 있으면 구조에 따라 다르나 多敗, 망신, 광기, 신경쇠약, 용두사미 격이다. 왜냐면 甲木은 곧고 큰 나무가 되어야 정격인데 乙木이 투간되면 甲木에 가지가 많고 굽은 나무가 되어 동량지목으로 사용할 수가 없어 재목이 못되는 까닭이다.

乙木은 甲木을 망치는 작용을 하며 乙木의 형상은 사람의 신경에다 비유하므로 신경쇠약을 일으키기도 한다. 甲목은 나뭇 가지처럼 퍼진 신경계이며 乙목은 간이다.
卯月 甲목은 나무가 뿌리를 내려 깊어지므로 흙이 필요하다. 丙火를 선용하되 丙火가 없으면 戊己土를 사용한다. 단 己土 는 甲목과 합이 되므로 사용 못한다.

甲목 일주가 丙火를 보고 지지에 辰土가 있으면 甲목에 햇빛 이 들고 습토에 뿌리내리니 귀명이므로 기회가 오면 크게 발 복한다. 단 진술충으로 辰土가 상하지 말아야 한다. 또한 천 간 丙화가 丙辛합이 되면 울화통이 터지고 한이 생긴다.
남자는 재성이 없으면 용신을 생해 주는 희신이 처이고 희신 이 생하는 용신이 자식이다. 여자는 남편인 관성이 없으면 용 신이 남편이고 자식인 식상이 없다면 용신을 극하는 오행을

자식으로 본다. 즉 여명에 관성이 남편이고 관을 극하는 식상
이 자식인 것과 같다. 남명에는 재성이 생하는 관성이 자식이
니 용신을 생하는 희신이 처이므로 희신이 생하는 오행이 용
신이니 자식이 되는 것과 같은 이치이다.

丙辰 丁巳 戊午 己未 庚申 辛酉 壬戌 癸亥

甲甲乙癸 15. 여

戌子卯巳

본명은 비겁이 중중하고 무관사주로 설하는 년지의 巳화를 용
신하나 동주한 癸수의 극을 당하고 시지 戌토는 공망이며, 거
리가 멀어 식상생재가 이루어지질 못한다. 식상인 巳화 하나
로는 중중한 목을 설기하기 힘드니 용신 무력이다. 만일 천간
에 丙丁화가 투했으면 삶이 완전히 달라졌을 것이다.

비겁이 중중하여 부친과 인연이 없다. 정사10대운에 부친이
위장병으로 사망하였다. 월주 양인 기신으로 부모형제의 덕이
없다. 24세에 용신인 정사대운 병진년에 일지에 자진합으로
들어오며 일간 甲목이 辰토에 뿌리를 내리며 진술충하여 정관
인 술중 辛금이 뛰어 올라 결혼하였다. 그러나 상관대세운이
고 일지인 아신에서 자묘형이고 냉하여 불감증과 성병으로 고
생하였다.

무오20대운에 午화는 관성을 극하는 상관운으로 공망된 시지
의 술중 辛금인 정관성을 오술합화로 화극금하여 녹여버리고
또한 일주와는 천극지충으로 부부궁이 불길한데, 일지에 자오
충살이 임하여 34세 무오운 병인년에 상관인 인오술 삼합이
이루어지니 관을 극하여 이혼하였다.

무오대운이 午화인 상관 도화운이라 이혼하면서부터 화류계로 들어섰다. 상관대운인 도화운에 몰랐던 이성에 눈을 뜨는데 유부남 애인을 통하여 불감증이 사라졌다.

비겁이 중중하고 사술귀문성에 관성이 임하니 정신병자나 변태성이 있는 남자와 인연인데, 이혼하면서부터 유부남 애인과 인연으로 이중생활로 들어갔다. 그녀의 애인은 정신병자로 의처증이 발동하여 업소에서 다른 손님과 애기하는 꼴을 못 보며 업소를 난장판으로 만드는 것이 보통이다.

甲甲乙癸　15. 여
戌子卯巳

午화인 상관대운에 아신인 일지와 자오충살이 임하여 임신했다하면 자궁수술로 3번을 지웠다고 한다.

이처럼 명조에 자묘 형살이 임하고 화기가 약하면 무례지형이 발동되는데 한번 욕을 하면 입에 담을 수 없는 욕도 거침없이 했다. 또한 월지 겁재인 형제궁에 자묘형살과 양인살이 임하여 그의 오빠는 뇌진탕으로 사망했다.

기미대운에는 대운 천간에 己토가 재성으로 원국 천간의 甲乙목이 즐비하여 군비쟁재로 기신운이며, 지지 未토는 묘미합목하여 기신으로 변하고 일지와는 자미 원진살로 인하여 애인과 이별하고부터 재성인 미토가 기신으로 변하니 물질적으로 고통을 받게 된다.

경신대운에는 을경합금이고 관성이 일주에 신자합이 되어 들어오니 재혼할 수 있는 대운인데, 월지와 묘신 귀문살이 임하여 17세 연하 남자와 동거에 들어갔으나 대운이 기신운이라 금전적으로 고통 받으며 그 연하의 남자 역시 정신병자였다.

이처럼 신왕한 명조에 인성이 간지로 포진하면 관성을 쓸 수 없으니 격이 탁하고 불길하다.
(원진살은 자미-인유-축오-묘신-진해-사술)
(귀문살은 자유-인미-축오-묘신-진해-사술)

상관성은 생식기인데 화기가 상관이면 성감대가 유방이다. 戌토 화개성이 공망이 되면 스님, 목사, 역술인과도 인연이 있는데 스님과도 인연이 있었다. 경신운 을유년에 겁재운이며 을경합금이며 신유술 방합금국을 이루니 방합은 가족합이라 없으면 끌어들이고 있으면 내모는 격이다. 그 해에 갑자기 연하 남자와 이별했다. 용신인 사중 병화가 남자 남편의 상황인데 병유-사지에 들었다.

차명은 대운에서 한 번도 좋은 대운을 만나지 못한 불우한 명조이다. 또한 여명에 신왕한 사주에서 관운이 오면 남자들이 줄을 서게 되는데 용신운이 아니고, 또한 본명 자체에서 암관을 제외하고는 남편성이 없으며 공망을 당했기 때문에 만나는 남자마다 능력이 없거나 정신질환의 남자를 만나게 된다.

현재 오전에는 파출부로 일하고 오후에는 단란주점을 운영하는데 손님은 없고 월세도 제대로 못 내고 있는 형편이다. 차명은 戌토인 화개살에 공망이 들고 무관사주이며 한 오행이 편고하여 뭉쳐지면 살아감이 고달프다. 이러한 명조야 말로 마음을 비우고 조용히 비구니로 기도하면서 살아야 할 명조인데, 그나마 병인 수목운을 만나지 않아 세상에서 살지만 가는 길마다 가시밭길이다.

●16번 사주실례, 남명

癸己癸辛 16. 남

酉亥巳丑

*여름철 논밭인 己土가 甲木을 보면 丙火를 보아야 甲목인 정
관이 결실을 이루니 관인상생으로 정격이며 만일 丙火가 없다
면 곡식의 알갱이가 없는 격이니 모든 일이 허사가 되며, 지
지에 癸水가 없다면 여름 논밭에 물이 고갈될 우려가 있으니
사막과 같이 먼지만 날리는 쓸모없는 땅이다.

*庚-辛金이 있으면 돌밭이니 힘들여 소득을 얻는 격이다.
*壬-癸水가 투간하면 水土-상쟁격이 되니 특히 己토탁임이면
가정이 불안하다. 여름철 己토에 壬수는 조후로는 유용하기도
하나 수확기의 비처럼 매사에 도움이 되지 않는다. 축축한 습
기를 많이 함유하고 있는 己土는 많은 水分을 필요로 하지는
않는다. 오히려 태양이 있어야 싹을 발아하고 곡식을 키우는
데, 오히려 천간에 癸水가 나타나면 태양이 있어도 구름에 가
리어 무용지물로 만들고 습기 많은 땅에 물이 더하게 되어 연
약한 뿌리가 썩을까 걱정이 되기도 한다.

*여름철 己토에 癸水는 감로요 저절로 내리니, 水가 필요한
계절에는 농사짓기에 편하니 만사형통이다.
*여름철 己토에 癸水가 투간할 때 뿌리에 水기가 강하면 홍수
가 되는 격이니 오히려 흉하다.
*庚辛金이 같이 있는 경우에는 辛金도 쟁기로 작용하나 辛金
만 있다면 辛金은 잡초를 제거하는 작은 낫에 비유되어 잡격
이 된다. 부득이 상관생재격으로 辛金을 사용하기도 하나 격

국은 적다.

壬辰 辛卯 庚寅 己丑 戊子 丁亥 丙戌
癸己癸辛 16. 남
酉亥巳丑

본명은 己토가 巳화월에 태어나 사유축으로 합국하니 금수가
태왕하고 식재인 금수가 투간하여 가종재격이다. 종재격이 형
성되면 심성이 선량하고 온유한 것이 특징이다. 또한 편재가
투간하고 운이 좋으면 신흥재벌의 가능성이 있으며 풍류를 즐
기며 재를 가볍게 여기는 성향이 있다.

巳월 己토에 辛금(식상)과 癸수(편재)가 투간하여 식상생재를
이루니 제조업이나 서비스업종에 종사하게 되는데, 차명은 辛
금이 투간하여 가죽가방 제조업을 하고 있다. 일지 亥수 역마
에 재성이 임하여 무역업에도 인연이 있는데 중국에 공장을
두고 제조업을 하고 있다.

금-식상이 과다하고 투간하였기에 남명에서 식상은 장모라 장
모가 둘 이상인 집안 여자하고 인연이 있는데, 그의 부인이
계모 밑에서 자랐고 부인의 이복형제가 있어야 한다. 즉 장인
인 사중 병화인 인성인데 축중 辛금과 유중 辛금과도 병신투
합이 이루어져 부부궁이 불길하며 바람기 있다. 또 식상은 조
모도 되니 조부도 같은 현상이다.

일지 亥수 재성이 가종재격의 용신이나 사해충살을 맞아 부부
이별이 염려되는 명인데, 특히 편재인 癸수가 양-투간되었으
므로 둘째 부인과 인연이 있다. 만약 부부 이별이 안 되면 가
정에서 불화가 끊어지지 않는다.

또한 재성이 형충으로 깨어지면 처가집하고는 상극인데 결혼

초부터 장모하고는 원수란다. 편재격의 명으로 부자의 명조이
나 사해충으로 편재인 亥수가 깨져 있음은 조후로 비유할 때
여름철 농토에 장마가 진 격이므로 반드시 재물이나 여자로
인하여 한번은 죽을 고비를 넘겨야 한다. 즉 송사마당에 서게
된다.

壬辰 辛卯 庚寅 己丑 戊子 丁亥 丙戌
癸己癸辛   16. 남
酉亥巳丑

무자41대운중 戊토인 겁재대운은 가종격에 기신이며 戊토가
癸수를 합거하여 손재수가 발동하는 대운인데, 세운 2004년
44세 무(자)운 甲申년은 甲목 정관이 갑기합토로 변하니 기신
이며 사신형살과 일지에서 신해상천살까지 임하여 사업부도에
관재수가 발동하여 20억 부도에 감옥살이까지 하였다.
그러나 水대운 중에 있고 해자축방국이며 대세운지지가 신자
합수로 길하여 변호사가 보증을 서서 집행유예로 풀려났다.
갑신년은 용신인 癸수가 계신-사지에 들고 일간은 기신-욕지
로 불미한 세운이다. 편재가 투간하였으므로 항상 로또 복권
당첨으로 대박을 노리나 운이 없으므로 당첨은 안 된다.

● 17번 사주실례, 여명 유치원 원장
丙辰 乙卯 甲寅 癸丑 壬子 辛亥 庚戌
甲癸丁戌   17. 여 +0
寅丑巳戌

봄, 여름철의 癸水일주가 천간에 甲木이 있고 丙火가 있거나
사주구조가 甲乙-木을 키우는 경우에는 癸水가 천간에 있고

庚辛金이 투간할 경우라면 수원이 되어 하늘에서 내리는 비로 나무를 키우는 격이 되어 자연의 순리대로 일이 잘되어 가나, 庚辛金이 없는 癸水 일주인 경우는 땅위의 수분이나 이슬 등의 물로 여기어 나무를 키우려면 揚水(양수)를 해서 키워야 하므로 많은 어려움이 따른다.

癸水가 나무를 키우는 작용을 할 때는 자비의 심성을 가지며, 수확기나 겨울철의 쓸모없는 물일 때는 폭군의 성향을 가지며, 봄-여름의 허약한 물일 때는 눈물의 성질을 갖는다.

*癸일-甲목이면 표현능력이 탁월하고 지능이 높아 재능을 인정받는다. 甲木은 곧고 큰 나무에 비유되므로 잘 키우게 되면 결실이 좋다. 癸수일간은 乙木보다 甲木을 더 좋아한다.

*癸일-丁화는 모닥불은 비가 오면 금방 꺼져버리듯 癸水가 丁火를 보면 丁火는 금방 무력하게 되니 재물의 성과를 내지 못한다. 癸水 때문에 丁火가 꺼지고 식어버리므로 성격이 차고 냉정하다.

또한 癸水에 의해 허약하게 된 丁火는 火기라서 심장과 눈 등에 연관이 되고 火기가 약하므로 심장이 약하여 명이 짧거나 건강이 나쁘다. 그러나 丙火는 癸水에 의하여 직접 극제를 받지 않고 태양이 구름에 가리워져 丙火의 빛을 차단하는 격이므로 직접적인 영향을 받지는 않는다.

*癸일-戊토는 높은 산에 내리는 비가 되어 허망하며 외롭고 고독하며 인덕이 없다. 甲木이 투간하면 고독하고, 乙木을 보면 야산에 비 내리는 가운데 핀 꽃이므로 외롭고 과부나 첩의 팔자가 되는 경향이 있다.

여자가 여름철의 癸水일주면 남편과 자식 때문에 고생을 많이 하거나 질병에 주의해야 한다. 巳월은 巳중 戊土가 있고 午月은 午중 己土, 未월은 未중 己土가 있어 火土가 왕성하므로 재관이 왕성하다. 따라서 자신이 사랑받고 인기가 있음은 좋으나 재관이 너무 왕성한 계절이므로 자신이 신약에 곤고한데 더우기 甲乙木까지 천간에 투간하면 관성인 戊己土를 극하게 되어 신약에 극설교가거나 자식과 남편 중에서 둘 중 하나를 선택해야 하기에 어려움이 있다.

사주가 이렇게 생기면 현실과 이상에서 오락가락하기도 하며 여자일 경우는 자식이 식상이요 남편은 관인데 둘 중의 하나를 버려야 하는 고통을 갖는다.

癸水의 남편은 정관 戊土인데 여름철의 癸水가 약한데 戊土에 의해 더욱 약화되고 무계로 합거되니 남편 때문에 고통을 받는 격이며, 자식은 식상인 甲乙木인데 甲乙木이 신약한 일주의 기운을 설기하므로 본인은 감당할 수가 없다.

*여름철 巳午未월의 癸水는 천간에 丁火가 나타나면 재성이 태왕하므로 재성이란 재물이며 생명을 유지시키는 힘이니 그것이 불리하게 작용하므로 다병하거나 단명한다.

癸수 일간이 신약에 재성이 강하면 인성인 庚辛金이 있어 수원으로 작용을 하여 癸水를 마르지 않게 하든지, 겁재인 壬水가 있어 수극화로 丁火의 기운을 누르고 癸水를 도와주어야 한다.

또한 여름철 癸수라면 丁火는 월령을 얻어 이미 왕성한데 癸水는 약하므로 癸水가 오히려 열에 의해 말라버리는 경우가 되어 병고가 많다. 불이 왕성하게 타오르는 장소에 약한 이슬비가 내리면 땅에 닿기도 전에 증발하는 형상이니 불구가 될 수도 있다.

丙辰 乙卯 甲寅 癸丑 壬子 辛亥 庚戌
甲癸丁戊 17. 여 +0
寅丑巳戌

본명은 巳月 癸水가 천간에 甲木-丁火-戊土가 공히 지지에 통
근하여 투간하였으므로 일지에 있는 丑중 癸水를 버리고 식재
관으로 종하는 종세격이 될 수도 있으나 축중 계수에 근을 두
고 사축금국이 되어 일간을 도우니 신약사주로 극설교가가 되
었다.

시주인 상관 甲목이 년간의 戊토 정관을 보고 있으나 중간에
재성인 丁巳화가 통관을 하므로 관성인 戊토가 상하지 않으니
직장에 인연이 있는데 월주에 화기가 강하므로 처녀시절 대한
항공 비서직에 근무하였다.

년지인 조상궁과 월지인 부모궁에 사술-원진귀문살과 정사고
란살이 있어 조부와 부친이 일찍 사별하였다.
 (원진은 자미-축오-인유-묘신-진해-사술이며
  귀문살은 자유-인미-축오-묘신-진해-사술이며
  고란살은 갑인을사정사신해경자무신이다.)
또한 시주에 공망이고 갑인-고란살이 상관이 되어 그의 할머
니 역시 과부였다. 정사 고란살이 부모궁에 임하고 공망이니
그의 모친 역시 과부였다. 일지에는 칠살이 백호살이고 관성
의 축술형이며 과숙살에 걸려 과부살이 되니 그녀 역시 현재
독신이다. (삼대과부로 과숙살은 진축술미)

월지에 망신살이 있고 일시지 인축이 재인합신으로 그녀의 모
친은 재취지명이다. 부모궁에 공망이고 정계충이며 신약에 재

성인 기신으로 부친덕이 없다.

더운 명조라 사술-원진귀문이 동작하는데 관성에 해당하면 변태성 남자와 인연인데 그녀의 전 남편이 의처증이 심한 변태였다. 또한 일주가 신약하면 비겁을 기뻐하니 본인도 정신이상 또는 레지비언과도 인연이 있는데 레지비언한테 걸려 한동안 죽을 고비를 넘겼다고 한다.

丙辰 乙卯 甲寅 癸丑 壬子 辛亥 庚戌
甲癸丁戊   17. 여
寅丑巳戌

또한 귀문성이 있는 명조는 한 군데 몰입하여 잘 미치는 것이 특징인데 특히 계축일주는 백호살로 그 농도가 더욱 진하다.
명조에 화기가 강하고 상관성이 있으면 신기가 있는데 30대 중반인 갑인-상관대운에 와 있었으므로 반 무당으로 지금도 신하고 대화를 한단다.
명조에 인-축-오 탕화살이 국을 짜고 있으면 자살기도를 하게 되는데 인수성이 없고 화기가 강하여 남편 때문에 두 번 자살기도를 해봤다.

계축일 갑인시는 형합격의 명조로써 신약하면 교통사고 등으로 목숨을 잃는데 난폭운전에 음주운전은 보통이다.
사월 달에 더운 나무인 甲寅목-식상이 癸수를 보았으니 어린 애들이 본인만 보면 좋아서 미친다고 한다.
여명사주에 식상과 관이 천간으로 투간된 명조는 상관극관으로 거의가 이혼 아니면 사별인데(상관견관으로) 차명은 상관대운에 와 있으므로 남편과는 헤어졌고 남편이 사업하면 망하게 된다.

●18번 사주실례, 풍류가 심한 사주 남

甲子 乙丑 丙寅 丁卯 戊辰 己巳 庚午
癸戊癸戊   18. 남 +2
亥申亥戌

*겨울철 戊土에 壬癸水가 나오면 겨울 산에 눈보라가 날리는 격이니 고생이 많고 전생에 빚을 많이 진 것과 같다. 壬癸수가 년-월에 있으면 부모궁에 고생이 많음을 알 수 있고 시에 있으면 말년에 고생이 많음을 알 수 있다.

*겨울철 戊토일주가 土와 水가 상쟁이 되어 서로 극하면 천하게 돈을 번다. 즉 겨울철에는 온기가 있어야 길한데, 水가 나타나고 상생이 되지 않으며 土와 水가 서로 상쟁하면 水는 얼어붙은 재물이니 힘들고 천하게 돈을 버는 격이다.

*겨울철 戊토일주가 壬癸水가 투간하고 水가 왕하면 水는 재성이므로 재가 왕해서 신약이 되므로 돈 때문에 병이 생기는 격이다. 또 재다신약격이어서 재를 감당하지 못하고 재가 기신이니 사업한다고 돈에 신경을 쓰지 말고, 월급 받으며 살아야 한다.

甲子 乙丑 丙寅 丁卯 戊辰 己巳 庚午
癸戊癸戊   18. 남 +2 조후용
亥申亥戌

본명은 戊土 일간에 양-癸水가 쟁합이 되어 화기격은 성립되지 않는다. 癸水는 월령을 얻고 三支에 근을 하여 매우 강하다. 일간 戊土는 년지 戊土에 근을 하고 년간의 비겁이 도우나 신약하여 재다신약의 명조이다.

천간에 양간부잡이라 귀격이나 형세가 불미하여 길명은 아니다. 재다신약은 비겁을 용신하나 천간에 무계합으로 묶이고 겨울에 수가 강해 조후가 급선이니 술중 丁화를 용신하고 무토를 희신한다. 월주와 시주에 수가 가득하니 부모궁과 자식궁이 얼어있고 일지도 조후를 해결 못하니 인덕이 없어 고립된 명조이다.

명조에 재성이 강하고 일주가 약하여 재다신약이 되면 태어나면서부터 부친과 인연이 없고 선빈후부의 운명으로서 子대운에 집안이 몰락하였다. 명조에 역마가 중중하여 무역업과 운수업종에 인연이 강하여 군 제대 후 무역회사에 운전기사로 취직하였다.

병인23대운에 들어 신약에 인성인 용신운이고 인성은 가정에도 해당되어 결혼하였으나, 대운지지 寅목은 일지에 인신-충이 들어와 결혼하면서부터 산다 못산다 하여 불화가 끊이지 않았다. 부부싸움을 하면 처가 강해 이기지 못하고 악처이므로 항상 본인이 짐을 싸서 먼저 나오는 형국이다.

甲子 乙丑 丙寅 丁卯 戊辰 己巳 庚午
癸戌癸戌　18. 남
亥申亥戌

부부궁인 일지가 기신이고 처성인 亥수와는 신해상천이며 처성인 癸수를 인종하면 계신-사지로 불길하다. 처궁과 처성이 모두 불길하며 일간은 양 癸수를 탐내느라 용신을 돌아보지 못하니 재가의 명이다.

정묘33대운에 용신인 인수 丁화가 투간하고 관성인 묘목 도화가 발동되어 부동산에 인연이 있는데, 역마성인 수가 강하

고 지살역마가 일지 申금에 재성인 임수가 있어, 자동차 브로
커로 직장을 바꾸게 된다.

명조에 재성이 강하면 일년짜리 도화운에도 여자가 따라 붙는
데 차명은 재성이 강한데, 정묘대운은 丁화가 정재이며 묘목
도화에 앉아 도화대운 10년이라 해묘합목에 일지 묘신암합이
니 움직이는 데마다 여자가 붙게 되었다.

또한 묘도화가 발동되므로 춤바람까지 겹치고 식상을 깔고 있
으며 생재를 하니 여자에 대한 매너와 언변이 좋아 서서히 두
각을 나타내게 되었다. 도화살은 이성과 도박에도 해당되니
대운이 용신 도화운이라 도박판에서도 재물이 따라붙는 형국
이다. 여자는 부지기수로 많았다고 한다.

甲子 乙丑 丙寅 丁卯 戊辰 己巳 庚午
癸戌癸戌 18. 남
亥申亥戌

무진43대운에 일간이 힘을 얻고 비견이 강해지므로 46세 무
진운 계미년에 대세운에서 무계합거되니 음간인 재성이 사라
지고, 계미년은 3癸수가 모여들고 未토에 계미-입묘되니 이혼
과 동시에 일간과 무계합으로 새로운 이성과 재혼하게 된다.

일지 申금이 역마이고 신중 壬수가 재성이라 재성에 역마가
임하여 외국여자나 교포와 인연이 있으므로 미국교포와 재혼
하였다.

년지 戌토에 戊토 비견과 丁화 인수가 있어 무진대운과 진술
로 충하니 술중 정화가 튀어 올라 정계충 당하여 부서지고 해
중 임수에 합거되므로 집문서 다 날리고, 결국 부모형제를 떠
나 미국으로 이민하였다. 辰토는 수-재성의 입묘운이라 왕자
입묘로 대흉한데 진술충까지 겹치니 재성과 인성과 비견인 부

- 255 -

모형제를 떠난 것이다.

재다신약 명조에 비견운이 도래하면 발복한다고 책에 있으나 辰土는 습토라 수를 돕는 성분이니 불리한 대운이다.

戊土 일간이 재성인 수가 강하면 토가 수다토류로 역극을 당하니 위장병과 허리가 부실한데 차명은 위궤양이 심하다. 재다신약의 특징은 돈 들어오면 몸이 아프고 나가면 좋아지니 돈이 있을 때 베풀어 덕을 쌓아야 한다. 본명은 기사대운에도 왕지인 亥水와 사해충하며 사신형으로 사중 丙火인 용신이 해수와 신중 壬水에게 임병충으로 부서지니 임수는 재성이니 부부궁에 문제가 발생한다.

● 19번 사주실례, 여명

丁巳 戊午 己未 庚申 辛酉 壬戌 癸亥

戊乙丙癸   19. 여 +2

寅未辰巳

*乙목이 봄에 태어나면 봄철에 태어난 乙木은 개나리, 진달래 등의 꽃을 의미하고 신선미가 있는 화초에 비유한다.

*乙목이 봄에 태어나 丙火를 보면 꽃의 아름다움을 마음껏 빛나므로 대길하다.

乙일-丙화는 아름다운 꽃이 찬란한 빛을 받아 빛나는 격이니 재물을 득한다. 그러나 癸水를 보면 丙火를 가리고 비를 내려 날을 춥게 하므로 싫어한다.

*乙목이 봄에 태어난 乙일-戊토는 화병에 든 꽃과 같은 형상이며 수완으로 부(富)를 이룬다. 乙목에게 토는 토극수하므로 왕수를 싫어하는 乙목을 보호하니 꽃병과 같은 역할을 한다.

*乙일-癸수는 乙목을 자양하니 대인 관계가 좋으며 지혜가 있

고 남의 힘을 이용하여 뻗어나간다.

*봄철의 乙木은 진달래나 개나리처럼 야산에 피어난 꽃이어서 어려서는 용모가 아름답고 인기가 좋으나, 중년 이후에 꽃이 지면 결실이 없는 화초여서 고독하고 처량하다.
*乙목이 봄에 태어나면 丙火를 보아야 잘 자란다. 하지만 봄철의 꽃은 너무 많으므로 가치가 없다. 따라서 봄철의 乙木은 아름답고 인기는 좋으나 격이 떨어진다.
또한 乙목이 己土를 보면 야산의 꽃이며 己土는 편재로 풍류와 게임 유흥을 의미하니 꽃동산에서 놀기 좋아하며 풍류를 즐긴다.

*乙목이 봄에 태어나 丙火가 있을 때 癸水가 투간하면 태양을 가려 어둡게 하니 시력이 좋지 않고 질병이 많이 따른다.
*乙목이 봄에 태어나 戊土를 보면 戊토는 높은 산이라 高山之木이 되어 외롭고 고독한 팔자가 되고 생각이 이기적이다. 거기에 丙화를 보지 못하면 음지에 핀 꽃이라 더욱 외롭다.
丁巳 戊午 己未 庚申 辛酉 壬戌 癸亥
戊乙丙癸 19. 여 +2
寅未辰巳

본명은 을미일주가 병진월에 태어나 辰土에 뿌리를 박아 견실하며 丙화를 보아 꽃이 핀 형국이다. 또한 시간에 재성을 보아 식상생재를 이루며 시지에 寅목이 있어 건왕하니 길명이나 화토는 강한데 수가 약하여 흠이다.
또한 봄철의 乙목은 성장기의 여린 목이라 금을 꺼리는데 운이 화금을 만나 불미하다. 乙목은 통근하고 수의 생조를 받으면 신왕신약을 크게 원하지 않고 수기를 받아 꽃을 피워야 한다.

천간에 癸수가 투해 丙화를 극함이 불미한데, 丙화는 乙목의 꽃이고 癸수는 乙목을 자양케 하는 수인데 둘이 첩하여 극함이 불길한 구조이다.

일지 조토로 기신이고 공망이며 백호살에 자고이니 부부궁이 불길하다. 남편성은 사중 庚금으로 있으며 일간의 을사-목욕지고 사중 丙화에게 병경-극을 당하며 진중 乙목과 미중 乙목에 을경암투합이니 무력하다.

丁巳 戊午 己未 庚申 辛酉 壬戌 癸亥

戊乙丙癸 19. 여 +2

寅未辰巳

未辰으로 재성연좌 혼잡이며 월지 辰토와 巳화가 공망이니 부친과 모친이 공망을 당해 부모의 덕은 박하며, 년간의 癸수인 모친은 을사 목욕지에 앉아 원국에 남편성인 토가 중중하며 진중 癸수는 자체의 무계합으로 모친의 부부궁이 불길하다.

본명도 辰월 乙목이 丙화 투간으로 꽃을 피워 길하나 癸수가 극하여 丙화를 어둡게 하므로, 여명의 용신은 곧 남편의 상황이니 부부궁이 불길함을 예견하고 있으며 여명에게 식상은 자궁인데 극을 당하니 자궁과 몸에 병이 따른다. 여명에게 시지도 자식궁이며 생식기인데 인사-형살을 당하니 자궁수술이 따른다.

시간에 재성인 戊토가 있어 높은 산인 戊토 위에 핀 꽃이라 재물운은 길하나 일지인 부부궁도 용신의 계미-입묘지라 기신이며 월지 진토는 과숙살이니 외롭고 고독한 명조이다.

일주가 을미로 백호대살에 편재가 임하고 진토가 공망이라 그의 부친이 태어나면서 횡사했다. 즉 유복동이란 뱃속에 있을 때 부친이 돌아가신 것이며, 일지인 부부궁에 인미귀문살이 임하여 그의 남편이 의처증 남자와 인연이 있게 된다.

22세 무오운 갑인년에 대세운 인오합이며 대운지 午화인 상관대운은 년지에 유일한 관성인 사중 庚금이 사오미로 방합하고 부부궁인 일지로 도화인 오화가 오미합으로 들어오니 세운도 인오합으로 함께 들어오는 격이라 억지로 결혼하면서 고생길로 들어섰다.

丁巳 戊午 己未 庚申 辛酉 壬戌 癸亥

戊乙丙癸　19. 여

寅未辰巳

부부궁에 인미 귀문살이 붙어 그의 남편이 정신분열이 심하여 장모를 때리고 발작하므로 그의 누나집으로 보냈다. 그러나 27세 기미운 기미년에 대운과 년운이 기신으로 복음이고 일지에 未토까지 3개나 모이고 년지 巳화와는 격각살이 3번 일어나며, 사중 庚금은 미중 乙목에게 합거되니 이미 사중 庚금은 인사형살에 갑경충으로 동하고 있으니 을경합거로 사라진다. 그 해에 남편이 물에 빠져 자살하였다. 용신인 癸수가 계미-입묘된다.

그리고 기미27대운에 들어 29세 辛酉년에 관살인 辛금을 월간 식신인 丙화와 병신합으로 합하니 식관합이며 지지 식상인 巳화와도 사유합금이니 29세 때 두 번째 남편을 만나 재혼하였다. 그러나 명조 내에 남편이 불투하고 대운마저 금-기신대운이라 역시 고생길을 막지 못했다.

경신37대운은 을경으로 일간 합거운이니 신약한 일간인 乙목이 관살인 庚금과 합하여 금으로 화하며 인사신 삼형이 구전되니 불리한 대운이다.

따라서 42세 경신운 갑술년에 대세운 경갑충으로 극범세군이니 흉하며, 월지 진중 癸수는 년간의 癸수 인성의 유일한 통근처인데 세운지 戌토와 진술로 충하니, 辰토는 수의 묘지라 묘지가 열리고 인수가 인사-형살에 임하고 공망지에 앉은 모친인 癸수가 辰토에 입묘되어 사망하였다.

세운지 戌토는 천간의 丙戌乙을 전부 입묘시키고 癸수는 辰토에 입묘되니 일간 을목에게는 참으로 견디기 힘든 한해였을 것이다. 그렇다면 술토는 12년 마다 한 번씩 오는데 그때마다 대흉이 일어나느냐면 그렇지는 않다. 우선 대운이 기신이고 인사신 삼형이 구전되었기 때문이다.

또한 삼형살이라고 모두가 힘든 것은 아니며 본명의 경우에는 신약한 乙목의 뿌리가 寅중 甲목에 의지하고 있는데 巳와 申에 있는 2개의 庚금에게 경갑충을 당하니 삼형살이 불길하게 작용하는 것이다. 그러므로 삼형살이나 충이 두려운 것은 장간의 충이 일어나기 때문이다.

경갑충은 지지로 내리면 인신충과 같고, 임병충은 사해충이며, 정계충은 자오충, 을신충은 묘유충과 같다. 나머지는 병경극, 갑무극, 정신극, 무임극이 된다.

형충이 일어날 때 우선 장간의 충을 먼저 살피고 두 개가 모여 하나를 충하면 하나는 부서지며, 일대일이면 원국의 대세를 따라 승패가 결정되는데, 부서지는 것이 용신이나 일간의 유일한 통근처일 때는 크게 불길한 것이다. 그래서 신약한 일간들이 삼형살이나 충을 당하면 신왕자보다 흉함이 크다.

丁巳 戊午 己未 庚申 辛酉 壬戌 癸亥
戊乙丙癸 19. 여
寅未辰巳

모친 사망 후 42세 때부터 대운지지 申금이 관성이나, 申금은
수를 생하는 기운이 강해 신약에 신진합수로 수기를 공급하니
이때부터 점차 금전적으로 안정을 찾기 시작하였다.
직업은 정재인 戊토가 강하여 아파트 현장에서 잡부로 일을
하였다. 신약에 편관 기신인 신유47대운에 들면서 辛酉금은
수를 생하지 않는 금이며, 일간과 을신충이고 사유합과 진유
합금으로 금극목하니 약한 乙목에게는 매우 불길한 대운이다.
신유운 초입인 무인년과 기묘년인 98~99년에 용신 癸수가 세
운간 戊토와 무계로 합거 당하고, 지지에서 인사형하여 척추
수술로 재산이 많이 날아갔다.
명조에 화기가 강하므로 금기가 상대적으로 약해 사중 庚금이
부서졌기 때문에 뼈나 관절 등에 이상이 온다. 사중 庚금은
관성이며 남편성이니 寅목은 일간의 뿌리가 되니 인사형살이
되어도 남편과 무탈한 것은 일간의 뿌리인 까닭일 것이다. 즉
남편과의 문제가 일어나려면 일간과 용신이 무너지는 형세가
되어야 하니 척추수술로 흉이 발생한 것이다.

신유대운 상반기에는 辛금이 丙화를 합거하느라 일간을 극하
는 힘이 약해 그런대로 넘어갔으나, 대운지 酉금으로 넘어오
면서 남편성인 관살 酉금이 월지 辰토인 乙목의 통근처를 진
유합금하여 합거시키니 불길한 시기이다. 乙목에게 辰토는 癸
수 용신의 근지도 되며 乙목이 辰토에 뿌리를 박으니 생명줄
과 같다.

2001년 49세 신유운 신사년에 사유합금하고 또 다시 세운 천간의 辛금인 관살이 나타나 일간을 을신충하며 대세운 사유합금으로 금이 강해지며, 세운지 巳화가 인사형살로 요동치니 두 번째 남편과 서류상 이혼하였으나 헤어지지 못하고, 갑신년까지 친구집에서 눈치밥을 먹고 있으나 결정을 내리지 못하고 마음이 편치 못하였다.

그러나 신유운 갑신년은 인사신 삼형살이 전부 이루어지니 부부이별이다. 신약한 을목에게 왕금은 힘든 시기이며 세운지 사화가 인사형을 하면 원국의 인사형까지 요동치게 된다. 따라서 사중 경금이 두 개이고 충하는 갑목은 하나이니 경금 하나는 살아남게 된다. 병경극을 당해 이혼 서류는 되었지만 남편과의 관계가 완전히 끝나는 것은 아니다.

丁巳 戊午 己未 庚申 辛酉 壬戌 癸亥

戊乙丙癸   19. 여

寅未辰巳

그러나 갑신년에는 인사신삼형이 구전되며 대운도 불길한 운이니 남편과의 관계가 정리될 것이다. 인중 갑목은 일간의 뿌리이며 申금의 암장된 경금과의 인신충이 발생하게 된다. 충은 형과 달리 둘 중 하나가 부서지는데 월령의 대세가 좌우된다.

즉 진토이므로 금이 대세를 이루니 寅목은 부서지게 되므로 결국 일간이 관성인 申금에게 패하여 갈라서는 것이다. 부차적인 문제는 사신 형살도 일어나니 사중 丙화인 자식을 살피면 신중 임수와 임병충이니 원국에서 화세가 강하니 丙화는 살아남게 된다. 즉 자식은 본명이 키운다는 의미이다. 이처럼 형충이 일어나면 먼저 장간의 충을 살피고 대세를 보아 육친

중에서 무엇이 남고 무엇이 사라지는 지를 살펴야 한다.

본명은 일지 부부궁에 인미귀문살과 년월에 진사공망이며 일지 공망으로 상호공망이다. 즉 년에서 일을 공망시키고 일에서 년을 공망시키는 상호공망은 명조가 불길하면 매우 흉한데 불구나 장애를 겪기도 한다.

이렇듯 명조에 재성이 강하고 일주가 약하면 항상 돈과 남편 때문에 고통을 받게 된다. 차명은 태어나면서 한 번도 수목인 인성과 비겁운을 제대로 만나지 못한 불운이며, 게다가 신약한데 일간의 좌우로 식상과 재가 있고 지지에 인성인 보호막이 없다보니 관성인 남편이 기신으로 작용하여 더욱 더 어려워진 경우이다.

더구나 57세부터 다가오는 임술대운에는 壬수가 戌토의 극을 당하며 용신인 癸수의 뿌리인 辰토를 진술로 충하여 더욱 더 위태로울 것이다. 살 수 있는 방법은 마음을 비워 종교와 학문으로 매진한다면 수명이 연장될 것이다. 인성이 용신인 사람은 부모에 대한 효성과 배움의 열의가 생명줄이라는 사실을 되새겨야 할 것이다.

●20번 사주실례, 여명

庚戌 辛亥 壬子 癸丑 甲寅 乙卯 丙辰
癸癸己丁 20. 여 +5.5
亥卯酉酉

여명에 음팔통 사주이며 칠살인 己토가 첩신하여 일간을 극하는데 년간의 丁화인 재성이 생조하며 앉은 자리 묘유충으로 흔들리니 부부궁에 파란과 곡절이 끊이지 않음을 예고하고 있다.

- 263 -

년월지에 편인이 酉酉형살로 있어 모친이 두 분인데 본인과는 卯酉충이니 인연이 없어 생모는 본인을 낳자마자 산후조리 못하여 사망했다.(후처소생)

그러나 형제성인 겁재 亥수는 일지 묘목 식신과 해묘합이 되어 아신으로 들어오니 이복 형제간에는 우애가 좋다. 인수가 왕해 신왕하며 년간의 정화를 보아 금을 제하니 성격되었으므로 丁화를 용신하고 싶으나 무근하고 월간의 칠살을 생하니 불가하다.

일지 식신인 卯목이 해묘합으로 왕하니 용신을 삼는다. 이처럼 여명에 관을 용하지 못하고 식신을 용하게 되면 부부간에 불화와 구설이 생겨 문제가 발생한다.

그러나 월간의 칠살인 己토는 일간과 첩신하여 재의 생조를 받아 일간을 극하니 재물도움이 없고 己토의 자좌인 유금과 아신인 일지의 卯목과는 묘유충으로 함께 살지 못한다. 기토는 시간의 癸수까지 넘보니 二天으로 이혼의 명이다.

癸癸己丁 20. 여 +5.5
亥卯酉酉

癸수 일간이 월지 편인이고 년간에 편재를 보아 성격이 되었으며 酉월의 癸수는 금백수청이라 피부가 곱고 맑은 형이며 일지에 묘목을 보았으며 목은 화로써 피어나면 길하다.

화운을 만났으면 활짝 피어나겠지만 인묘목운도 길하다. 지지로 오는 수운도 묘유충을 해소하며 일지 묘목을 생하니 길하다.

편인격도 성격이 되었고 일지 묘목은 식신이며 장생이라 총명준수하며 식신생재가 안 되니 사업보다는 자신의 기술이나 노하우로 생계하는 직업을 지닌다.

금백수청으로 성품이 맑고 깨끗하며 일지 천을귀인이 용신이라 귀인 작용인데 충되어 약해지나 다시 해묘합하여 빛이 난다. 선량한 인품이며 운로가 신해-임자인 비겁운으로 흘러 막내라도 장녀 역할을 하고 효심이 깊어 이복형제들 학비부터 결혼까지 뒷바라지를 했다.

일지 부부궁은 길신이라 남편덕은 없지 않으나 남편성인 월간 근토는 무근하며 편관으로 일간에 첩신하여 극하고 도화지에 형살로 앉아 허우대는 멀쩡하지만 상태가 불량한지라 묘유충으로 갈등과 불화가 예상되며, 본명은 금수가 강하나 화기가 약해 차가운 가을의 물이 조후불균으로 가정과 인덕은 없다.

庚戌 辛亥 壬子 癸丑 甲寅 乙卯 丙辰
癸癸己丁 20. 여
亥卯酉酉

남편은 바람꾼에 술주정뱅이에 제비이며 삼류 가수 연예인으로 계축대운에 들어 3개의 癸수가 근토를 극하며, 년간의 丁화인 격용신을 정계충하고 丑토인 남편성은 계축백호지에 들어있다. 丑토는 관성인 근토와 생조신인 丁화의 정축-입묘지로 근토가 무근하여 丁화의 생조로 버티고 있는데, 丁화가 입묘되면 남편성도 무너지며 기축-입묘되니 부부의 관계가 매우 불길한 대운이다. 세운에서 대운지 丑토를 동하게 만드는 戌운에 이혼했다. 未토는 해묘미 삼합으로 작용하니 丑토를 움직이지 못한다.

38세 계축운 甲戌년에 대세운 축술형하니 丑토인 관고와 화고인 戌토가 열리며, 세운간 甲목이 己土남편을 甲己합으로 합거시키고 대운과는 축술형이 되어 이혼했다.

그러나 남편성인 己土의 뿌리가 대운지 丑土로 뿌리내리고 戌토에서 근이 되니 안 떨어지려는 것을 여자 측에서 반대로 위자료까지 쥐어주면서 이혼했다.

일지에 식상이 도화성이라 화려하게 꾸미는 업종에 인연인데, 酉酉형살이 있으므로 기술자이고 일지와 卯酉충하여 형살이 움직이니 머리카락 짜르는 데는 귀신이다.

38세 이후 갑인을묘대운은 식상운으로 용신운이니 길하지만 남자와의 인연은 없다.

● 21번 사주실례, 여명
丙申 乙未 甲午 癸巳 壬辰 辛卯 庚寅
甲甲丁丙　21. 여 +2
子午酉午

*가을철 甲木은 丙火가 천간에 투출하면 귀보다 부가 더 크다. 가을 甲목은 성장한 나무로 庚금으로 다듬어 대들보로 만들어야 자신의 역할을 훌륭하게 한다. 이때 丙火를 보면 庚금을 극하여 계속 자라게 되므로 본래의 임무를 저버리니 貴가 적다.

*가을 甲목에 丁火가 투간하면 자기 몸을 불태우는 활인지명이라 기술자, 의사, 목사, 신부가 되는 경향이 많다. 격이 좋지 않으면 서비스업종에 종사한다. 특히 乙목이 丁화를 보면 잡풀로 불태우니 허망하고 쓸데없는 짓을 잘한다.

*가을 甲목에 庚금이 없고 丙火가 투간하면 열매를 맺게 하며 식상으로 재를 생하니 富하나 庚금인 관을 극하니 貴하지는 못하다.

酉월 甲木이 일지 부부궁이 자오충으로 깨져있고 일간 甲木은 뿌리가 없고 관성인 월지 酉金은 좌우의 화극을 당하니 녹을 지경이다. 이러한 구조를 제살태과라 하며, 여명에는 관이 중요한데 중중한 식상으로 관을 극하니 삶의 질도 떨어지고 품위도 인격도 하천하며 직업도 천한 직업을 지니게 된다.

丙申 乙未 甲午 癸巳 壬辰 辛卯 庚寅

甲甲丁丙　21. 여

子午酉午

여명에서 상관성이 투간되면 남편을 무시하여 인연이 약하며 자식과 인연이 강한데 차명은 부부궁이 일시지 자오충으로 깨져 있고, 대운마저 남편을 극하는 상관운으로 20년을 치달으니 남편 酉金 정관은 정유-천을귀인으로 착한 듯 보이나 양쪽 상관에 눌려 무능력은 불 보듯 뻔하다.

거기에다 자유-귀문성까지 겸해있는 형국이라 술만 마시면 주사를 부려 헤어진 것이다. 본명은 어떤 남자하고도 살 수 없는 구조이다. 갑오대운에 목생화로 기운이 午화로 집중되어 3 상관이 정관을 극하니 이혼하였다.

월지의 酉金은 부친의 자리인데 양쪽의 칠살에게 극을 당하니 무기력하여 사회궁도 가정궁도 일구어 나가지 못하는 형국이니 부친덕이 없다. 본명은 시주인 자식궁에서도 시간에 비견이니 스트레스를 받고 일지 아신을 수극화로 충하니 자식으로 인한 스트레스를 많이 받게 된다.

지지가 전부 도화성으로 자오충이며 대운이 오대운으로 향해 子수가 부서지니 수는 자궁과 생식기에 관계되므로 30~31세 갑오운 을해~병자년에 자궁수술을 하였다.

만일 대운이 子수운으로 흘렀다면 午화가 부서졌으니 午화는 식상이라 유방과 생식기며 심장에 해당된다.

본명은 유방이 무지하게 큰 편인데 여명에 유방이 너무 큰 여자는 남자를 깔아 뭉기는 형국으로 색이 강하며, 가권을 본인이 쥐어야 산다.

또한 자유귀문살에 관성이 있으면 정신적인 문제가 있는데 그의 전 남편도 술만 먹으면 욕설과 정신질환으로 이혼하였고 본인도 자유귀문 탓으로 우울증과 결백증, 변태성을 가지고 있다.

또한 상관격자는 대학을 나오면 대기업의 비서직이나 예체능 계통에서 두각을 나타내는데, 차명은 학운이 불운하여 서비스 업종인데 명조에 도화살이 너무 많은 고로 유흥업소에 인연이다.

丙申 乙未 甲午 癸巳 壬辰 辛卯 庚寅

甲甲丁丙 21. 여

子午酉午

또한 여명에서 상관대운은 본능적으로 이성을 기피하는 경향이 있는데 위 명조는 본인이 맘에 들어야 연애를 하는 형국이라 누구말도 듣지 않는다.

또한 명조에서 인수성은 부족하고 식상이 강한 고로 식상이 억제되지 않아 돈 버는 데는 꼴찌며 돈 쓰는 데는 일등이라 항시 돈에 쪼달리는 형국이다. 더욱이 도화에 상관이 임하면 사치성과 질투가 장난이 아니다.

현재 지하 단칸방에 어린자식과 살면서 노래방 도우미로 생계하며 술과 눈물로 지새우는 가련한 여인의 명조이다.

본명은 상관이 많은 것이 삶을 고달프게 만들었는데 상관은 자식이므로 자식을 키우느라 애를 먹으며, 또한 조모에도 해당되니 조부의 바람기와 난잡한 부부궁으로 인하여 손녀대에 업장이 내려온 것이다.

조부는 시지의 子수인데 갑자-목욕이고 시간의 비견인 甲목도 갑자-목욕에 앉으니 여동생도 갑자-목욕으로 색정 문제가 발생한다.

● 22번 사주실례, 남명

癸丑 壬子 辛亥 庚戌 己酉 戊申 丁未
戊甲甲癸   22. 남 +4.5
辰辰寅酉

일주인 甲목이 寅월에 출생하였으므로 건록격이며 건록격은 천간의 재관을 용신하게 된다. 일간의 기가 왕성하고, 년지의 酉금이 인수인 癸수를 생조하고 인수가 다시 비견을 생조하여 일주가 왕강하다. 고로 戊辰토가 용신이다.

용신인 시간의 戊토는 辰토에 근을 두었고 시지 및 일지에 있어 용신 또한 강하다. 일주 및 용신이 모두 강한 사주이므로 사주팔자는 길명이다. 그러나 인월은 추우니 丙화가 투해야 하는데 불투하여 격이 낮아졌다.

癸-인수가 기신인 비견을 생조하며 인수의 앉은자리는 도화 및 계유-병지이므로 모친에게 질병과 이별 등의 곤란스러운 일이 종종 있을 것이다. 용신이 강하고 시주를 차지하고 있으므로 아들은 많고 모두 장성할 것이다.

처궁은 용신인 편재이고 일지를 차지하고 있으며 甲목이 뿌리

를 내리므로 양호하나, 일시지가 진진-자형이 되고 편재가 중
중하다. 시간의 편재는 남명이 가는 길에 여자가 길목을 지키
는 형상이라 여자로 인한 문제가 발생하게 된다.

또한 일월지 격각으로 일간의 록지인 寅목과 부부궁인 처성과
어긋나며 왕성한 비견과 접근해 있어 목극토가 되니 부부궁의
변동을 암시한다.

이처럼 일지와 월지가 격각살이면 접재인 묘목을 공협하여 이
복형제가 있고 부모형제궁과 본명이 어긋나며, 일지는 처도
되므로 처와 시댁과의 관계가 어긋나며 불화됨을 의미한다.

戊甲甲癸　남
辰辰寅酉

남명에서 부인의 상황은 용신을 생조하는 희신인데 용신인 辰
토만 있고 생조하는 화가 없으니 관성인 酉금이 희신이다. 酉
금이 도화이므로 처의 용모는 수려하나 용신과 격하여 무정하
고, 년간의 癸수인 기신을 생하며 진유합이나 쟁합이고 월지
寅목과 인유-원진으로 처와의 관계는 불길하다.

용신이 편재이므로 역마의 성분이고 담소를 즐기고 유흥과 오
락적인 성분이 많아 다정다감하고 일주인 甲목이 왕성하면서
도 태과되지 아니하였으므로 성품은 인자하고 부드러울 것이
다. 그러나 식상이 없으니 대화와 소통은 부족한 일면이 있
다.

신강하고 재성이 강하므로 길운을 만나면 크게 부귀할 것인
데, 년지의 일점 酉금-관성이 재성과 격하여 상통되지 않고
년간의 癸수를 생하느라 약해지니 실업계로 진출할 것이다.
사업은 편재의 성분인 무역과 금융업 등이 적합하나, 오행상

으로는 토건업이 양호할 것이다.

일주가 왕성하고 용신이 토이므로 수목운은 불길하고 토금운
은 길하다. 화운도 용신을 생조하는 희신운이므로 양호하나
년지의 정관인 酉금을 상관극관하므로 불길한 면도 나타난다.
이십세 이전인 계축임자대운은 기신인 수운이며 시간의 戊土
가 무계합거로 불길하나, 초년대운에 인성운이 들면 희기에
관계없이 부모의 보호를 받게 되니 무탈했을 것이다. 인성운
이라 학업도 무난했을 것이다.
癸丑 壬子 辛亥 庚戌 己酉 戊申 丁未
戊甲甲癸   22. 남
辰辰寅酉

그러나 15세 이후 子운에는 운한상으로 시간의 戊土가 壬수
를 억제하지 못할 뿐 아니라 자진삼합 수국으로 수기가 왕성
해지므로 가업이 쇠퇴하고 자신의 학업도 부진했을 것이다.
20세 이후 십년간 신해대운은 천간은 양호하나 지지가 亥이
므로 월지의 寅목과 인해합이 되어 목기가 성해진다. 고로 비
겁이 용신인 재를 극하니 가정상의 변동과 경제적 곤란이 25
세 이후 30세 전에 있었을 것이다.
세운을 살펴보면 25~26세인 정유-무술년은 세운이 길하여 재
산상의 이득이 많았으며 기해년은 평평하다. 28세인 경자년은
년간이 금이며 년지가 수이므로 금생수가 되어 수기만 더해줄
뿐이며, 또 대운의 辛금인 정관과 庚금이 관살혼합이니 년운
이 불길하여 가정의 불화나 손재가 있었을 것이다.

29세 신축년은 길년이고 임인년은 인성혼잡이며 기신이라 손

재, 병고 등이 있었을 것이다. 31세 이후 대운이 토금운을 향하니 길운으로 부귀할 것이나, 경술대운은 천간이 일간을 경갑충으로 상극되고 지지가 일지와 진술충이 되므로 천극지충으로 일신상의 변동은 많을 것이다.

31세 계묘년은 인묘진-방합을 이루니 식구가 들고나는 운이며 기신이라 허명뿐이지 실속이 없는 해이며, 특히 갑인-을묘월에 해당되는 정이월은 되는 일이 없었을 것이다. 丙辰-丁巳월인 삼사월은 대인관계로 인한 이득이 많겠으며, 戊午-己未인 오유월은 금전상 이익이 크겠으며, 庚申-辛酉의 칠팔월은 길하며, 壬戌-癸亥의 구시월은 일진일퇴를 거듭할 것이며, 세말에는 甲子-乙丑으로 매사에 신중을 기해야 할 것이다.

32세 갑진년은 경술대운과 천극지충되고 세운 천간인 甲목이 군왕에 해당되는데 신하인 대운의 庚금에게 경갑충으로 극범세군을 당하니 불길한 세운이다.

또한 세운의 천간 육신이 甲목인 비견이므로 사업상 독립하거나 진술충을 받으니 해외여행을 하게 될 것이며, 내외로 분주다사할 것이다. 그러나 비견이 재성을 달고 온 세운이라 일간보다 세운간이 먼저 재성을 취하니 재물의 소비나 손재로 인한 손실이 예상된다.

●23번 사주실례, 남명 은행원

甲辰 乙巳 丙午 丁未 戊申 己酉 庚戌

庚乙癸壬　23. 남 +4.5

辰未卯申

乙목이 묘월에 출생하였으므로 건록격으로 인성이 왕해 신왕이며, 사주에 각각 두 개씩의 관성과 재성이 있으나 관인상생이 되어 일주가 강하다. 사주 천간에 인성이 두 개 투출되어 정관을 인화시키므로 용신은 인성을 억제하는 재성이다.

즉 신왕하면 식재관 중에서 용신하는데 관성인 시간의 庚금은 관인상생으로 일간을 더욱 생하니 불가하고, 식상인 화가 불투하니 재성을 용신으로 쓰게 된다.

명조 중에서 4위를 재관이 차지하므로, 신강하고 재관 또한 왕성하여 사주가 중화되어 길하나 묘미 삼합되어 토-용신이 좀 약하니 亥수를 운로에서 보면 삼합이 이루어지니 불길하다. 천간에 丙丁화가 투하지 않고 봄철의 乙목이 庚금을 보아 격이 떨어진다.

甲辰 乙巳 丙午 丁未 戊申 己酉 庚戌

庚乙癸壬   23. 남
辰未卯申

육친관계는 인성이 용신과 상반되고 혼잡으로 부모운은 불미하나 초년대운에 재성이 있어 부친이 세력을 펼치니 재물이 양호한 편이니 부모덕은 무난한 편이다. 그러나 인성이 년월에 혼잡 연좌하니 모친을 두 분 모실 팔자이다.

자식복은 시주에 정관이 투출되고 재성이 이를 생조하여 양호하겠으나, 인성이 정관의 기운을 누출시키고 대운이 상관운으로 흘러 정관과 상반되므로 아들은 좀 늦을 것이나 여식은 무난하다.

재성이 정관을 생조하고 일지에 용신인 재성이 있어 처는 현숙하다. 시지 辰토가 공망이나 을경합으로 길신인 정관과의 합이니 모범생이며, 공망이 풀리니 재성혼잡으로 애정문제로 인한 부부궁에 갈등과 불화가 생길 수 있다.

성격으로는 재성이 정관을 생조하고 일주가 왕성하므로 온후
독실하여 군자의 풍격이 있겠으며 관인상생이니 총명과 지혜
를 구비한 성격일 것이다. 일간이 정관과의 을경합이고 정관
이 길신에 해당되니 모범생이고 정관의 공명정대하며 반듯한
품성을 지녔다.

사업으로는 천간에 정관이 투출되어 인성으로 화하였으므로
청기가 부족하여 관계로 진출하기에는 곤란하며, 사주에 재성
인 토-용신을 생조할 식상이 없으므로 실업계보다 금융계통이
적합할 것이다. 그러나 대운의 흐름이 양호하므로 부업 정도
로 사업을 시작하면 이윤이 많을 것이다.

세운의 분석으로는 乙목일간이 신왕하여 화토운은 양호하고
수목운은 불길하다. 그러나 금운은 수를 동반하면 불길하나
토를 동반하면 길하다.

甲辰 乙巳 丙午 丁未 戊申 己酉 庚戌
庚乙癸壬   23. 남
辰未卯申

갑진-을사대운인 희용신인 辰巳가 들어와 15세 전에 가업이
번창하고 부모의 보호가 지극했겠으나, 을사대운인 17~18세인
戊子-己丑년에는 무계합거와 근토탁임 등으로 인성인 壬癸수
를 합극하며 신자진합수로 기신인 인성이 태과하니 모친과의
이별이 있으며, 부친 사업도 부진했을 것이다.

병오대운인 21세 이후로는 매사가 순조로웠으며 戊戌-己亥인
27~28세에 결혼했을 것이다. 丙午대운은 신왕에 乙목이 꽃피
는 길운이며, 일지와의 오미합으로 결혼이 가능한 대운이고,
戊戌년은 오미로 합된 대운과 오술합이며, 기해년은 해묘미

삼합이 이루어지니 삼합이 들면 식구가 들거나 나가는 운이 되기 때문이다. 즉 무술년에 결혼이 무르익고 기해년에 일지 와의 삼합이 이루어지기 때문에 결혼이 성사될 것이다.

29세 경자년은 병오대운과 천극지충되고 신자진 수국 삼합이 되며 또 월지와 자묘로 형이 되어 가정 내에 분란과 갈등이 있을 수 있으며, 정미대운 중 30세 신축년은 대운과 일주를 쌍으로 천극지충 되고 관살이 혼잡되어 이별, 실직 등 불길한 일을 면치 못했을 것이다.

31세 임인년은 세운천간이 신왕에 길신인 대운의 식신 丁火 를 정임합으로 기반하니 손재가 적지 않으며, 32세 계묘년에 는 정미대운의 희신을 정계충하고 묘미로 용신을 기반하니 또 한 손재·질병·불화 등을 조심해야 할 것이다.

甲辰 乙巳 丙午 丁未 戊申 己酉 庚戌

庚乙癸壬 23. 남

辰未卯申

계묘년 정이월은 甲寅-乙卯로 비겁인 기신월이라 친구·형제 등과의 불화·손재 등이 있겠으며, 丙辰·丁巳월인 삼사월과 戊 午·己未인 오유월은 편안하다.

庚申·辛酉인 칠팔월은 동분서주하겠으나 성과가 없으며, 壬 戌·癸亥인 구시월은 자녀의 우환을 조심할 것이며, 甲子·乙丑 인 두 달은 기신인 비겁과 일지 축미충으로 배우자 및 형제와 의 불화를 조심해야 한다.

정미대운 중 33세 甲辰년은 군왕인 세운이 신왕에 겁재로 재 성인 辰土를 달고 와서 겁탈하는 기신이나, 대운의 희신 丁火 가 甲목을 설기하여 약해지니 겁재인 경쟁자를 의미하는 타인을 신용치 말고 매사에 소극적인 자세를 취하면 무난한 해이다.

34세 乙巳년은 년운이 비견으로 기신이나 목생화로 巳화 식상을 생재하여 무난한데 다시 대운간인 희신 丁화를 생하여 비견인 기신 乙목이 무력하여 길하다. 그러나 세년 천간 乙목이 원국의 시간 庚금 정관과 을경합금 되니 결과는 기신인 비견이 길한 정관으로 변하니 새로운 사업을 시작할 것이며 적으나마 성과는 있을 것이다.

35~36세인 丁未운 丙午·丁未 양년은 신왕에 식재운으로 재산상 이익은 있겠으나 대세운에서 식상이 너무 강해져 관성을 극관하니 직장과 자식인 관성을 극하므로 자신의 건강과 직장 및 자녀의 건강을 주의해야 한다.

甲辰 乙巳 丙午 丁未 戊申 己酉 庚戌

庚乙癸壬　23. 남

辰未卯申

37세 戊申년은 정재·정관년으로 대운이 길한 시기이고 원국의 기신인 월간 癸수를 무계합으로 기반하니 길하여 직장 승진이나 발령으로 직책이 오르겠으며, 사십대에는 관계로 진출하여 활약할 것이다.

그러나 戊申대운 癸丑년은 군왕인 세년 천간 癸수가 신왕에 재성 희신인 戊토 대운을 합으로 기반하니 불길하며, 세운지 丑토도 또한 일지 재성을 축미로 형충하니 재성이 흉으로 41세 무인운 계축년은 처와의 불화나 재물의 손실, 처의 건강에 조심해야 할 것이다. 또한 42~43세는 甲寅·乙卯년으로 대운천간의 용신 정재인 戊토를 극하니 불길함이 동일하다.

●24번 사주실례, 남명 실업가의 사주
辛酉 壬戌 癸亥 甲子 乙丑 丙寅 丁卯
己己庚戌 24. 남 +4
巳亥申午

일주 己토는 상관격으로 午에 건록이고 巳에 제왕이 되며 네
개의 비겁 및 인성에 의해 생조되어 왕강하다. 고로 용신은
왕성한 토기를 누출시키는 庚申금인 상관이다. 용신은 천을귀
인이고 월령을 자치하고 있어 왕성하며, 일지의 亥수가 열기
먹은 조토를 적셔주고 식상생재를 이루니 귀함이 돋보인다.
운로도 금수를 향하니 천하의 부귀를 희롱할 사주이나 사해충
이 흠이며 재성인 亥수의 역마충이니, 발에 모타가 달린 듯
종횡무진하게 된다.

육친은 월주에 용신이 있고 16세 이전의 초운이 양호하나 원
국에 비겁이 많아 부모덕은 월주가 용신이나 상관의 흉성이고
년지에서 화극금으로 극해오니 부모는 평범하고 사해충으로
부친과의 인연이 좀 박했을 것이다. 일지가 희신이나 일시 상
충되어 결혼은 늦게 함이 길하다.
상관이 일지의 정재를 생조하여 부인이 현숙할 것이며 용신이
상관이고 강하지만 재성이 바로 옆에서 수기를 유통시켜 운에
서 오는 목-관성을 직접 극하지 않으니 자녀들도 부귀할 것이
다.

성격은 상관생재격이므로 성질은 명민하고 지혜가 클 것이며,
토기가 중후하여 인내심과 언동에 신의가 있을 것이다.
사업은 용신이 월령의 진신과 부합되고 상관생재격이므로 대

기업을 일으킬 것이며 재벌로 실업계에 군림할 것이다. 그러나 사주에 辰丑 습토가 없고 사해충이 되어 정관인 해중 甲목이 경갑충으로 부서지니 정계진출은 기대할 바 없다.

대세운의 초년대운은 신유대운으로 길하나 부모덕은 평범하였다. 임술16대운 중 기신인 겁재의 戌토대운인 21세 이후 6-7년간 곤궁했겠으며 계해26대운에 들어 길하니 30세 전후하여 기업을 일으켜 일취월장 했겠으며, 그 뒤 33-34세 및 37-38세의 크고 작은 곤경 외에는 별 일 없이 금일에 이르렀을 것이다.

辛酉 壬戌 癸亥 甲子 乙丑 丙寅 丁卯

己己庚戌　24. 남

巳亥申午

을축46대운에는 월간 용신 庚금을 기반하니 불리하나 용신이 庚申 간지동으로 건록지에 앉아 흉액이 감소하며, 세운도 원국의 庚금 용신을 기반하는 48세 乙巳년에는 사신형살과 사해충으로 일지 부부궁을 충하니 부부 갈등과 가정의 우환을 조심해야 한다.

원국에서 巳화 공망이고 사신형에 사해충과 신해 상천살로 일지가 요동치며 천간에 二天으로 부부궁의 불안 요소가 잠재되어 있다. 그러나 재성혼잡이 없고 일지 아신에서 재성이 몰리지 않으니 해로한다.

49세 을축운 병오년에는 乙목이 관성인데 설기가 태심하여 자녀들의 일로 인한 걱정 외에는 평길하겠으며, 51-52세 戊申-己酉년에는 군왕인 戊己토가 비겁으로 불길하나, 지지 식상에 설기되고 신하인 대운지 丑토의 토생금으로 생조를 받아 금-용신이 생왕되니 51-52세에 새로운 기업을 일으켜 성공을

- 278 -

거둘 것이다.

그러나 병인56대운의 시작으로 기신인 丙화가 장생지에 앉고 월주를 천극지충하며, 56세인 갑인년은 월주와 천극지충이고 을묘년인 57세 이후는 을경합거되고 묘신암합되어 경신금이 전부 묶이니 차분히 은퇴함이 좋을 것이다.

● 25번 사주실례, 여명

戊辰 丁卯 丙寅 乙丑 甲子 癸亥 壬戌
壬戌己甲　25. 여 +5.5
戌寅巳戌

일주 戊토가 여름 巳월에 생하고 사주에 비겁이 중첩되어 신왕이다. 여명은 관성이 중요하니 특히 천간에 관성이 투하면 상태를 살펴야 한다. 년간의 甲목이 앉은자리 戊토에 앉고 갑기합하니 부부인연이 박하다. 일지 寅목에 통근하나 인술화국으로 변해 무근하며 무력하다.

그리고 원국이 여름에 태어나 화기가 성하니 조후를 살펴야 하는데 시간에 壬수가 있으나 앉은자리 戊토에 앉고 월간의 己토에게 己토탁임을 당하며 지지에 습토와 수가 없어 무근하니 군비쟁재의 형상으로 불미하다.

년간의 甲목은 갑기합토로 기반되니 용신불능이고 시간의 壬수 편재는 앉은자리 비견인 戊토에 의해 파극되고 습토가 없고 무근하여 무력하며, 일지 寅목을 용신하지만 인술화국으로 변하니 용신이 마땅치 않다.

여명에서 용신은 곧 남편의 상황이니 일간 외에 비겁과 합을 하느라 일간을 돌아보지 못하니 본명은 남편의 덕을 기대하기 어렵다는 의미가 된다. 그러나 대운이 목수운을 향하니 미약한 용신이 가뭄에 단비를 만난 격이 되었다.

육친은 시간의 편재는 부친성으로 지지에 통근처는 없으나 월
지인 사중 庚금의 생조를 받고, 초년대운이 무진인 습토운으
로 근을 하니 양호하여 무난하였으나, 편재가 강한 비겁에 의
해 파극되고 임술백호지에 앉아 병약하며 비겁이 중중하고 무
력하다.
월지 巳화 인성이 모친인데 부친인 壬수와는 사술로 원진귀문
살이며 월지 망신살이라 모친이 재취하여 이복형제도 있다.
비겁이 기신이고 일지 아신에서 인술로 비겁이 모여들며 갑기
합토로 변해 甲목이 비겁이 되니 뼈 다른 형제가 있다.

戊辰　丁卯　丙寅　乙丑　甲子　癸亥　壬戌
壬戌己甲　25. 여
戌寅巳戌

월간의 기신인 겁재 근토는 기사-왕지에 앉아 강력하니 자존
심과 고집이 강하며, 희신인 수목은 무력하니 사주의 형세가
불미하고 탁하다.
일지에 편관이 앉아 총명 준수하며 甲목이 천간에 투하니 배
우자는 의사, 변호사, 대학교수 등 편업에 종사하나 사회적
물망이 있는 사람일 것이다. 그러나 인술 삼합되어 편관이 기
신으로 화하였으므로 가정풍파는 면치 못한다.

비록 희신인 壬수가 무력하더라도 대운이 양호하여 힘을 받으
니 여명에 용신은 곧 남편이고 용신을 극하는 기신은 자식이
라, 인목을 극하는 경금과 자식성이 일치한다. 경신금이 사중
에 암장되어 미약하며, 자식궁인 시지 戌토가 壬수의 비를 맞

아 습토로 변하여 庚금을 생하니 자식덕은 있을 것이다. 사중
庚금은 장생지이고 술중 辛금은 관대지라 자식은 크게 된다.
성격은 신왕하고 일지에 편관이 있어 총명 영리하며 토가 왕
성하여 신의를 중히 여기겠으나, 비겁이 강하여 고집 있고 대
인관계는 식상이 없어 원만치 못하다.
대세운은 戊辰-丁卯대운인 20세 전은 기신대운으로 장애는
많겠으나 인성운이니 희기신을 떠나 1,2대운인 유년시의 인성
은 부모의 보살핌을 의미한다.

戊辰 丁卯 丙寅 乙丑 甲子 癸亥 壬戌

壬戌己甲   25. 여

戌寅巳戌

21세 후 대운의 지지가 용신인 寅목 편관이며 丙화로 꽃을
피운 장생지이므로 일찍 좋은 배우자를 만나 결혼했을 것이
다. 21세 병인운 갑오년은 대세운 인오합이고 세운간에 甲목
관성이 투하며, 월간의 비겁인 己토와 합하여 묶인 년간의 甲
목을 풀고 다시 일지에서는 인오술로 삼합되니 결혼에 길한
세운이다. 참고로 여명에서 관성이 갑기합토로 변하니 戊己토
가 천간에 투하는 세운도 결혼이 가능하다. 년간에 관성이 있
는 여명은 조숙하여 대부분 일찍 결혼하게 된다.

29세 식신인 경자년에 득남했을 것이며 30세 을축운 辛丑년
은 상관인 辛금이 지지에서 사축합으로 금의 생조를 받아 관
성인 목을 극관하고 축술형이니 불길하여 일차 가정풍파를 면
치 못한다.
그리고 길신이 간지로 들어오는 壬寅-癸卯년은 부부화목하고
가업도 번창할 것이며, 을축대운 중 乙목의 생조를 받은 33-

34세 丙午-丁未년은 기신인 인성과 비겁이 왕강해지니 관성은 설기되고 자식인 식상은 극을 받아 남편성인 甲목과는 축술미 삼형살이 동하니 불화 및 자녀의 건강 등으로 가정사에 유의해야 한다. 축술미 삼형살은 신약지명에는 매우 불길하나 신왕지명에는 약해지는 경향이 있다. 그러나 정미년의 未토는 甲목의 묘고로 작용하니 남편과는 불길하다.

35-36세인 을축운 戊申-己酉년은 대세운이 모두 기신인 비겁이니 가정사에 문제가 발생하고 재물의 손실이 일어나니 각별히 조심해야 한다. 41세 이후 갑자대운에는 간지 길신으로 명리쌍전할 것이며 자녀들의 건강 및 공부도 여의할 것이다.
사주 좋은 것이 대운 좋은 것만 못하다고 하는데, 사주는 자신이 태어나고 자라온 환경이므로 몸에 베였으나, 대운은 새로운 환경을 맞이하는 것이니 길한 대운을 흘러가면 힘든 부부관계도 잘 넘어가지만 흉한 대운을 흘러가면 무탈하던 부부사이도 장애가 나타나 갈라서게 된다.

● 26번 사주실례, 여명
戊子 己丑 庚寅 辛卯 壬辰 癸巳 甲午
庚壬丁乙   26. 여 +4.5
戌寅亥亥

일간 壬수가 정임합되고 월령이 해월이고 일지에 寅목이 있어 인해합목하여 목화격이다. 그러나 시주에 목기와 상극되는 庚금과 戌토가 있어 진화격이 되지 못하고 가화격이 되었다.
목화격치고는 목기가 부족하므로 용신은 목이며 희신은 수이다.

- 282 -

육친은 가화격이므로 부모덕이 없으며 어려서 부모와 이별하여 고난 속에 자랐다. 그러나 중년운이 목운을 흘러 양호하니 늦게나마 좋은 배우자를 만나게 될 것이다. 기신이 시주인 자식궁에 있어 자식복은 없을 듯하나, 해월 수왕지절에 출생하여 인해합목하니 아들은 반드시 두게 될 것이다.

성격은 비록 가화격이나 亥월에 출생하고 일지에 식신 寅목이 있어 천성이 영민하고 명랑할 것이다. 월간의 정재인 丁화와 합했으나 丁화의 앉은자리가 부실하여 성실하고 부지런한 편은 아니나, 년간의 乙목이 식상생재를 하므로 게으르거나 나태하지는 않다. 지지에서도 寅목이 인술화하여 식신생재가 되니 재물을 벌어들이는 식상생재는 돈을 보고 달리니 부지런히 움직인다. 지지에 인해가 지살역마이다.

戊子 己丑 庚寅 辛卯 壬辰 癸巳 甲午

庚壬丁乙 26. 여

戌寅亥亥

대세운은 가화격이므로 합한 목을 생하는 수목운은 길하고 토금운은 불길하며, 화운은 기신인 금을 억제하므로 무난하지만 본 명조는 亥수가 강해 수극화 되니 불길하다.

어려서 6-7세 庚辰-辛巳년에 모친을 이별하였는데 정임목화격에는 庚금이 목을 극하니 파격의 기신인데 庚금이 무력하여 가화격이 성립된 것이니 화격의 진격은 귀명이나 가화격은 운을 만나지 못하면 일반격보다 노고가 많다. 특히 금인 인성이 최대의 기신이니 어려서 모친을 이별하게 된다.

그러나 월령과 일지에 수목이 왕성하여 곤경 속에서도 근학하여 의학, 양재 등 일정한 기술을 지니게 된다. 25세 이후 경인대운 중 寅대운에 들어서면 간난신고는 면하겠으며, 28세 壬寅년에는 독립하여 사업을 일으키고, 혼담도 여러 번 있을 것이나 결혼은 30-31세인 甲辰-乙巳년이 길하다.

31세 이후 수목운에는 유복한 생활을 할 수 있을 것이며 34-35세인 무신 기유년에는 시간의 庚금인 기신이 통근하니 풍파는 면치 못할 것이며 결혼 후에도 일정한 자기 사업을 자영함이 좋을 것이다.

◎ 실전 통변론

1. 년월에 재관인이 있고 신왕사주이면 명문가 출생에 선대의 유업을 물려받는다.
乙壬丁戊
亥子未申

2. 신왕한 일간에 년주에 재국을 놓거나 재고이며 용신이 있으면 조상이 부자였다.
甲戊己壬
戌寅巳辰

3. 년주에 관이 국을 이루고 희신이면 관은 벼슬이니 조상이 벼슬을 했다.
戊己壬甲
戌巳亥未

4. 신약사주에 년월에 상관이 태왕하고 기신에 해당하면 조부가 단명하며 조상이 곤궁하다.
甲戊辛辛
戌寅酉巳

5. 월주에 관살이 득국이면 부친이 고관이다. 가령 신왕한 戊토 일주에 갑인월주이고 인해로 합을 이루니 부친이 고관대작이다.
丁戊甲丁
巳戌寅亥

- 285 -

6. 재성이 득지 득국하고 장생지에 있으면 부친이 장수하고 덕망이 높다. 가령 신왕한 壬수 일간에 월간에 丙화가 병인으로 장생지이며 인해가 목국을 이루어 월간 丙화를 도우면 부친이 장수하고 덕망이 높다.

辛壬丙乙
酉子寅亥

7. 월주에 재성이 있으면 부친이 사업가로 많은 유산을 상속받는다. 가령 丁화 일주가 월주에 기유월로 년과 유축합금하여 재성국을 이루니 부친이 부귀를 누렸다.

乙丁己丁
未卯酉丑

8. 월일주가 흉살이면 부모가 불합하고 의견대립이 있으며, 유산이 파산되거나 사업의 실패를 본다. 가령 임신일주가 월에 병인이라면 월간에 재성인 丙화와 임병충하고 지지로는 인신충하여 천극지충하니 부모와 불화 대립되고 파산한다.

ㅇ壬丙ㅇ
ㅇ申寅ㅇ

9. 재성이 역마지살에 형충이면 부친이 납치나 실종 교통사고 중독 등의 흉사가 있다. 가령 임신일주가 월지 재성인 巳화월에 태어나 인사신 삼형이 전부 있으므로 인신은 역마지살이라 부친이 실종되었다.

ㅇ壬ㅇㅇ
ㅇ申巳寅

10. 비겁이 장생지에 있거나 앉은자리 장생이 되고 건왕하며 희신이면 형제가 출세하고 덕이 많다. 가령 신약한 갑진일주가 월주가 병인이고 인해로 합목하여 건왕하며 목생화를 하여 장생이니 형제가 유덕하고 의학박사를 지냈다.

辛甲丙己
酉辰寅亥

11. 신왕하고 비겁이 많으면 이복형제가 있고 형제로 인해 불화 패망하다.

壬戊己甲
戌寅未戌

12. 비겁이 허약하고 형충살이 있으면 형제자매 중에 흉사나 불구가 된다. 가령 병신일주에 기사월이라면 巳화인 비견이 사해로 충되고 사신형으로 교통사고로 단명하였다.

〇丙己〇
〇申巳亥

13. 만일 인수로 용신할 경우 근접한 재성이 인성을 극하면 탐재괴인이 되어 처덕이 없다.

戊壬辛丁
申寅未巳

14. 일지에 형충공망 등 흉살이 있으면 배우자가 허약하거나 성격이 독하며 비겁이 태왕하여 재성을 극하면 처덕이 없다.

乙戊壬己
未戌寅未

15. 비겁에 역마지살이 있고 형충이 있으면 형제가 실종 사고 불구가 된다. 가령 기미일주가 무인년에 태어나 戊토인 겁재가 寅목인 역마지살에 앉았고 앉은 자리가 인사로 형을 당하며 사중 戊토가 있고 인중 戊토가 있으니 형제가 객사하였다.

壬己辛戊
申未巳寅

16. 여명에 재성이 많으면 오빠가 재혼하거나 이성문제가 발생하며 풍류끼가 있다. 그것은 비겁이 형제자매인데 남자라면 재성이 부인이다.
가령 일주가 정유라면 년월에 병신합되고 병신년이라면 丁화는 재성이 많으니 재다신약이라 무능력하다. 여명에 재성이 많으면 시모와도 불화한다.

壬丁辛丙
戌酉丑申

17. 배우자 관계로는 남명에서 재성이 용신과 서로 생조하면 처덕이 있다. 또한 일지는 배우자궁이므로 일지에 길신이 있거나 용신과 상생되면 남녀 공히 배우자 덕이 있다.

丁丙壬辛
巳申午巳

18. 재자약살인 사주는 결혼하면서 운이 풀리고 재물이 늘어난다. 또한 인수가 강해 재를 용신할 경우에도 결혼하면서 발전한다. 가령 남명이라면

壬壬庚庚
寅午辰申

壬수 일간이 년월이 일간 壬수를 생하고 시간 壬수가 일간을 도와 신왕한데 일지 午화를 시지 寅목이 목생화로 돕고 인오로 합되어 화국을 이루니 처덕이 매우 길하다.

19. 처덕이 없는 사주라면 가령 남명이라면
庚壬甲甲
戌辰戌辰

壬수 일간이 관살인 토가 태왕하여 시상 庚금으로 살인상생하는 살중용인격이다. 壬수 일간에 재성인 술중 丁화가 처성이나 용신인 庚금을 극하는 기신이고, 戌토는 화의 묘고로 처가 땅속에 묻혀 있어 흉함을 암시하고 있다.
또한 진술충이 중복되어 이혼을 두 번 하고 운에서 화운이 오면 용신인 庚금을 극하니 큰 형액을 당하게 되어 처덕이 불길한 명조이다.

20. 남편의 관계로는 여명에서 관성이 하나만 투출되고 지지에 통근을 하며 재성 위에 있으면 가장 귀하다고 본다. 따라서 재자약살의 여명이라면 남편운이 좋다.
사주내에 관살이 용신 희신에 해당하면 남편이 현출하고 능력 있다. 일지와 관성 용신이 서로 생조하는 관계가 좋으면 자질이 우수한 배우자를 만나고 덕이 있다.
또한 관성이 미약하지 않아도 식상이 왕하면 식상이 관을 극하므로 불길하다. 만약 식상과 관성 사이에 재성이 있어 관을 생하면 식상의 견제를 감당하니 길하다. 따라서 여명에는 식상이 왕함을 꺼리게 된다.
또한 관성이 투출되지 않고 암장되면 남자를 무시하거나 신뢰성이 없고 관살이 혼잡되면 이성문제가 발생하여 이혼 가능성이 높다. 남편덕 있는 여자사주의 실례를 든다.

癸己丙甲
酉未寅辰

여명 己未토 일간이 신약하나 월간 丙화가 년간의 관성 甲목에 장생하여 일간을 생하니 길하다. 또한 년간의 甲목도 년지 辰토와 월지 寅목에 통근하여 목생화 화생토로 일간을 도우니 남편덕이 많은 사람이다.

일지가 비록 간여지동하나 신약에 길신이라 백년해로한다. 더우기 시주는 토생금으로 시지 酉금을 생하고 酉금은 다시 금생수로 癸수를 생하니 식신생재가 되어 상생관계가 되니 재물이 궁하지 않고 자손덕까지 있다.

21. 남편덕 없는 사주의 경우라면

丁辛乙壬
丑亥巳寅

여명 辛금 일간이 지지에 亥수-상관을 놓아 금백수청으로 미인형이다. 그러나 辛금은 신약하여 월지 사중 丙화가 정관으로 남편이나 인사형살이고 사해충되니, 여명에 식상과 관살이 충하여 자식과 남편이 흔들린 형상이라 이혼했다.

일지가 상관이며 수가 되니 다방 등에서 일하며 여러 남자를 거쳤으나 안정된 가정을 꾸리지 못하고, 이처럼 신약에 일지 상관을 놓은 여명은 정조를 지키지 못해 여러 남자를 거치거나 자신도 남자의 사랑을 받지 못한다.

22. 자손관계는 신왕한 사주에 관살이 왕하면 관살이 식상에 의해 충극되지 않아야 자식이 귀하고 덕을 본다. 그러나 신약 사주에 인수가 없고 관살이 왕하면 자식덕이 없다.

자손궁은 시주이므로 시주가 용희신이면 자녀덕이 있고 기신이나 흉신이면 자녀로 인한 고생을 면키 어렵다. 남명에 비록 관살이 자식이라도 재성이 왕하면 관살을 생하는 기운이 있으므로 관살이 주중에 없더라도 자식이 있다. 그러나 재성을 극하는 비겁이 왕하면 자녀를 두기 힘들다.

여자인 경우라면 식상이 자식이다. 그러나 식상이 없어도 관살이 건왕하면 자식을 둘 수 있는데 이것은 식상에 의해서 관성이 손상 받지 않기 때문이다. 여명에서 식상과 재성 관성의 세력이 비슷하면 자식복과 남편복이 있다. 그러나 재성과 관성이 사절지에 놓여있으면 식상만 왕하니 자녀복이 박하다.

사주구성이 너무 춥거나 더워도 자식을 두기 어렵다. 또한 신약 사주에 식상이 태왕해도 자식을 두기 어려우니 유산이나 난산이다. 또한 식상이 혼잡되면 양자를 들이거나 원치 않는 자녀를 키울 수 있고 시주가 길신이면 자녀의 효도를 받는다.

丙甲壬丁
寅子寅酉

여명이며 신왕한 사주이다. 甲목이 인월에 태어나 아직 춥고 여린 나무라 丙화가 필요하다. 시주에 丙화가 장생지에 있으니 용신이며 매우 길하다. 丙화 식신은 자식인데 용신이고 자식궁이며 목화통명이라 두뇌가 명석한 자손이며 인물 좋고 명문대 인재이다.

자손덕 없는 사주의 실례이다.

丁戊丙丙
巳寅午申

여명 戊토 일간이 지지에 인사오가 강하고 丙화가 년월에 양
투해 불구덩이에 휩싸인 형상이다. 년지 申금이 있어 일간의
기를 설기하는 식신으로 용신을 삼는데 강한 화에 의해 화극
금 당하고 인사신 형살이 자식궁인 시지를 포함하고 있으니
남편과 일찍 사별하고 자식도 하나 있으나 경찰서를 오가며
모친 속을 썩이는 사주이다.

23. 대운통변론에서 개두절각이란 개두법은 대운천간이 대운
지지를 극하는 것으로 지지의 힘이 약화되므로 만일 지지가
길신이라면 길운이 되지 못하고 기신이라도 흉함이 줄어든다.
가령 목이 용신이라면 辛卯대운을 만난 경우 대운 천간이 대
운지지를 금극목하여 목의 기운을 억제하므로 길신인 목이 쇠
약해진다. 이때 주중에 금이 왕성하다면 목은 힘을 쓰지 못하
니 길신의 작용이 없어져 흉함을 면키 어렵다.

절각법이란 지지가 천간을 극하는 경우를 말한다. 이 경우에
도 천간의 힘이 약해져 천간이 길운이라도 반감되는 작용을
한다. 가령 토가 용신일 경우 己卯대운을 만났다면 지지 卯목
이 근토를 극하여 토기운을 반감시켜 흉하게 된다. 이때 주중
에 목을 극하는 금이 있다면 다소 억제되기는 하나 흉함은 면
키 어렵다.

24. 세운이 흉하나 대운이 길로 변화되는 경우,

가령 癸수 일간이 子월에 태어나 수국을 이루어 신왕할 경우 목으로 수를 설하여 화를 생하니 용신은 화이며 희신은 목이 된다.

이때 세운이 丁亥년이고 대운이 丙寅운이라면 세운에서 丁화는 길신이나 지지 亥수는 주중에 해자축으로 방합을 이루어 수국을 이루니 기신이다. 따라서 강한 수에 극을 당한 丁화는 무력하여 길작용이 감소한다.

이럴 때 대운이 丙寅운이라면 사주의 용희신이 목화라 매우 길하다. 특히 대운지지의 寅목은 강한 수기를 흡수하여 화를 생하니 길함이 가중된다.

또한 세운지지 亥수를 대운지지 寅목이 인해합목하여 길신으로 변하니 세운의 흉함이 길로 변하게 된다. 즉 대운은 군왕인 세운을 보좌하는 신하이며 십년을 주관하는 환경인 때문이다.

따라서 癸수 일간이 子월에 태어나 수국을 이루어 신왕할 경우 목으로 수를 설하여 화를 생하니 용신은 화이며 희신은 목이 된다.

이때 대운이 丁亥년이고 세운이 丙寅운이라면 대운에서 丁화는 길신이나 지지 亥수는 주중에 해자축으로 방합을 이루어 수국을 이루니 기신이다. 그러므로 강한 수에게 극을 당한 대운간 丁화는 무력하여 길작용이 감소한다.

그럴 때 세운이 丙寅이므로 인해합목하여 길신으로 변화하면 흉함이 길로 변하게 된다. 그러나 그 한 해 동안만 길함이 나타나므로 亥수라는 분위기는 변하지 않으므로 대운이 丙寅이고 세운이 丁亥일 경우보다 미약하여 약 70%의 길함만 나타나게 된다.

25. 대운이 흉하나 세운이 길로 변화시키는 경우,
丙화 일간이 신약하여 목화가 길하고 금수가 기신일 경우에
세운이 丁卯로 길신이 함께하여 매우 길하다. 그런데 대운이
壬子대운이라면 수는 기신이며 양인으로 매우 불길하다.
그러나 대세운이 정임합목하고 세운이 卯목이라 子수를 흡수
하여 卯목을 생하니 세운이 대운의 흉함을 구제하고 있다. 그
러나 흉함이 감소되는 것이지 발복하는 것은 아니다. 즉 대운
은 십년을 주관하는 환경인 때문이다.

26. 세운이 흉한데 대운이 가중시키는 경우,
가령 금이 왕한 사주에 목화가 길신이고 토금은 기신일 때 세
운은 己丑이고 대운은 辛巳라면 세운인 己토가 주중에 용신인
월간 丙화를 화생토로 설기하여 일간을 생하니 더욱 신왕한
일간이 되어 흉한데, 세운지지 丑토도 또한 왕금을 생하여 흉
함이 가중된다.
대운을 보면 辛금은 왕한 금을 부조하니 불길하고 대운지지
巳화는 용신인 丙화의 뿌리가 되니 길할 것 같으나, 세운인
축과 주중에 酉금과 합해 사유축 금국을 이루면 왕금을 더욱
왕하게 만들어 그해에는 길운이 흉함으로 바뀐다. 만일 주중
에 酉금이 없더라도 대운간이 辛금이므로 사축도 합금할 수
있으니 70%의 흉함이 발생하게 된다.

27. 흉운이라도 실패하지 않는 경우라면,
丙화 일간이 술월에 태어나 신약한 사주라면 목화가 길신이라
시주에 인성인 甲寅목이 용신이다. 세운은 壬子이고 대운 또

한 壬子라면 신약한 丙화 일간에게 수운이 들면 큰 실패할 것
이라 생각하나 시주의 甲寅목이 용신이므로 수는 수생목으로
용신을 돕고, 또한 월주에 戊戌토가 있어 토극수하여 흉을 억
제하고 있다면 수가 비록 기신이라도 흉운이 되지 못하게 극
하여 제어하는 오행이 있고, 수를 목으로 흡수하여 일간을 돕
는다면 실패하지 않는 것이다.

28. 길한 대운 같으나 실패하는 경우라면,
가령 금수가 태왕하여 목화가 용신인 사주라면 세운과 대운이
癸巳라면 癸수는 기신이고 巳화는 용신이다. 그러나 巳화는
癸수의 극을 받고 또한 주중에 申금이 있어 사신-형살이 되고
수로 변해 기신이 되며, 일지 酉금이 있다면 사유합금으로 기
신이 되니 길운이라도 형살의 구설을 겪게 되니 이런 변화의
작용을 알아야 한다.

29. 대운과 세운이 충할 경우라면,
壬수 일간이 신약하여 금수를 기뻐하며 월지 申금을 용신할
경우에, 세운은 壬申으로 길신이고 대운은 戊寅으로 기신일
경우라면 寅申이 서로 충하므로 세운보다는 대운의 작용력이
더 강하다.
그러므로 세운의 길신인 申금은 대운인 寅목과 충하느라 일간
을 도울 수 없게 되므로 흉사가 발생하는 것이다. 즉 세운의
길신이 불길한 대운과 충하면 불길하다. 그러나 반대로 세운
이 戊寅이고 대운이 길한 申금이라면 인신충하여 대운이 강하
니 申금은 살아남아 일간을 돕는 길한 작용을 나타내게 된다.

◎ 명리학 용어사전

1. 군겁쟁재(群劫爭財)

군겁쟁재란 비겁이 많이 집합되어 서로 財(재)를 다툰다는 뜻이다. 비겁은 강해지면 자연히 財를 극하는 성질이 있다.

庚子 己亥 戊戌 丁酉 丙申 乙未

丁 丙 甲 丙 (乾)

酉 戌 午 午

이 사주는 午月 丙日로써 득령하였고 또는 午중 丁火가 투하여 득세하였으며 또 丙日이 戌중 丁火에 앉아 최강격이다. 강자는 설기해야 하는데 원국에 水가 없으므로 제할 수는 없다. 용신정법에서 말하기를 일간이 왕하였을 때는 그 왕한 신을 제함이 용신이 되는데, 만약 그 제하는 자가 없을 때는 강왕한 자를 설기하여 주는 자가 용신이 되는 것이라고 하였다. 그러므로 이 사주의 경우 관은 없고 戌토인 상관이 생하는 酉금인 재가 용신이 되는 것이다.

그런데 酉금 용신에 중중한 병정-화를 만나 화극금을 당하니 이것이 바로 군겁쟁재라 하는 것이다. 이런 경우에 화를 병신이라고 하는 것인데, 북방 수향운이 들어와 제화함을 제일 기뻐한다. 그러므로 수를 이름하여 약신이라고 말하는 것이다. 이 사주의 운로를 볼 때 申酉금운에 일찍 재계에 출세하였고 무술 기해운 이십년간도 계속 용신을 보호하여 대체로 행복한 세월을 보냈다. 그러다 경자운 중 庚운까지는 큰 탈 없이 안락한 생활을 하였는데 子운에 들면서 월지의 왕한 오화를 충하여 왕신격노로

68세 (경)자운 임자년에 별세하고 말았다.

중년 戌운 庚寅년에 화 병신이 인오술로 성국하며 금 용신이 경인-절지가 되니 자살 기도도 있었다.

2. 득비리재(得比理財)

득비리재란 비겁의 힘을 얻어서 財를 다스린다는 뜻이다. 그러므로 사주에 재다신약인 경우 비겁이 있어 그 힘에 의지하는 것을 말하여 득비리재라고 하는 것이다.

득비리재는 財는 많고 혼자서는 財를 다스릴 능력이 부족하여 비겁의 힘을 합하여 財를 다스릴 수 있는 것이므로 합자, 동업, 주식회사 등 공동투자 사업이 좋은 것이다.

庚 辛 壬 癸 甲 乙
寅 卯 辰 巳 午 未
庚 丙 丙 辛 (乾)
寅 午 申 酉

이 사주는 丙日이 申月에 출생하여 실시하고 신약인데 申酉가 있는 중 庚辛金이 투하여 金財가 심히 강왕하고 있다. 다행히 丙日이 지지 午火에 착근하였고, 寅午의 火局을 얻었으나 아직 財에 비하여 일간이 약한 중 일찍 남방 巳午운에 크게 성공하였다.

그러나 壬辰 水운이 들어오면서 辰土가 生金 財하며 동시에 申辰 水局하고 유년 庚子年에 子가 용신 午를 충하였다. 庚子로 金水로 太旺하니 비겁에 의지하고 있던 丙일주는 고립되어 있는데, 사면초가로 生財殺하여 공격해 오고 대운 辰土에 丙火 일간은 회화무광되어 파가탕진하고 말았다.

이 사주에 주의할 점은 년상-辛金. 년지-酉金. 월지-申金. 시상-庚金으로 4金이며, 또 일주-丙火, 일지-午火, 월간-丙火, 시지-寅중 丙火로써 火 역시 4火인데 왜 火가 金에 비하여 약하다는 문제이다.

庚 丙 丙 辛(乾)
寅 午 申 酉

1. 火는 申月에 실령하고 金은 득령을 하고 있다.
2. 申月의 장간 庚金이 시상에 투하였고 또 酉의 장간 辛金이 투하여 庚辛金은 申酉로 록근을 얻어 세력이 강한데 비하여 火는 다만 寅午로 국만 형성하였을 뿐이다. 그러므로 비견의 힘을 얻어 그 財를 관리하게끔 되어 있으므로 득비리재격이라고 하는 것이다.

3. 명관과마(明官跨馬)

명관과마의 明官이라 함은 천간에 투출된 官을 말하며 과마란 천간의 관성이 지지의 財의 생을 잘 받고 있다는 뜻이다.
천간에 부출되면 明한 섯이고 시시에 있으면 暗한 깃이니 천간에 투한 者를 明이라 하고 지지에 출한 者를 暗이라 하여 明과 暗이 되는 것이다. 그리고 과마란 말위에 올라앉았다는 뜻인데, 馬라 함은 재를 칭하는 것이다.

그러므로 女命에 명관과마면 남편이 번영한다는 것이고 남명에서도 신강하고 관성이 약한 경우, 그 官이 財에 根하고 있으면 크게 부귀영화를 얻게 된다는 것은 두말할 나위도 없을 것이다.

戊 丁 庚 乙 甲 癸
申 未 午 巳 辰 卯
己 丁 壬 丁 여명
酉 酉 寅 丑

이 사주는 寅月 丁日生으로 從은 되지 않는다. 그런데 월간
壬水 官이 寅木을 생하여 설기가 심한 중, 지지에 酉丑 금국
이 왕하여 壬水를 生官하고 있으므로 명관과마가 분명한 것이
다.

그러나 일간이 좀 약하여 寅중 丙火를 用하게 되는데 行 巳午
未 남방 火운에 귀부인이 된 사주이다. 寅중 甲木으로 用해야
옳을 것 같으나, 사주에 財가 많으므로 탐재괴인이 되어 못쓰
고, 왕한 酉丑 금국의 財를 억제하면서 일간을 돕는 비겁을
用하게 된 것이다.

만약 용인격이라고 주장하면 午火운에 성공은 고사하고 甲木
용신이 갑오-사지가 되어 불록지객이 되었을 것이 분명하다.

고로 이 사주 용신은 월령인 寅목으로 건왕한데 비하여 기신
세력도 천간 투출로 강력하므로 귀격의 탁명으로 볼 수 있다.
저자 이석영님은 월지에 있는 寅중 丙火를 용신으로 정했지만
더 정확한 것은 월지 寅중 丙火에 뿌리를 두고 천간으로 투출
한 년상 丁火가 용신이 되는 것이다.

다만 아쉬운 것은 천간 용신이 쟁합이라 완전 합거는 안 된다
고 하지만, 늘 간합의 기운이 있어 용신이 불안하다는 것이
다.

초년 癸卯대운은 기신 득세에 卯酉충으로 불길하였다고 할 수
있고, 甲辰대운은 천간 기신인 己土를 甲己로 합거하면서 甲

木이 辰土에 得根으로 길하다고 할 수 있으나, 辰土는 습土요 火氣를 빼는 데는 일등이라 반길반흉으로 볼 수 있다.

본명은 乙巳대운부터 발복하였다고 하나, 巳火는 용신 丁火의 뿌리도 되지만 지지로는 巳酉丑 金局하고, 용신 뿌리인 寅木을 寅巳형하여 寅중 甲木을 극하므로 부모님이 돌아가셨다고 볼 수 있다.

丙午대운은 천간 지지로 용신을 도우니 생애에 가장 좋은 운이라고 볼 수 있으며, 丁未대운까지 용신운이라고 하나, 未土는 지지로 상관운에 丑未충으로 정관의 뿌리를 자르고, 천간의 정관을 丁壬으로 합거하니 부군의 신상에 문제가 발생하였다.

戊申대운은 일주가 가장 두려워하는 용신의 뿌리를 寅申충하여 불길한 세운으로, 천간 용신 丁火를 합거하는 세운에는 꼼짝없이 황천객이 되리라고 본다.

그리고 이 사주 대운이 용신운으로 흘렀으니 귀부인이라고 했지만, 본명은 남편이 너무 똑똑하여 본인의 입장으로 볼 때는 피곤하였을 것이다. 그것은 정관격 사주에 용신을 겁재로 사용했기 때문이다.

또한 이 사주를 명관과마라고 했지만 명관과마가 제대로 성립되려면 일주가 어느 정도 강하여 재관을 용신으로 사용할 수 있는 능력이 되어야 하고, 또 천간으로 관성이 투출하고 지지에서 재국의 생을 받고 있을 때, 진정한 명관과마가 이루어지는 것이다. 이 사주처럼 일주가 약하여 관성을 감당치 못하고 비겁에게 의지하는 경우라면 명관과마라고 보기 보다는 我財生夫(아재생부)가 더 적당한 표현으로 보는 것이다.

이 사주는 운에서 일간을 도와 그나마 귀부인 소리를 들었을 것이라고 생각하며, 운이 만약 재관운으로 행하였다면 기신 득세니 천격으로 전락하였을 것이다.

(가) 명관과마 실례

丙 丁 戊 己 庚 辛 壬
戌 亥 子 丑 寅 卯 辰
乙 己 癸 丙　여명
亥 亥 巳 申

이 사주는 己일간이 巳月에 生하고 巳火는 金의 장생궁이요 申은 金의 록궁으로써 金이 왕한 편이다. 그러므로 사해충하여 庚금이 亥中 甲木인 관성을 경갑충으로 극거되고 해수에 든 갑목이라 무력하니, 시상 乙木-칠살로 남편성을 삼게 된다. 그런데 지지 亥水가 수생목으로 을목을 생하니, 乙목은 나의 明官이요 亥는 財馬로써 명관이 財馬위에 놓여 있으니 이것을 명관과마라고 하는 것이며 매우 귀하다.
동방-목운을 향하여 남편이 장관에 올랐고 아들은 오자가 창성하였는데, 자손이 왕성하게 된 것은 己일주의 자손 庚金이 년월지인 申巳에 생왕하고 있는 까닭이다.

사주의 청탁 구분 시 일간을 중심하여 희신인 癸乙로 투출되고 지지도 희신군으로만 둘러싸였으니 한 눈에 귀격 명조임을 알 수 있다.
또한 乙木 남편이 시상에 명관과마로 투출되고, 자손도 시주인 자식궁에서 희용신이 있으며, 대운 또한 60년 길운이니 어찌 그 남편이 장관에 오르지 않겠는가,

이 사주가 만약 내격인 신약인 사주로 보고 火土로 용신한다면 寅卯辰, 亥子丑대운을 어떻게 설명할 것이며, 신약인 사주에서 식상인 자손을 어떻게 좋다고 볼 것인가, 내격의 신약지명으로 본다면 장관부인은 고사하고 명암부집의 사주로 술집 종업원이나 하였을 것이다.

乙 己 癸 丙   여명
亥 亥 巳 申

초년 壬辰대운은 癸水 용신을 임수가 부축하고 辰土는 천간 癸水의 뿌리로 작용하니 부모덕에 호강하였을 것이다.

辛卯대운은 기신 丙火를 丙辛으로 합거하고 卯木은 희신인 천간 乙木의 뿌리로 작용하여 발복하였을 것이다.

庚寅대운은 희신 乙木을 합거하고 寅巳申 삼형으로 조상자리와 부모형제궁을 형하여 부모의 건강과 손재 등으로 좋지 않으나, 용신 癸水가 아직 건왕하고 寅木 또한 희신이며 부부자리에 인해합으로 들어오니 부군의 승진 등으로 반길반흉하니 크게 걱정할 바 없다.

己丑대운에 천간 己土는 기신운으로 불길한 것은 사실이나, 지지 丑은 천간 용신 癸水의 뿌리로서 작용이 더 크게 작용하니 걱정 없다. 워낙 사주체가 좋기에 어떠한 운이 들어와도 큰 타격을 줄 수 없다.

마지막 丙戌대운은 기신 丙火가 득세하고 戌土는 용신 癸水의 뿌리인 亥수를 土剋水로 극하니 생명이 다했으리라 보는 것이다. 그러나 종격을 판단할 때는 용신이 건왕하므로 그마치 삶의 질이 높은 것이니, 먼저 일반 내격으로 살핀 연후에 종격으로 결정해야 한다. 종격에 흉운이 들면 생명이 위험하고 단명한 경우가 많다.

(나) 명관과마 실례

戊 己 庚 辛 壬 癸
午 未 申 酉 戌 亥
壬 壬 甲 戊 여명
寅 午 子 寅

이 사주는 壬日 子月로써 득령하였고, 戊土는 壬의 夫星인데
寅에 坐하여 칠살지로써 불길해 보이나, 寅午가 火局하였고
또 寅은 火의 장생궁이 되어 명관과마를 이루고 있다.
또 甲木 식신인 자손이 투출되어 寅에 록근을 하고 있어 夫榮
子貴가 틀림없다.
甲木은 부성인 戊土의 관이니 벼슬이 되므로 더욱 貴하다. 고
로 마침내 장관 부인이 된 사주이다. 그런데 이와 같이 관성
이 투출하고 아울러 식상이 투출되어 있음을 夫明子秀라 칭하
는데 그렇게 되면 夫子가 모두 대귀하며 잘 된다는 것이다.

이 사주는 壬水일주가 양인 월령을 득하고, 시간에 壬水 투출
로 일주가 약하다고 할 수 없고, 식상 또한 양 건록에 뿌리를
두고 월상에 투출하여 약하지 않으며, 관성도 寅午-火局에 재
성의 조력을 받고 戊土가 투출하여 삼자가 모두 묘하게 균형
을 이루고 있다는 것이다.
격용을 정한다면 寅午-화국의 조력을 입은 년간 戊土를 격으
로 잡아 편관용겁격 또는 식신용겁격, 양인용겁격이 되는 것
이다.
일간은 월령을 득했어도 충으로 인하여 전체 세력과 비교할

때 아무래도 약하다고 볼 수밖에 없다. 고로 용신은 비겁인 시간에 투출한 壬水가 되는 것이다.

이때 금-인수운은 일주를 보강하고 기신인 식상을 제거하므로 나쁘지 않은 것이다. 다만 없는 金(인성)이 들어와 인오-화국에 파괴되는 것이 두려운 것이다.

(다) 火重 金輕格

```
癸 壬 辛 庚 己 戊
丑 子 亥 戌 酉 申

庚 乙 丁 丁  여명
辰 未 未 巳
```

여명, 이 사주의 夫星은 시상 庚金이요, 자식은 년월 천간의 丁火이다. 이와 같이 남편과 자식이 천간에 투하여 상관견관이 되어 있는데 중중한 상관이 지지에 근을 두고 庚금 관성을 극하니 제살태과가 되었다. 그러면 관성의 상태를 살펴야 하는데 년지 巳화에 근이 있고 자좌 辰습토에서 생을 받으니 명관과마로 무력한 것은 아니다.

그리고 일주 乙木은 자좌 庫인 未중 乙木에 근하여 있고 또 辰중 乙木에 근하여 기쁜데 주중에 火가 많고 金이 弱한 것이 병이나, 마침 운이 잘 들어 金운인 申酉에 발복하였고 亥子水운에도 식상인 화를 제하고 관인상생으로 일간을 도우니 남편도 재상이고 아들도 재상으로 부귀를 누린 여명의 사주이다.

본명이 부귀를 누린 것은 명관과마가 되었으며 진토는 습토라 화기를 설하여 관성을 생하고 일간인 을목도 여름에 태어나

고갈이 심한데 辰土에 근을 두니 길한 연고이다. 그러므로 亥
子수운을 만나도 辰土에 붙을 자리가 있으니 대발한 것이다.
따라서 정재인 진토의 용도가 있으니 성실하고 신용이 있으며
부를 누리며 공망을 맞았으나 정관과 을경합금하여 공망을 희
석하고 관성의 귀함도 함께 누린 것이다.
그러나 진토를 충하는 戌운은 매우 불길한데 경술운으로 토생
금하여 용신인 庚금의 세력이 강해지니 대흉은 면하게 된다.

본명은 사주에 火星이 많으므로 庚金이 制를 받아 傷하게 되
는데 辰土를 만나 火는 설기되어 庚金(官)을 생하는 중에 재
차 火운이 들어오면 상관극관하여 傷夫할 수 있으나 水운이
들어 왔으므로 水극火로 庚金인 夫星은 존립하게 된다.
고로 이와 같이 火를 제하여 夫星이 존립하는 경우를 가리켜
제火존夫라고 말하는 것이다.
庚 乙 丁 丁 여명
辰 未 未 巳

4. 부성입묘(夫星入墓)

부성입묘란 관성이 墓宮에 들어 있다는 뜻이다. 가령 여명이
甲乙일생이라면 관성은 庚辛金인데 금의 묘궁은 丑이 되는 것
이니 甲乙일생에 辛丑이 있으면 그것을 부성입묘라고 하는 것
이다.
丙丁日生은 壬辰이고, 戊己日生은 乙未이며, 庚辛日生은 丙戌
이고, 壬癸日生은 戊戌이나 또는 戊辰을 모두 부성입묘라 칭
하는 것이다.

그리고 여기에서 주의할 점은 오행의 음양을 구분치 않고 金

의 묘는 丑, 木의 묘는 未, 火의 墓는 戌, 水·土의 墓는 辰으로써 일률적으로 사용한다는 점이다.

이와 같이 부성입묘는 남편이 무덤으로 들어간다는 뜻이니 즉 상부하게 된다는 것이다. 고로 고서에서 말하기를, 사주에 관살이 묘에 있으면 그의 남편은 이미 황천에 들어 갔다고 하였다.

다시 이어 말하기를, 세운에 夫星이 절지에 행하면 결정코 원앙새 짝이 각각으로 길이 갈린다고 하였다. 그리고 또 말하기를, 사주에 甲木이 辛金으로 부성을 삼는데, 부성인 辛金의 묘는 丑이 된다. 만약 거듭 丑을 보면 반드시 부군은 이미 죽어서 황천에 들어갔다고 하였다.

따라서 이 격을 놓은 여명은 부부해로가 어렵고 또 부군이 있다 해도 부군이 출세하기 어려워 단절된 생활을 하거나 또는 조화로운 가정을 이루기란 매우 어렵다.

예시, (가) 부성입묘
庚 己 戊 丁 丙
子 亥 戌 酉 申
丁 戊 乙 辛 여명
巳 戌 未 酉

이 사주는 여명인 戊일생의 관성 乙木이 자좌 未에 입묘하고 있으므로 부성입묘가 된다. 고로 乙목이 절지를 만난 정유대운에 상부한 여명의 사주이다.

戊土일주가 未月에 생하여 득령한 중에 시상 丁火가 월일시 3지에 근을 하고 투하여 일주 戊土는 태강하기가 이를 데 없다. 다만 아쉬운 것은 未月 뜨거운 戊土에 水氣가 전혀 없어 비유하건데, 여름철 산에 물 한 방울 없어 사막의 나무가 이미 고사 직전으로 戊토인 산으로서의 역할을 상실한 것이다. 이런 사주의 남편은 정신이상자나 변태, 마약중독자 등이 유력한데, 이유는 본인이 조후불균이며 일시에 사술-귀문관살로 정신불안과 불감증으로 실기한 때문이다.

일주가 신강하여 乙木 남편을 용신으로 쓰고 싶은 마음은 굴뚝같으나 나무에 물이 없고 뿌리 또한 戌未형으로 잘려나가며 未토는 목의 입묘지이고 戌토는 乙목의 입묘지가 되니, 乙목이 절지향인 을유-절지에 들면 명을 마친다.

예시, (나) 부성입묘

壬 癸 甲 乙 丙
申 酉 戌 亥 子

庚 甲 丁 甲　여명
午 寅 丑 子

이 사주는 甲日生으로 정관인 부성 辛金이 丑에 입묘하고 있어 부성입묘가 되었다. 그리고 시간에 庚金 편관이 있다하나 자좌 午火인 살지에 앉아 편관도 상하였으므로 상부하고 재취하였으나 또 다시 상부를 면치 못한 사주이다.

甲乙일간- 辛丑	丙丁일간- 壬辰	戊己일간- 乙未
庚辛일간- 丙戌	壬癸일간- 戊辰혹 戊戌	

(관성입묘)

官殺이 墓위에 있어야만 하는 것이 아니고, 官殺이 천간에 나타나지 않고 官殺의 墓만 있어도 된다.

여명에 부성입묘이면 부부가 각기의 길을 가며 남명이 그러하면 그의 자식을 잃는다.

또한 여명이 관고 위에 식상이 있으면 상관극관의 현상까지 일어나니 구조가 불길하면 부성이 사망하거나 위험에 빠지게 된다.

甲乙일간- 丁丑	丙丁일간- 戊辰	戊己일간- 辛未
庚辛일간- 壬戌	壬癸일간- 甲戌	

(식상 관성입묘)

5. 명암부집(明暗夫集)

명암부집이란 출현된 官과 암장된 官이 사귀어 모여 있다는 뜻이다. 明이라 함은 천간으로 투출되었음을 말함이요, 暗이란 지지에 암장되어 있음을 말한다.

그리고 夫集(부집)이란 부성인 관살이 집합되어 있다는 뜻이니 명암부집이란 천간에 출현된 관과 암장된 관이 많이 집합되어 있다는 뜻이다. 集(집)이라 함은 둘 이상이 모여 있음을 말한다.

여명에는 명암부집을 大忌하는데 이와 같이 명암부집이 되어 있으면 明夫(명부)와 暗夫(암부)가 交集되어 있다는 뜻이며, 가정을 가지고 생활하는 夫君(明夫)과 연정으로 맺어진 부군(暗夫)이 집합되었다 하여 그 품행이 단정치 못하게 된다는 것이다. 만약 그렇지 않으면 本夫와 해로를 못하고 여러 번 개가하여 여러 부군을 섬겨야 한다.

고로 이 격을 놓은 여명은 여러 번 개가하거나 아니면 私戀(사연)을 맺어 출입이 빈번하게 되므로 자신의 불행은 말할 것도 없거니와 가정도 상심이 많고, 또 사회적으로 풍기질서를 문란시키는 사주이나 거류서배(去留舒配;관살을 제거하여 하나를 남겨 관을 삼음)가 잘 되어 있으면 반대로 귀하게 된다.

예시, (가) 명암부집
己 庚 辛 壬 癸
酉 戌 亥 子 丑
丁 己 甲 戌 여명
卯 未 寅 子

이 사주는 己日生이 명관이 되는 월간 甲木과 암관이 되는 寅중 甲木과 일지의 未중 乙木, 시지의 卯중 乙木의 암관이 있어 명관과 암관이 많이 모였다. 이것을 말하여 명암부집이라 하는데 본명은 不貞之婦(부정지부)가 되었던 것이다.

월주 갑인-정관격이며 시상 丁火가 있어 관인상생으로 약한 일간을 도우니 용신으로 관인상생격이 형성된다. 그러나 일지 부부궁은 신약에 비견으로 희신이나 공망이며, 묘미합목하여 기신으로 변해 불길하다.
대운 또한 화토를 향하지 못하고 재성인 수금을 달리니 여명에 탐재괴인이라 돈을 벌기 위해서는 인성을 부수니, 웃음과 몸도 파는 운이다. 남명은 뇌물 먹다가 명예에 먹칠하고 관재를 겪게 된다.

길운을 못타고 財星운, 그것도 음란성의 水운을 탔으며 자묘형살이며 원국에 관성이 명암부집이라 어찌 부부해로 하겠는가, 壬子대운부터 財星에 도화운까지 겹치니 바람 안 피울 수 없고, 辛亥대운은 일지 미토와 해묘미로 관성-삼합으로 들어오니 뭇 남자와 관계를 맺게 된다.

庚戌대운은 경갑충으로 상관견관이고 일지 술미형으로 부부이별하고 자궁수술에 몸까지 버리니 만나는 남자마다 가시밭 천리길이다.

예시, (나) 명암부집
戊 丁 丙 乙 甲
子 亥 戌 酉 申
甲 戊 癸 乙 여명
寅 辰 未 卯

이 사주는 戊日生이 明官되는 甲乙목을 년과 시의 천간에 놓았고 또 다시 暗官되는 년지의 卯중 乙木, 월지 未중 乙木, 일지 辰중 乙木, 시지 寅중 甲木을 얻어 명암부집이 되어 여러 번 개가한 여명의 사주이다.

未月 戊土가 지지에 인묘진과 묘미로 전부 木局이고 甲乙木이 투간하여 종살격이 형성된 듯하나 양간은 월령을 득하면 종하지 않는 법이라 신약으로, 강한 칠살은 화살이나 제살해야 하건만 火도 없고 금도 없어 난감한 구성이다.

丙戌대운은 화토 길신으로 이루어진 길운이나 월지 未土와 戌未형하고 일지 辰土와 辰戌충하니 戌중 정화와 진중 계수가 충하고 술중 辛金과 辰중 乙木이 충하여 박살나니 비유한다면 갑자기 지진이 난 경우라 가정이 붕괴되었다. 이후로 오는 수운은 병신인 목을 생하니 앞이 보이질 않는 운이다.

6. 배록축마(背祿逐馬)

배록축마란 록인 정관을 등진다는 의미니 상관을 만나 정관의 귀기를 손상하고, 축마란 재성인 馬를 쫓아내는 의미니 비겁의 극을 만나 재성이 축출되는 상태를 말하는 것이다.

가령 신왕한 甲일의 官祿은 정관인 辛金이며 천간에 투하고 또한 재성인 戊己토의 財馬(재마)가 官(祿)을 생하면 대단히 기쁘다. 그런데 운에서 식상인 丙丁巳午의 火를 만나 정관인 辛金이 극을 당해 배록이 되거나, 비겁인 甲乙목이 오면 財馬인 戊己토를 극하여 축마가 되는 것이니 대단히 불길하여 곤궁에 빠지게 되는 것이다.

만일 운에서 甲乙일생이 辛金 祿貴를 작용할 때에 寅을 만나면 일간의 甲祿在寅으로 좋을 듯하나 반대로 싫어하는 것이니, 그 이유는 甲의 祿貴인 금이 寅에 절태지가 되고, 寅중 丙火가 辛금을 합극하니 배록이 되고 또 祿貴를 생하는 戊己토 財馬가 寅에 극이 되고 寅중 甲木은 목극토하여 축마가 되니 배록축마가 되는 것이라고 하였다.

또한 신왕에 관祿이 길한 작용을 하는데 다시 官을 만나거나 財를 만나서 생왕되는 것을 향록이라고 한다. 그러나 배록축마가 되면 좋은 財官이 잘 이루어졌다가도 퇴위하는 형상이므로 불길하게 되는 것이다.
이 격의 구성은 신왕에 관을 작용하려 할 때에 관이 상하여 불용하고, 관을 생하는 재를 용신하는 경우에, 또 그 재가 비겁에 상함을 당하는 것을 배록축마라고 한다는 것만 알아 두면 된다.

그런데 이 격은 官이 물러서고 또 재물이 물러서는 것이므로 사회적으로 크게 출세하기가 어렵고, 혹은 財의 힘을 얻어 크게 출세했다 하더라도 그 財는 처와 재물이기 때문에 처로 인하여 혹은 재물로 인하여 성공했다가 축마 되는 비겁운에는 패망하게 된다.

그 원인은 財에 탐이 나서 비겁이 재를 극하므로 처와 재물로 인하여 재앙이 있게 되는 것이며, 또 극하는 자는 비겁으로써 형제-친구-동료가 되기 때문에 형제나 친구에게 피해를 당하게 되는 것이다.

예시, 배록축마

庚 辛 壬 癸 甲 乙
戌 亥 子 丑 寅 卯
辛 辛 丙 癸　남명
卯 卯 辰 酉

이 사주는 月에 정관인 丙火가 투출하고, 일시에 양 辛金이 쟁합하고 년간 癸水가 극하니 배록이 되었다. 그런 중에 지지 辰土가 진유합금하고 시간 辛금이 투출하니 辛金 일주가 왕하므로 능히 卯木인 財를 용신하게 된다.

그러므로 寅卯 東方운과 중년 북방운인 壬癸亥子 水운에 대부 귀하였는데, 그만 西方 庚辛운에 비겁이 들어오면서 財를 극하여 축마하므로 불의의 재화로 망하게 된 것이다.

이와 같이 사주에서 丙火 정관이 癸水에게 극을 당하여 등을 지고 물러서게 되니 배록이라 하고, 卯木인 財는 비겁운에 극을 당하여 쫓겨나게 되었으니 축마라 하니 사주에서는 배록이고, 운에서는 축마가 된 실례이다.

7. 상관상진(傷官傷盡)

상관상진이란 상관을 극하여 그 상관이 기진맥진해졌다는 뜻이다. 상관을 상진시키는 이유는 두 가지가 있는데, 하나는 관을 극하여 관을 상하게 하므로 장차 어떠한 화가 돌아올지 몰라 항상 불안한 상태에 놓이게 된다.

그런데 관은 我(아)를 극하는 관으로써 관청이고 법인데 백성으로써 官을 극하고 어찌 평안할 수 있겠는가, 고로 상관을 상진시켜야 되며, 또 다른 하나는 상관은 내가 생하는 자리이므로 내 기운이 설기되어 도기 되므로 상관을 제어시켜 자신의 기를 보호하자는 뜻에서이다.

그러나 이 상관상진 사주에 일점의 관성도 없고, 또 일간의 신왕지나 인수운에 행하면 크게 귀히 된다고 하였다. 고로 고서에 말하기를, 상관이 인수를 만났을 경우에는 귀함을 이루 말할 수 없다고 하였다. 이것은 물론 신약에 진상관인 경우를 말한 것이다.

위와 같이 보면 상관은 모조리 극제해야 하는 것으로 생각 되겠지만 때로는 상관을 상진시킴으로써 크게 불길하고 도리어 상관이 존재하고 있으므로 크게 부귀하는 경우가 있다.

이것을 구분하여 보면 일간이 심히 왕하였을 때는 일간을 설기시켜야 되므로 이때는 상관이 존재하므로써 천금만금의 가치가 있는 것이다.

또 일간이 심히 왕하여 상관이 미약할 때 財가 있어 상관용재격으로 큰 부자의 격인데, 그 상관을 상진시키면 財의 근원을 차단시켜 크게 흉한 것이다.

또 일간이 심히 왕하고 상관이 미약할 때는 일간이 설하고도 아직 강하여 상관격에 용관하게 되는데 그 상관을 상진시키면 더욱 오만불손하여 官의 명에 항명하여 독재로써 패하기 쉬운 것이며, 또는 신약사주에 살이 왕하여 일간을 공격해 온다면 상관, 식신은 그 살을 방어하는 능력이 있는데, 그 식상을 상진시키면 생명이 위험하게 되는 것이다. 즉 신약에 인수길이라도 강한 관살을 막는 상관을 극하면 생명이 위험하다.

그러므로 고서에 말하기를, 식신이 제살하는 경우를 말함인데 편인은 살을 제하는 식신을 상진시키는 힘이 있는 까닭에 부당하다고 한 것이다. 그리고 또 말하기를 식신생왕에 생재를 기뻐하는데 일주 강강에 복록이라고 하여 신왕에 식신생재격을 말하고 있다.

이상은 모두 식상을 상진시켜서는 안 되는 예를 열거해 놓은 것이니, 항상 사주의 격국 상황과 일간의 강약을 잘 살펴 상관상진을 해야 하는지 안 되는 것을 정해야 하는 것이다.

예시, (가) 상관상진
辛 戊 丁 辛 乾
酉 寅 酉 酉

이 사주는 戊土가 八月에 생하고 다시 사주에 金이 태왕하여 설기가 매우 심하다. 그런 중에 丁火가 寅에 근하여 화생토로 일간을 돕는 동시에 왕金을 제하니 상관용인격이 된다.
이 명은 매우 단순하고 청한 격으로써 고귀하게 되었고, 또 상관용인격을 일명 상관패인격이라고도 말하니 丁火가 상관 辛金을 극제하여 그 상관이 상진되었으므로 이것을 상관상진이라고 말하는 것이다.

8. 파료상관(破了傷官)

파료상관이란 상관성 손상되었다는 뜻이며 상관상진과 다른
바가 없으나 사용면에서는 서로 다른 뜻을 내포하고 있다.

즉 진상관과 가상관을 말함이며 진상관이란 월지에 상관을 놓
고 있으며 신약한 경우를 말하는 것이고, 가상관은 월지에 인
수나 비겁을 놓고 주중에 있는 상관으로 용신을 할 때니 신왕
한 경우를 말함이다. 가령 亥子, 寅卯月에 甲乙日生이 丙丁火
傷官을 보는 예이다.

그런 중 辰戌丑未月은 국을 결성하든가 또는 특수하게 격국이
구성되기 전에는 진, 가상관을 막론하고 작용면이 희소하다.

예시, (가) 진상관 여명

癸 甲 乙 丙 丁 戊
丑 寅 卯 辰 巳 午

乙 丙 己 戊　여명
未 戌 未 寅

이 사주는 未月 丙日生으로써 己土가 투출하고 未戌戊土가 중
중하여 丙火 설기가 심하므로 진상관을 이루어 신약이 분명하
다.

고로 시상 乙木으로 용신하는데 운행 寅卯 東方에 귀부인이
되었고, 丑운하여 그 丑중 辛金에 乙木 용신이 손상되고 또
진상관이 다시 상관운으로 행함에 해당하여 불귀객이 되고 말
았다.

예시, (나) 진상관 여명
壬 癸 壬 辛 庚 己 戊 丁
辰 卯 寅 丑 子 亥 戌 酉
庚 己 丙 辛 여명
午 丑 申 丑

이 사주는 己土日이 申月에 태어나 庚辛金의 투출이 많고 신약하여 진상관으로 인수를 기뻐하므로 진상관 용인격이 된다. 혹 상관이 있고 財를 보면 상관용재격이라 하여 財를 용신한다고 주장하는데 그것은 일간의 왕약을 구분할 줄 모르는 소치이다.

물론 일간 왕이면 상관용재하는 것이 당연하지만 이와 같이 상관으로 일간이 약해 구원을 청하는 처지에서 어떻게 용재할 수 있겠는가, 고로 인성을 용해야 되는 것이 분명하다.

운행이 庚子-辛丑-壬운에서 설기가 심하고 인성을 파극하여 질병과 재앙이 끊임없다가 東方 寅卯운에 들면서 병은 완전히 치료되었고 부군이 왕성해지고 자식이 넉넉해지니 잘 지냈다. 이 사주가 길하게 된 것은 丙火 인수가 午에 근하여 화극금으로 庚金을 제함으로써 庚금이 관살인 목을 극하지 못한 까닭에 木-관이 건재하여 부군이 왕성하였다.

동시에 丙午-火가 상관을 극하고 일간 己土를 생하니 신약하고 식상이 왕한 모쇠자왕을 해결하니 자식도 넉넉하게 된 것이다.

만약 이 명에 월간 丙화가 시지에 오화를 만나지 못해 지지에 통근하지 못했다면 寅卯목운을 만나도 오화를 생하지 못해 월간 丙화가 세력을 펼치지 못하니 고독했을 것이다. 寅卯운 만년에 다복하다가 辰운에 들면서 87세를 일기로 사망하고 말

있는데 그 辰운은 원명 申과 신진합 水局하여 水극화로 丙火 용신을 상하니 종명하게 된 것이다.

예시, (다) 가상관
丁 戊 己 庚 辛 壬 癸
未 申 酉 戌 亥 子 丑
戊 丙 甲 癸   남명
戌 午 寅 卯

이 사주는 丙午日이 寅月에 득령하여 일간 왕인데 또다시 지지에 寅午戌 火局을 만나 태왕하니 극보다는 태왕자의설로 설기함이 좋다. 설하는 시상 戊土가 자좌 戌土에 근하여 길하다.

그런 중에 寅月 丙日로 가상관이요, 또 寅중 甲木이 투출하여 病이 되는 바, 사주에 病이 있으면 그 病을 제거하는 辛운 癸酉年에는 辛금의 뿌리가 되는 세운지 酉금을 만나 甲목을 극하니 方爲貴(방위귀)에 해당하여 귀하게 되었다.

그러므로 궁중에 출입하다가, 다음해 32세 甲戌年에는 亥수의 대운으로 바뀌어 들어오면서 甲木인 病이 亥에 착근하고, 亥 卯 寅亥로 木局을 구성하여 상관인 戊土용신을 극하니 이것이 바로 '破了傷官에 損壽元'이다.

즉 신왕한 가상관에 상관을 용신하는데 행운에 인성운이면 상관용신 극하니 必死라는 구절에 해당되어 사망하고 말았다. 즉 목숨이 위태로움은 식상인 활동력이나 인성의 생명력이 사묘절에 들면 위험하다. 물론 용신은 사회성이라 용신이 극멸되는 시기가 되어야 함은 당연하다. 본명은 辛亥대운 중에 辛

- 317 -

운은 길하다가 亥운에 드니 용신인 戊토가 무해-절지가 되니 기가 끊어지고, 32세 갑술년에 2갑무극으로 용신을 극하며, 식상인 戊토 용신은 무술-묘지에 들어 입묘되니 용신이고 활동력이 멸절되니 사망한 것이다.

예시, (라) 가상관
癸 壬 辛 庚 己
亥 戌 酉 申 未
乙 丁 戊 戊 남명
巳 巳 午 申

이 사주는 火土 상관으로써 일주가 극왕하여 戊土 상관으로 설기함을 요하는데 설기구가 미약한 중에 다행히 년지 申金인 財를 만나 상관용재로 설기구가 확장되어 더욱 좋아졌다.
고로 庚申-辛酉운에 청년 사업하여 수십억 부자가 되었고, 壬戌운에는 午戌 火局이 되어 패망하였으나, 午戌이 합하여 생土하여 大患(대환)은 없었는데, 식상인 戊토가 술토에 무술-입묘되나 2개이고 申금 용신이 극을 당하지 않아 생명의 위험은 없었다.
癸亥운에 들어 亥가 巳亥충하여 炎熱之火(염열지화)를 왕신격노케 하니 화극金을 당하였고 申金 용신이 亥에 설기되어 무력하니 왕신격노로 사망하고 말았다.
만일 지지에 辰丑토인 습토가 있었다면 화기를 설해 申금을 생하니 사망에 이르지는 않았을 것이다. 또한 午申에 未토를 공협하니 사오미 방합으로 병신인 화의 결속력이 대단하다.

* 기억할 문제

(1) 가상관으로 맺어져 있는 격(예시, 다)은 인수운에 파료상
관 되어 목숨을 마친다.

(2) 인수운이라도 예시 (다)와 같이 丙日에 亥운은 정확한 官
이지만 그 亥수가 지지의 寅이나 卯에 합하여 인수국이 되면
인수작용으로 파료상관할 수 있다는 점을 잊어서는 안 된다.

(3) 가상관이 변하여 用財가 된다든가 또는 用官이 될 때에는
그 용신을 손상시키는 운에 수명이 다한다고 한다.

예시 (라)와 같이 戊土가 자좌 申금을 보아 용이 되니 상관용
재거나 또는 用官하는 것을 모르고, 무조건 가상관이라 하여
인수운에 필멸이니 죽는다고 고집하지 말아야 한다.

(4) 용신을 직접 상하지 않더라도 예시 (라)와 같이 왕한 병
신을 충격시켜 왕신격노로 만들어 용신을 극하면 수명이 끝나
되는 법도 있음을 알아야 한다.

10. 변화상관(變化傷官)

변화상관이란 진상관이 가상관으로 가상관이 진상관으로 변화
하였다는 뜻이다. 가령 진상관이 변해 가상관이 되었다면 가
상관으로 작용하는 것이며, 또 진상관이 변해 가상관이 되었
다면 진상관으로 작용하는 것이다.

이것을 간단하게 기억하려면 월령에 진상관을 놓고도 신왕이
면 그때는 진상관이 변해 가상관이 되는 것이며, 또 월령에
인수나 비겁으로 득령하였으며 상관을 보아 가상관을 놓고도
강변위약으로 신약이 되면 그때는 가상관이 변해 진상관이 되
는 것이다. 그러므로 진상관은 신약이라야 하고 가상관은 신
왕해야 이루어지는 것이다.

예시, (가) 진상관이 변 가상관

壬 辛 庚 己 戊 丁
子 亥 戌 酉 申 未
丁 乙 丙 壬   남명
亥 亥 午 子

이 사주는 乙日生이 식상인 午月에 생하고 천간에 丙丁이 투출하여 을목을 설기하니 진상관이 분명하다. 그러나 사주 상황을 볼 때, 생년에 壬子水와 일시에 양-亥水가 있어 실령했으나 도리어 水木이 왕성하므로 약변위강이 되니 진상관이 변해 가상관이 된 것이다. 고로 신왕으로 상관을 용하니 水가 病이다.

행운 청년기인 戊-己土운에는 토극수로 년간 壬수인 병을 제거하여 크게 富하였고, 酉운 庚운에는 壬수를 생하여 불길하며 식상인 丙화가 병유-사지에 드니 질병으로 골골하였다. 그러다 戌운이 들어오면서 오술합으로 반짝 좋아지는 듯 했으나 신해운에 병신인 壬水를 생하고 병신합으로 용신을 묶으니 불길하였다.

亥수운에 들어 3亥수가 월지 오화인 용신의 근을 극하고 오중 丁화를 해중 壬수가 정임합으로 기반시키니 영원히 불귀의 객이 되고 말았다. 식상 용신인 丙화가 병신합거되고, 병해-절지로 멸절되며 근지인 午화가 합극되니 사망한 것이다.

청년기인 申운에 壬水-병이 임신-장생지를 득하고 수극화로 용신을 파괴함으로써 대환으로 몇 번 죽었다가 살아났는데, 회생된 이유는 申金에 戊土가 개두하여 土극水 함에 있는 것이다.

이러한 사주는 상관 원칙법에 의하여 甲乙日生 巳午未月은 월지에 식상이니 진상관이라 하여 인수를 용한다고 감명하였다가는 크게 착오를 일으키니 주의를 요하여야 한다.

이 사주는 아무리 원칙적으로 진상관이라 하지만 가상관으로 변격하여 가상관이 인수운이면 파료상관에 必死라는 구절에 적중한 것이다.

그런데 이곳에서 인수운행이나 파료상관이라고 한 것은 대운 亥수를 말함인데, 그 亥수는 乙木의 인수요 인수인 亥는 식상 용신인 火를 극하여 파료상관이 되었기 때문이다.

읽으면서 사주완성

발 행 | 2021년 01월 25일
저 자 | 무각
펴낸이 | 한건희
펴낸곳 | 주식회사 부크크
출판사등록 | 2014.07.15.(제2014-16호)
주 소 | 서울특별시 금천구 가산디지털1로 119 SK트윈타워 A동 305호
전 화 | 1670-8316
이메일 | info@bookk.co.kr

ISBN | 979-11-372-3423-9

www.bookk.co.kr